Dr. Ute Mahr

DU & ICH
Wie Beziehung heilt.

Davon, wie das Leben funktioniert,
über Paarbeziehung als zentralen Gesundheitsfaktor ist und
darüber, wie wir unsere Beziehung wohltuend gestalten können.

Dr. Ute Mahr (Dipl.-Psych. Univ.):
Psychologische Psychotherapeutin, Coach, Supervisorin, Mediatorin, Paar- und Sexualtherapeutin, Lerntherapeutin und Yogalehrerin.

Die Autorin studierte zunächst Archäologie, Ägyptologie und Alt-Griechisch und fand dann über die Yogalehrerausbildung zur körperorientierten Psychotherapie als ihrer Berufung. Nach dem Psychologiestudium, verschiedenen psychotherapeutischen Ausbildungen und mehrjähriger Tätigkeit in der Psychiatrie ist sie seit 1994 in freier Praxis in Nürnberg tätig.

Beseelt von dem Anliegen, wirklich heilen zu helfen, erforscht sie seit über 30 Jahren, wie Krankheit und Unglück entstehen und wie Heilung und Glück verwirklicht werden können. Ein besonderes Anliegen – beruflich wie privat – war ihr immer die Erforschung der Wirkmechanismen von Partnerschaft und Sexualität, woraus ihr eigener *körper-orientierter Ansatz* des Paar- und Liebes-Coachings entstand: Die **PAAREVOLUTION** (Copyright Dr. Ute Mahr 2008). Hieraus hat sich die wohl erste *körper-psychologische Partnerschafts-Agentur* entwickelt: **www.MEIN-LEBENSPARTNER.de** mit dem Motto „Mit LEIB und SEELE zueinander FINDEN".

2018 eröffnete sie das **Institut für Effektive Körperorientierte Psychotherapie (EKP)**, das Seminare, Online-Trainings, Videos, Coachings, Fragebögen und Begabungs-Diagnostik anbietet unter www.IM-KOERPER.de sowie www.BEGABUNG-NUERNBERG.de.

Ute Mahr ist in zweiter Ehe verheiratet und Mutter zweier Kinder.

Waldtraud Conrad
Religionspädagogin, Lektorin und Schriftstellerin

Waldtraud Conrad hat sich über viele Jahre intensiv mit dem Paarberatungsansatz von Dr. Mahr befasst und wirkt als Beraterin und Tutorin im Partnerschafts-Portal www.MEIN-LEBENSPARTNER.de.

Sie hat den Entwurf dieses Buch als Lektorin überarbeitet und ihm durch ihre schriftstellerischen Fähigkeiten und ihre angenehme und präzise Sprache zur Geburt verholfen.

Dr. Ute Mahr

DU & ICH

Wie Beziehung heilt

Davon, wie das Leben funktioniert,
über Paarbeziehung als zentralen Gesundheitsfaktor
und darüber, wie wir unsere Beziehung
wohltuend gestalten können.

Folgende von Dr. Ute Mahr geprägten Begriffe unterliegen dem Urheberrecht:
- *PartnerLIEBESbeziehung* *(Copyright 2014 by Ute Mahr),*
- *PAAREVOLUTION* *(Copyright 2008 by Ute Mahr),*
- *Paar-Entfaltung* *(Copyright 2014 by Ute Mahr),*
- *Existentieller (Wachstums-)Punkt* *(Copyright 2008 by Ute Mahr),*
- *Elementare Geschlechterkraft/-kräfte* *(Copyright 2008 by Ute Mahr),*
- *Elementare Paarkraft/-kräfte* *(Copyright 2008 by Ute Mahr),*
- *Du-böse-Ich-gut-Joker* *(Copyright 2017 by Ute Mahr),*
- *HEILUNGSPUNKT(-Arbeit)* *(Copyright 2007 by Ute Mahr),*
- *ARCHEMAH-Struktur* *(Copyright 2007 by Ute Mahr),*
- *ARCHETYPEN-Therapie* *(Copyright 2007 by Ute Mahr),*

Copyright: Dr. Ute Mahr 2017.
Dieses Buch ist in all seinen Teilen urheberrechtlich geschützt. Jede Verwertung außerhalb der Bestimmungen des Urheberrechtsgesetzes ist ohne schriftliche Zustimmung der Verfasserin unzulässig. Kein Teil darf ohne schriftliche Genehmigung der Verfasserin reproduziert werden. Alle Rechte vorbehalten.

Verlag: DR.MAHR-VERLAG – Im-Körper-Edition, Nürnberg
(www.arche-mahr.de, info@arche-mahr.de)   ISBN 978-3-9820819-2-2
Druck: Preußler-Druck, Nürnberg 2019
Lektorat: Waldtraud Conrad
Umschlaggestaltung: Kris Weinand und Dr. Ute Mahr
Zeichnung Haus (S.153): Rüdiger von der Goltz nach Vorlage von Dr. U. Mahr
Zeichnungen Yin und Yang: Rebecca Mahr nach Vorlage von Dr. Ute Mahr
Zeichnung Gehirnzelle: Prof. Georg Übler nach Vorlage von Dr. Ute Mahr

Dieses Buch ist zu beziehen über
www.IM-KOERPER.de
Institut für Effektive Körper-orientierte Psychotherapie (EKP):
 => *Über die Sinne zum Sinn – über den Körper zur Heilung*
in den 4 Entfaltungsbereichen des modernen Menschen
    1. Körper-Geist-Seele-Integration,
    2. Paarbeziehung,
    3. Sucht und Sehnsucht,
    4. Begabungs-Entfaltung.
Rahm 29, 90489 Nürnberg, Tel.+49 (0) 911/ 7157 4834

und es ist ebenfalls beziehbar über:

www.MEIN-LEBENSPARTNER.de
Die Partneragentur für Körper, Geist und Seele
Hier finden Sie alles für eine erfüllende Paarbeziehung nach dem Motto:
=> *Mit LEIB und SEELE zueinander FINDEN*
und Unterstützung in allen Beziehungsphasen vom Partner-Suchen über das Partner-Finden und Partner-Werden bis zum Partner-Bleiben.
Rahm 29 (2. OG), 90489 Nürnberg, Tel. +49 (0) 911/7154 2386

Praxis-Adresse:
PRAXIS für *körper-orientierte* PSYCHOTHERAPIE
Dr. Ute Mahr (Psychologische Psychotherapeutin, Supervisorin PTK)
=> *Erforschen was wirkt – Finden, was heilt.*
Rahm 29 (1. OG rechts), 90489 Nürnberg, Tel.+49 (0) 911/ 58 18 719
www.mahr-therapie.de & www.mahr-coaching.de

Siehe auch:
www.BEGABUNG-NUERNBERG.de
=> *Wir entfalten Ihr Potenzial – und auch das Ihres Kindes!*
Rahm 29 (1. OG links), 90489 Nürnberg, Tel.+49 (0) 911/ 7157 4834

INHALTSVERZEICHNIS

Vorwort 8

Einführung: Warum der Schwerpunkt dieses Buches auf der Partnerschaft liegt 10

Kapitel 1: Beziehung ZUM PARTNER:

Vom Partner-WERDEN zum Partner-BLEIBEN 22

   A. Theorie der Paarbeziehung 22

   B. Praxis der Paarbeziehung 41

      1. Partner-SUCHEN 41

      2. Partner-FINDEN 52

      3. Partner-WERDEN 64

      4. Partner-BLEIBEN 76

Kapitel 2: Beziehung ZUM Leben:

Der Weg zur Heilung 89

Kapitel 3: Beziehungen des Lebens IN SICH 100

Kapitel 4: Die Beziehung ZU SICH selbst

   A. Die Theorie 117

   B. Die Praxis 126

   C. Aus der Psychosomatik 142

Kapitel 5: Die Beziehungen IN sich selbst 149

   A. Entwicklung des ARCHEMAH-Modells 149

   B. Die sieben Dimensionen des Menschen 152

   C. Vertiefung 161

Kapitel 6:

Wie die Ängste des Menschen seine Beziehungen prägen 171

Kapitel 7:

Die verschiedenen Seelenalter der Menschen und wie die Seelenalter die Beziehungen prägen 200

EXKURS: Die religiöse Ebene 215

   1. Hatten die alten Moralvorstellungen doch ihren Sinn? .215

   2. Die Bindung zwischen Mann und Frau 217

   3. Die Frau als die Überbringerin der Erkenntnis 225

   4. Auf dem Weg zur „Einheit des Fleisches" 237

   5. Sexualität als Erkenntnisprozess (Teil 1):
Der Mann erkennt die Frau............................247

   6. Sexualität als Erkenntnisprozess (Teil 2):
Die Frau gibt sich zu erkennen 254

   7. Biblische Sexualtherapie 261

   8. Und was steht nicht in der Bibel?................268

   9. Biblische Bindungsprinzipien 281

Zusammenfassung und Resümee 282

Schlusswort 284

LITERATURVERZEICHNIS 285

Vorwort

Lieber LeserInnen!

Statt eines Vorwortes möchte ich Ihnen eine kleine Geschichte erzählen. Das Marsmännchen ist eine hervorragende Figur, um menschliches Verhalten zu beschreiben. Es ist anders sozialisiert als wir und sieht Dinge anders als wir.

Die Geschichte vom kleinen Marsmännchen

„Das Marsmännchen landet mit seinem Raumschiff auf der Erde. Es sucht Kontakt zu den Bewohnern dieses Planeten. Nach einiger Zeit gelangt es in eine große Stadt, entdeckt die Menschen, kleidet sich wie sie und lebt längere Zeit unter ihnen. Es beobachtet, wie sie zur Arbeit eilen, miteinander streiten, sich freuen, Dinge kaufen, Urlaub machen und sich immer wieder Sorgen machen, ohne gute Lösungen zu finden.

Als das Marsmännchen hört, dass in den Bergen ein alter, weiser Mann lebt, der als erleuchtet gilt, sucht es ihn auf. Es sagt verwundert zu ihm: „Bei den Menschen ist es seltsam. Viele sagen etwas, was sie nicht ernst meinen. Immer wieder falle ich darauf herein. Sie klagen ihr Leid, fragen um Rat, wollen Informationen und Hilfe – und wenn ich beginne, mich für sie einzusetzen, wollen sie nichts ändern, sondern nur reden. Zum Beispiel sagen sie: „Wir sollten uns treffen." Schlage ich einen Termin vor, weichen sie aus oder haben keine Zeit mehr. Auf meinem Heimatplaneten ist das anders."

Der weise, alte Mann hört dem ratlosen Marsmännchen zu und rät ihm dann: „Du hast Wichtiges entdeckt, liebes Marsmännchen. Ja, die Menschen reden gerne viel und gerne Unbedeutendes. Ich verrate Dir ein Geheimnis: Achte auf ihre Taten. Wenn sie wirklich etwas wollen, setzen sie sich mit viel Energie dafür ein, ohne entschuldigende Gründe vorzuschieben. Alles andere ist Gerede."
Das Marsmännchen dankt dem weisen Mann. Es beschließt, noch eine Weile unter den Menschen zu bleiben und dem Rat des Weisen zu folgen. Von jetzt an versucht es weniger zu helfen. Es hört zu und wartet ab. Wenn ein Mensch aber wirklich Rat, Hilfe und Heilung will, tut es viel für ihn. Wenn nicht, lehnt es sich zurück und hört zu, so lange es Lust dazu hat."

Zwei Aspekte enthält diese Geschichte: Hilfe kann nur gegeben werden, wenn der Mensch sie von Herzen will. Er will sie dann, wenn er bereit ist, das zu ändern, was ihn oder andere schädigt. Selbstmitleid hilft ihm nicht. Das, was heilt, muss zuerst von ihm gewollt und dann angenommen werden.
Und: Wir sind alle Marsmännchen in der Welt anderer Menschen. Vieles, was Partner, Chefs, Kinder, Freunde tun, müssen wir nicht verstehen. Sie leben in ihrem eigenen Universum, haben ureigene Erfahrungen gesammelt, betrachten mit ihrem eigenen Fokus die Welt und haben ihr eigenes Anliegen an das Leben. Spielen Sie Marsmännchen. Beobachten Sie in kindlicher Neugier, ohne voreilige Wertung, das Geschehen um sich herum.

Neugierigen Entdeckergeist dabei
wünscht Ihnen
Ihre Ute Mahr

Einführung

Warum der Schwerpunkt dieses Buches auf der Partnerschaft liegt

Vom Segen der Begrenzungen

Wir sind freie Menschen. Wir sind gewohnt, individuell zu handeln, wir wollen uns verwirklichen und sind dankbar, in diesem Jahrhundert mit all seinen Freiheiten und Möglichkeiten zu leben. Es fällt uns schwer, uns für Ordnungen oder gar Eingrenzungen zu interessieren. Diese Phase, so denken wir, liegt längst hinter uns. Zulange sind wir von veralteten Normen und Regeln gegängelt worden – vor allem wir Frauen.

Im Gegenzug jedoch führt uns unser freiheitsbezogenes Handeln immer wieder zu offenen Fragen des täglichen Lebens und der Kindererziehung, zu Verwirrung und Aufweichung von Umgangsformen und Rechten. Rücksichtnahmen sind nicht mehr jedermanns Sache. Manchmal setzt sich der stärkere Ellbogen durch. Kinder und Jugendliche suchen nach Grenzen, klaren Aussagen, richtungsweisenden Werten, um sich „auszukennen". Erwachsene tun sich oft damit schwer, denn das, was einmal galt, scheint außer Kraft. Wo sind die Werte, in deren Rahmen sich sicher bewegen lässt und sich jedermann anerkannt und wohl fühlen kann?
Im Folgenden möchte ich Sie einladen, einen gemeinsamen Blick auf unsere freiheitliche Zeit und deren Blüten zu werfen.

Ordnungen, Werte und Prioritäten sind zeitlos, und sie wirken machtvoll und heilend. Meine Jahrzehnte langen kritischen Beobachtungen auf dem Therapiemarkt unter Trainern, TherapeutInnen und Coachs führten mir dies deutlich vor Augen:
Die Menschen, die gesund und recht glücklich lebten, hielten sich in ihrem Leben an Ordnungen, Werte und Prioritäten. So, als ob sie bei Durst einen Schluck Wasser aus ihrem Gefäß trinken, damit ihren Durst stillen und befriedigt weiterleben können.
Die anderen, die glaubten, sich nicht an Ordnungen halten zu müssen, hatten fast immer keine oder eine unglückliche Partnerschaft oder eine Partnerschaft ohne Sex. Ihr Leben war fast immer von Misserfolg, Krankheiten und Leid geprägt. Und sie setzten keine für sie stimmigen Prioritäten, sondern lebten „so dahin".

Ist es wirklich so einfach, werden Sie vermutlich fragen?
Darauf kann ich nur sagen, das ist es, was ich beobachten konnte. Und möglichst objektiv beobachten zu lernen, war ein wesentlicher Teil meines Studiums und meiner Therapieausbildungen.
Probieren Sie es doch einfach aus und prüfen Sie, ob es funktioniert? Ich freue mich auf Ihre Rückmeldung.

Doch zurück zum Thema der hilfreichen Ordnungen, Werte und Prioritäten: Wenn das Leben seine Ordnungen verliert ist es, als ob man Durst hat, aber kein Gefäß, mit dem man das Wasser zum Mund führen kann. Das Leben spendende Nass rinnt einem zwischen den Fingern hindurch und nur wenig Wasser kommt am Ende im Mund an. Die Begrenzung, die das Wasser in einem Gefäß festhält und dadurch trinkbar macht, fehlt.

Hierzu ein Beispiel:
Eine Familie hat fünf Kinder, davon haben vier ADHS. In der Partnerschaft gibt es seit Jahren keinen Sex mehr, das Paar lebt distanziert. Alle Kinder gehen auf eine Privatschule. Die Familie

hält etliche Haustiere (Hund, Katze, Hasen, eigenes Pferd). Die Frau verfolgt ihre Hobbies und vernachlässigt den Haushalt. Der Mann arbeitet Vollzeit und im Haushalt mit, da die Frau hier viel liegen lässt – und wird depressiv. Irgendwie doch völlig logisch, oder?

Was fehlt hier an Ordnungen, Werten und Prioritäten?
Es fehlt die Teamarbeit des Paares und das gegenseitige Einander-Begrenzen sowie das Begrenzen der Kinder. Zu viele Reize und zu wenig Konzentration auf das Wesentliche – genau wie ADHS funktioniert.

Was wäre dringend nötig?
- TEAM-ARBEIT: Beide treten ein für das gemeinsame Wohl. Keiner veranstaltet einen Ego-Trip zu Lasten der anderen. Dabei lernt man zu fragen, was ist für UNS gut, und man begreift, dass das WIR bedeutet, dass ALLE glücklich sind. Das bedeutet wiederum: Weder wird der eine unterdrückt oder muss sich selbst unterdrücken, noch stellt der eine sein Wohl über das der anderen.

- BEGRENZEN: Das Paar begrenzt sich gegenseitig in seinem Verhalten, das dem Wohl der Partnerschaft entgegengerichtet ist. Zu viele Außentätigkeiten, zu viele Abwesenheiten und zu viele eigene Interessen belasten das Innere der Familie. Arbeitsintensive Haustiere schädigen ebenso, da die Eltern überfordert sind. Süchtiges Verhalten jeder Art entzieht dem WIR Präsenz und Kraft.

- WAHRHEIT: Das Paar konfrontiert sich gegenseitig, wenn sich die Partner etwas vormachen auf Kosten des oder der anderen Familienmitglieder. Hilfreiches Handeln bedeutet hier: Beherzt und mutig den Punkt ansprechen mit einfühlendem Gefühl für den Partner. Auch wenn es belastet und weh tut – stilles Hoffen, es erledigt sich von selbst, duldet den Zustand und verschweigt die Wahrheit.

Ich konnte beobachten, dass sich das Leben von selbst reguliert, wenn wir uns als Menschen mit unserem individuellen Ich einfügen in ein Miteinander, das LIEBE und WAHRHEIT zu seinen Werten erhebt.
LIEBE allein genügt nicht, da die Grenze fehlt. Der Mensch neigt dazu, sich selbst etwas vorzumachen. Er sieht seine Schattenseiten nicht und macht sich gerne selbst etwas vor.
WAHRHEIT allein genügt nicht, da sie ohne Liebe zu hart wird.

Ich konnte weiterhin sehen, dass bei den meisten psychischen Erkrankungen von Kindern die Partnerschaft der Eltern in Schieflage geraten war und dies verleugnet wird. Ebenso beobachtete ich bei vielen psychischen Problemen Erwachsener ein dahinter stehendes Paarproblem.
Deshalb begann ich einen meiner Arbeitsschwerpunkte immer mehr auf Paartherapie zu legen und auf diejenigen Wirkmechanismen und Werte, die allen Beteiligten einer Familie ein gesundes und glückliches Leben ermöglichen.

Für diese Forschung ist ein möglichst naturwissenschaftliches Denken im psychologischen Bereich wichtig. Warum? Wir können uns alles denken und wir können uns ganz schnell etwas vormachen, weil wir etwas Bestimmtes sehen wollen.
Aus diesem Grunde bin ich sehr dankbar, dass mein psychologisches Studium viel Wissenschaftstheorie und objektive Messverfahren enthielt und ich vor allem in der Gestalttherapieausbildung lernen konnte, meine Sinne immer wieder an der konkreten Wahrnehmung der Lebenswirklichkeit auszurichten.

Die Wahrheit scheut keine kritische Überprüfung. Deshalb möchte ich Sie ermuntern: Hinterfragen Sie Denkmodelle, vermeintliche Hilfsangebote, Ihr eigenes Leben. Wichtig ist hierbei nur – das habe ich im Psychologie-Studium lernen dürfen - dass die Messverfahren dem Untersuchungsgegenstand wirklich auch gerecht werden und diesen zuverlässig erfassen. Sonst führt das Überprüfen zu logisch unsinnigen Ergebnissen.

Deshalb: Überprüfen Sie ohne vorgefasste Theorien den Sachverhalt, auf den es ankommt und suchen Sie nach objektiv messbaren Aspekten, nach Fakten, an denen Sie feststellen können, ob etwas wirklich so ist.

Der beste Zugang ist eine Kombination der Haltung von Sokrates mit seinem: „Ich weiß, dass ich nichts weiß" und Sherlock Holmes mit seiner Orientierung an den Fakten und der Ableitung von Fakten, statt sich auf die eigenen Denkkonzepte zu verlassen.

Das Denken ist zu störanfällig, um präzise Erkenntnisse zu liefern. – Das sehe ich täglich bei meiner Arbeit als Psychotherapeutin. Wir machen uns viel vor, glauben dem, was wir uns zuvor selbst eingeredet haben und leben häufig vom Hoffen.

Lernen wir wieder, mit allen Körpersinnen unsere Lebenswirklichkeit wahrzunehmen, so dass wir selbst erfahren können, was wirkt und was wirklich heilt.

Kontakt verändert

Wenn zwei Menschen sich begegnen und hierbei mit allen Sinnen wahrnehmen, verändert sie das beide. Das Anderssein des Anderen berührt das eigene Sein und löst etwas aus.

Damit arbeite ich als Psychotherapeutin jeden Tag und das kann ich auch bei allen privaten Beziehungen und Begegnungen beobachten. (Diese Denkansätze stammen aus der Begegnungsphilosophie von Martin Buber und der Gestaltpsychotherapie von Fritz Perls.)

Eine solche Veränderung geschieht aber nicht, wenn wir uns oder den anderen nicht spüren, wenn wir gefangen sind in unseren Gedankenmustern und die Welt durch die Brille unseres Denkens wahrnehmen.
Deshalb lege ich viel Wert auf die Arbeit mit den Körpersinnen. Es braucht für einen Kontakt, der verändert, der heilt, das Wahrnehmen mit allen Körpersinnen: nicht nur Sehen und Hören, sondern auch Erspüren, Riechen, Schmecken und dann das Wahrnehmen der Wirkung dieser Sinneswahrnehmungen auf mich mit „Wie wirkt der/die/das auf mich?", heute zu neudeutsch „Achtsamkeit". Und es braucht eine Offenheit für das Andere, eine Bereitschaft, sich durch die Begegnung mit dem Anderen verändern zu lassen. Wenn wir strikt auf unserer Position beharren, kann es zu keinem wirklichen Kontakt kommen, denn dieser würde uns ja verändern.

Der/die oder das Andere kann ja nun positiv oder negativ sein, d.h. wir werden mit verschiedensten Aspekten des Lebens konfrontiert. Beziehung ist immer auch herausfordernd und belastend. Sie belastet umso stärker, je näher sie ist. D.h. bei Freundschaften, bei denen wir uns selten sehen, können wir uns am ehesten „die positiven Aspekte herauspicken", bei Beziehungen am Arbeitsplatz eher weniger. Und am Herausforderndsten ist die Paarbeziehung. Hier sind wir uns nicht nur am Nächsten, sondern auch durch die Sexualität, das Zusammenleben und das Kinderbekommen und -erziehen auf allen Ebenen des Menschseins eng miteinander verbunden. Mehr Nähe ist als Mensch nicht möglich.

Manchmal werde ich gefragt: Wenn aber mein Gegenüber stark negativ geprägt ist, z.B. durch Angst, Wut, Traumata etc., dann werde doch auch ich zum Negativen verändert? Nein, ich werde nicht automatisch zum Negativen verändert, sondern ich werde mit diesem Negativen konfrontiert. Die Frage ist, wie ich darauf reagiere. Wenn ich darauf ebenfalls mit Negativem antworte, entsteht zwischen uns ein negativer Austausch, der so immer weitergehen kann, und der oftmals in einer Abwärtsspirale von Eskalation, Drama, Krankheit oder Trennung endet.

Die Fragestellung geht weiter: Kann das sein, dass ich auf das Negative des anderen nicht mit Negativem antworten muss? Ich leide doch unter seiner/ihrer Reaktion?
Nein, ich kann eine andere Strategie anwenden. Hier hilft das Erlernen der Unterscheidung zwischen liebevollem und angstvollem Handeln. Angst kommt vom lateinischen „angustinus", d.h. eng: Unser Körper, Hals, Brustraum, aber auch unser Geist und unser Blick werden eng. Die Augen starren. Wir bekommen einen „Tunnelblick". So verändert uns die Angst. Wenn wir aus Angst, aus Erstarrung heraus handeln, wird es immer Drama erzeugen. Die Worte, in die wir es packen, sind egal. Die Worte können sanft, gewaltfrei oder intellektuell sein. Wir können auch schweigen. Trotzdem ist die Botschaft angstbesetzt. Es wird zum Drama, weil wir nicht in Kontakt mit unseren Bewältigungsfähigkeiten sind, weil wir unsere Potenziale nicht nutzen, sondern hypnotisiert in unserer Angst sind vor dem Problem, vor dem, was passieren könnte.

Weit machen

Handeln aus der Liebe heraus macht uns körperlich wie geistig weit. Wir sehen viele Aspekte, müssen nicht kämpfen, können lassen, hören und fühlen. Es fließt frei in uns. Wir bleiben in unserer Mitte. Vielleicht gelingt uns eine humorvolle Sichtweise. Wie kommt man in diese liebevolle Haltung hinein, sich selbst und anderen gegenüber?

Hier hilft es, sich zu erlauben, dass die Situation, die Empfindung, die Beziehung gerade genau so ist, wie sie ist, und das ist in diesem Augenblick in Ordnung. Ich gestatte mir, die Situation mit allen Körpersinnen wahrzunehmen. Ein paarmal durchatmen hilft. Die Entspannung wird sich einstellen.

Im nächsten Schritt kann ich Liebe hinein geben in das, was ist. Das kann man sich bildlich vorstellen: Man lässt vom eigenen Herzen her Liebe in die Situation hineinfließen. Es ist gewaltfrei, weil wir nicht kämpfen, sondern erlauben, was ist, es mit Liebe durchdringen – und dann schauen, welche Impulse aus unserem Inneren kommen. Dieses Vorgehen lässt sich üben. (Es ist einfach nur eine Sache des Trainings: jeder kann es erlernen!)

Noch einmal: Es zunächst einmal erlauben, dann mit Liebe durchdringen und zuletzt aus unseren inneren Impulsen heraus handeln. Das ist die heilende Verbindung von Wahrheit und Liebe.

Also:
  1) **Erlauben, was ist,**
  2) es **mit allen Körpersinnen wahrnehmen**
  3) und **durchatmen.**
  4) **Liebe hineinfließen lassen** von der eigenen Herzmitte aus
  5) und erst dann **nach den inneren Impulsen handeln.**

Sie haben es gemerkt: Das Gelingen von Beziehungen hat mit unserer Kontakt- und Liebesfähigkeit zu tun – damit, ob und in welchem Ausmaß wir imstande sind, auf herausfordernde Aspekte unseres Gegenübers mit Wahrheit und Liebe zu reagieren.

Anhand folgender Liste können Sie ersehen, wie Beziehungen zu anderen in ihrer Herausforderung ansteigen, je näher sie sind:

1) *Alltagsbegegnungen* (z.B. beim Einkaufen)
2) *Bekanntschaften* (Vereine, Gemeinde, Fortbildungen, Nachbarn, Geschäftspartner etc.) bei denen man sich nach Normen verhält
3) *Lockere Freundschaften* mit seltenem Kontakt, bei denen man eine nette Zeit miteinander verbringt, aber vieles ungesagt bleibt
4) Tägliche Arbeitsbeziehungen
5) *Intensive Freundschaften* mit häufigem Kontakt, in denen man alles miteinander teilt, sich ganz zeigt
6) Eigene Kinder
7) Paarbeziehung

(Die in der Psychotherapie intensiv bearbeitete Beziehung der Kinder zu den eigenen Eltern habe ich hier bewusst ausgenommen, da sie ein Sonderfall zu sein scheint: erstens aufgrund der großen Abhängigkeit des Kindes von den Eltern; zweitens, weil die Evolution der Menschheit bedingt, dass die Kinder in ihrer Entwicklung aufbauen auf dem, was die Eltern geleistet haben. Das meint, die Kinder gehen auf der Treppe der menschlichen Entwicklung den nächsten Schritt, für den die Eltern die Basis bereitet haben. Diese Aspekte sind in anderen Beziehungen nicht enthalten. In der Beziehung der Eltern zu den Kindern hingegen zeigen sich dieselben Wirkmechanismen wie in anderen Beziehungen.)

Erstaunlich!

Beeindruckend war für mich die Beobachtung, dass Menschen mit vielen Freund- und Bekanntschaften keineswegs „gesünder" waren als Menschen mit wenigen Freundschaften, dass aber Menschen mit einer erfüllenden Partnerschaft eindeutig gesünder und glücklicher waren als Menschen ohne oder mit belastender oder distanzierter Partnerschaft. Die Paarbeziehung scheint für das Glück und die Gesundheit des Menschen von zentraler Bedeutung zu sein. Freundschaften hingegen scheinen eher „nice to have" zu sein und ein Partnerschaftsproblem nicht ausgleichen zu können. D.h. Freundschaften tun gut, wenn man sie hat - und bergen zugleich die Gefahr, dass man sich damit begnügt und das nicht ungefährliche Abenteuer einer lebendigen Partnerbindung mit allen Beziehungselementen meidet.

Deshalb lade ich Sie ein, noch einmal einen tieferen Blick auf das Thema Partnerschaft zu werfen: Sie ist die größte Herausforderung im Leben und auch der größte „Hebel" zu Glück und Heilung wie ich in meiner Praxis als Psychotherapeutin jeden Tag beobachten kann.
Immer wieder stoße ich bei der Arbeit mit einzelnen Menschen und ihren Problemen auf Schwierigkeiten in deren Partnerschaft. Und fast immer kristallisiert sich eine enge Verknüpfung zwischen beiden heraus. Auf engem Raum „hauteng" zusammen zu leben, sich gegenseitig herauszufordern, die Unterschiede in Charakter, Bedürfnissen, Ansprüchen zu erfahren, Ungeduld und Sprachlosigkeit zu erleben, verwirrt zu sein, das WIR nicht mehr zu spüren, impulsarm nebeneinander her zu leben – das ist das Feld,

das „beackert" werden will, um wieder „fruchtbar" zu sein. Nirgendwo sonst ist das menschliche Potential stärker gefragt als im Partnerschaftlichen. Nirgendwo sonst erlebe ich mehr Herausforderung. Nirgendwo sonst kann ich dieses tiefe Glück erfahren und nirgendwo sonst kann ich mehr reifen als durch die Herausforderung in einer langjährigen Partnerschaft. Deshalb erscheint mir die Paarbeziehung immer mehr als die zentrale Lebenskomponente, die stärkere Auswirkungen hat als alle anderen menschlichen Beziehungen, da sie das Innere eines Menschen existentiell berührt – seelisch, psychisch und körperlich.

Weiblicher Aufbruch – und wo bleibt der andere?

Wenn Sie die Bestseller-Filme der letzten Jahre anschauen, dann handeln viele vom „Aufbruch der Frauen", heraus aus den Zwängen gesellschaftlicher Normen hin zu einem selbstbestimmten Leben: von „Yentl", „Titanic" bis zu „Kudamm 56".
Viele moderne Mittelalterfilme handeln von Frauen, die „es schaffen", wie „Die Wanderhure", „Die Hebamme" etc. Manchmal frage ich mich, wo die Männer bleiben. Und ganz häufig frage ich mich, wo der andere Pol bleibt: das Anerkennen von Grenzen, Rahmenbedingungen und das Sich-Einfügen in eine Teamarbeit.

Ja, in früheren Zeiten war dieser Aufbruch nötig. Zu einengend war die Situation der Frauen. Heute jedoch sind wir beim Gegenteil angelangt. Viele Frauen verlieren sich in ihrer Freiheit und werden Opfer des eigenen Egoismus. Das richtet in den Partnerschaften großen Schaden an, da die Beziehungsweisheit der Frau nicht mehr in die Partnerschaft fließt. Sie „tobt sich aus" irgendwo zwischen Job und Esoterik, Vergnügen und Selbstverwirklichung. Heilsam ist dies nicht, wie ich in meiner täglichen Arbeit erleben kann.

Deshalb möchte ich mit Ihnen gemeinsam genau hinschauen, was uns unter den veränderten Vorzeichen zu mehr Glück verhilft. Wir Frauen im Westen sind schon befreit. Wir können unseren Weg ausschöpfen. Was ist hier und heute wichtig, um gesund und glücklich zu leben? Lassen Sie uns das in diesem Buch offen und an der Wirkung orientiert betrachten. Seien Sie wie das Marsmännchen in kindlicher Neugier empfänglich für alles und bewerten Sie nicht!

Kapitel 1:
Beziehung ZUM PARTNER:
Vom Partner-WERDEN
zum Partner-BLEIBEN

A. Theorie der Paarbeziehung

Ein paar Fakten

Die Zeitschrift „Gehirn und Geist" veröffentlichte in ihrer Ausgabe 10/2013, S. 10 einen interessanten Artikel. „Überleben als Treuebonus" untersucht die Frage, warum sich monogame Beziehungen beim Homo sapiens im Lauf der Evolution durchgesetzt haben. Die Forschergruppe um Christoph Opie vom University College London untersuchte drei Erklärungshypothesen für Monogamie an Daten zur Paarung und Jungenaufzucht von 230 Primatenarten:
1) Monogamie, weil zwei Elternteile als eingespieltes Team die Jungenaufzucht besser schultern können.
2) Monogamie aufgrund der weiträumig verstreuten Lebensweise, aufgrund derer ein Männchen nicht mehr als eine Partnerin dominieren konnte.
3) Monogamie zur Senkung der Häufigkeit von Kindstötung: Wenn jedes Männchen den Nachwuchs aus vorherigen Beziehungen tötet, überleben nur die Jungen, bei denen die Elternbeziehung zumindest so lange treu war, bis die Kinder „aus dem Haus" waren.
Die statistischen Analysen ergaben, dass sich monogame Populationen mit wenigen Kindstötungen besonders gut vermehrten. „Die anderen beiden Faktoren" traten wohl eher als

Folge auf, denn weil beide Eltern ihren Nachwuchs schützen konnten, konnten monogame Paare auch mehr Kinder großziehen. Zusätzlich wurden die Nachkommen durch die gemeinsame Fürsorge früher eigenständig – und die Weibchen konnten schneller wieder schwanger werden." (Proc.Natl.Acad.Sei: USA 110, S. 13328-13332.2013)

Glücksforschung und Partnerschaft

Man könnte sagen, aus der Naturwelt kommen wir her, das sind unsere Wurzeln und so sieht die Wurzel, der Grundstock von Paarbeziehung aus: Sie ist überlebensförderlich, dient dem Arterhalt und hat damit ein „höheres" Ziel.

Diese Wurzeln gilt es zu berücksichtigen, wenn wir Paarbeziehung in Liebe leben lernen wollen. Das bedeutet gleichzeitig, dass wir uns damit anfreunden, dass Paarbeziehung sich immer am realen Alltagsleben orientieren möchte, wofür sie auch von der Natur geschaffen wurde. Paarbeziehung ist nicht als das Genuss-Gut schlechthin konzipiert. Alternative Beziehungssettings wie „offene Ehe", polyamore Beziehungen, „Freundschaft Plus", Liaisons etc. führen nach meiner Erfahrung immer wieder zu schwerwiegenden Problemen, die des Beistandes bedürfen.
Der Alltag wirkt. Sich in Liebesabenteuer zu flüchten, um ihm zu entkommen, verursacht emotionale Schmerzen bei den Beteiligten und schiebt meist die anstehenden Probleme des Alltags in den Hintergrund. Die erhoffte heilsame Wirkung bleibt aus und Probleme bleiben bestehen, statt sie zu lösen.

Es tut mir leid, dass ich Ihnen ein derart pragmatisches Statement zumute. Es ist das, was ich beobachten kann. Auch in meinem privaten Umfeld sehe ich keine Paare, bei denen dies wirklich funktionieren würde. Oft bekomme ich hinter vorgehaltener Hand zugeflüstert, wie schlimm es einem Beteiligten dabei geht – nach außen wagt man jedoch nicht, dies zu sagen, denn man ist ja offen und frei, um Liebe auch anders zu leben...

In einer Hochkultur wie der unseren geht es in einer Partnerschaft viel um Innerpsychisches – die anderen Bedürfnisse deckt unser Sozialsystem zu einem großen Anteil.

Ursprünglich – beim Neandertaler - diente sie nur dem „Durchbringen" der Kinder und damit dem Arterhalt. Später kam die Altersversorgung der Eltern durch die Kinder hinzu. Hierfür stellten die Eltern ihre eigenen Bedürfnisse zurück. Somit war der Mensch eingebunden: sein persönlicher Nutzen war gleichzeitig der Nutzen seiner Angehörigen und auch der Nutzen der gesamten Menschheit.

Heute geht Paarbeziehung weit darüber hinaus. Trotzdem muss der Einzelne für das Gelingen der Paarbeziehung und für seine ganz persönliche Erfüllung seine oberflächlichen Bedürfnisse ein Stück weit zurückstellen.
Dies belegt auch die moderne Glücksforschung: Wir werden nicht etwa glücklicher, wenn wir bekommen, was wir wollen und tun, was wir wollen. Sondern wir brauchen einen tieferen Sinn im Leben, für den wir immer wieder Bedürfnisse zurückstellen (vgl. z.B. die Logotherapie von Viktor Frankl) und wir brauchen das Geben, um glücklich zu werden (vgl. Buch vom Geben). Deshalb leben Menschen mit Hunden länger, gesünder und glücklicher (vgl. Forschung von Prof. E. Olbrich).

Die eigenen inneren Themen tauchen auf

Heute sieht das Grundlegende in einer Paarbeziehung so aus, dass die eigenen existenziellen und psychischen Themen in einer Paarbeziehung an die Oberfläche kommen möchten. Die Entwicklung der Zivilisation geht über das konkrete Kinderbekommen hinaus hin zur psychischen Entwicklung. Wenn wir unsere eigenen psychischen Themen in der Paarbeziehung „anschauen", statt sie dem Partner oder den Kindern hin zu schieben, geschieht Wachstum und Erfüllung.

Wenn wir aber diese Themen langfristig vermeiden, kostet uns dieses Vermeiden nicht nur viel Kraft - es macht krank. Warum? Wir müssen dann unsere Aufmerksamkeit weg halten von dem, was in der Realität geschieht. Hierzu müssen wir Muskeln anspannen, um unsere aufsteigenden Impulse zu unterdrücken. Damit unterdrücken wir jedoch automatisch unser Inneres an sich und verlieren so den Kontakt zu unseren wirklichen Bedürfnissen, zu dem, was uns wirklich in diesem Leben erfüllt. Das erzeugt ein Gefühl von Leere, Depression, Sinnlosigkeit und auf die Dauer psychische und körperliche Symptome.

Oder aber wir schaffen es, unsere Themen derart gut zu verdrängen, dass wir selbst nicht erkranken, sondern nur verhärten. Das gelingt am ehesten, indem wir unsere eigenen Themen den anderen Menschen zuschieben: Sie sind schuld, wir sind nur die Opfer. Wir sind die Guten, die anderen sind die Bösen... Dann tragen unsere Kinder die ungelösten Themen weiter, die wir nicht wahrhaben wollen.

So hat die Forschung zur systemischen Familientherapie festgestellt, dass in einer Familie zumeist nicht etwa derjenige erkrankt, der das Thema verursacht, sondern derjenige, der das schwächste Glied in der Kette ist – und das sind zumeist die Kinder. Deshalb unterscheidet man in der systemischen Therapie zwischen dem Symptomträger in einer Familie im Gegensatz zum Problemträger.

Nähe kann Angst machen

Aber zurück: Eine Paarbeziehung möchte sich immer im konkreten Leben verwurzeln und sie möchte ebenso unsere existenziellen, persönlichen Themen an die Oberfläche bringen. Das löst natürlich große Angst in uns aus.

Angst vermindert man am effektivsten durch Angst-Konfrontation. Das weiß man aus der therapeutischen Forschung zu Angststörungen. Man kann bei darunterliegenden Traumata zwar Traumatherapie benützen, um Verhärtungen zu lösen und den Betroffenen wieder flexibler werden zu lassen. Doch lebensfähig wird ein Mensch nur, wenn er lernt, sich seiner Angst zu stellen, seine Angst als Teil des Lebens anzuerkennen und sich weniger von ihr hypnotisieren zu lassen.

Dazu ein Beispiel: Ich fahre auf der Autobahn und komme an eine Baustelle mit Fahrbahnverengung. Rechts neben mir fährt ein breiter Laster. Ich bekomme Angst, dass ich das Auto nicht in meiner schmalen Spur halten kann und die Leitplanke berühre. Meine Hände verkrampfen sich am Steuer, sie beginnen zu schwitzen. Ich halte den Atem an und starre immer erstarrter auf die Fahrbahn, die mir immer enger zu werden erscheint. - Die Angst breitet sich aus.

Das ist der normale Vorgang der Angstausbreitung. Ganz ähnliches geschieht auch täglich in der Paarbeziehung. Nur hier fällt es nicht so auf, weil die Situation weniger konkret ist. Doch das Prinzip ist das gleiche.

Wenn ich alleine Auto fahre, wird mir meine Angst relativ leicht bewusst: ich spüre die schwitzenden Hände am Steuer, ich merke, wie ich den Atem anhalte etc. Durch angstlösende Maßnahmen kann ich diesen Vorgang relativ leicht unterbrechen und die Angst bewältigen lernen. Hier hilft alles, was entspannt und weit macht, denn Angst macht körperlich und geistig eng (lateinisch: „angustinus" = eng). Diese Enge lässt sich lösen.

Wohltuend sind hier auf körperlicher Ebene Entspannungstechniken wie progressive Muskelrelaxation, Ausatmen mit Seufzen oder Stöhnen oder wie ein sich entspannendes Pferd mit den Lippen (nicht mit der Zunge) „Brrrr" zu machen.
Auf psychosomatischer Ebene helfen Vorstellungsbilder davon, sich innerlich weit zu machen, den Brustkorb wie zwei Flügeltüren zu öffnen und im ganzen Innenraum wohlige Weite entstehen zu lassen.
Auf psychischer Ebene ist es wesentlich, sich zu erlauben, dass man Angst hat und sich mitten hinein in die Angst zu entspannen. Dies wird unterstützt durch das Bild, das eigene Körpergewicht heruntersinken zu lassen auf die Unterlage und sich ganz bewusst vom Boden oder Sitz tragen zu lassen sowie die Atmung fließen zu lassen.

Im Alltag einer Paarbeziehung ist die Situation eigentlich nicht anders als bei der geschilderten Autobahn-Angst-Situation. Es wird einem nur schwerer bewusst, was wirklich geschieht, weil man durch die Geschehnisse im Miteinander und durch den restlichen Alltag abgelenkt ist. Z.B. mein Mann sagt oder tut etwas, das in mir starke Impulse erzeugt, z.B. von Wut oder Schmerz. Gleichzeitig braucht mein Kind Unterstützung und eigentlich war ich gerade beim Durchsehen der Kontoauszüge. Man hat im Alltag

halt einfach anderes zu tun hat, als sich ständig mit seinem Mann auseinander zu setzen. Ich weiß nicht mehr, was jetzt am wichtigsten ist (werde unklar in der Setzung meiner Prioritäten), gerate unter Druck, fühle mich überfordert – und schon drücke ich die einen Themen und Impulse weg, fühle mich von meinem Mann genervt, schiebe ihm die Schuld zu, weil dem Kind will ich sie ja nicht zuschieben und so weiter und so fort.
Darauf reagiert wiederum mein Mann mit Verletztheit und Ärger und wir beginnen uns hochzuschaukeln.

Deshalb kommt es in Paarbeziehungen häufig zu psychischen, psychosomatischen oder somatischen Symptomen. Abhilfe schafft die Schulung der Körperwahrnehmung (heute „Achtsamkeit" genannt), das Erlernen von Angstbewältigungsstrategien und natürlich eine Einstellung zum Leben, sich den Unbilden des Lebens und den eigenen Schattenseiten Lebens mutig zu stellen, statt davor zu fliehen.

Es ist im Leben halt doch ein bisschen so wie in den Märchen: Der oder die Mutige bekommt den Schatz. (Gott sei Dank: wenigstens ein Bereich im Leben, in dem es einigermaßen gerecht zugeht!) Sobald ich gelernt habe, mich selbst über die Körpersinne genauer wahrzunehmen, kann ich anfangen, meine Empfindungen und Impulse in der Situation (oder danach, wenn wieder etwas mehr Ruhe eingetreten ist) zu erforschen und mir klar zu werden, was eigentlich los ist in mir und was genau mich so geängstigt, unter Druck gesetzt, getroffen etc. hat.

Geheimnisvolles UND

Dies führt dann zur Auseinandersetzung in der Partnerschaft. Nun braucht es Bewältigungsfähigkeiten, damit das Erkennen des „Problems" nicht zur Verzweiflung und Verfestigung führt, weil man keinen Weg mit dem Partner gemeinsam zu finden scheint.

Sie ahnen es schon: Bewältigungsfähigkeiten für eine Paarbeziehung gehen weit über unsere Alltagsstrategien hinaus. Warum? Weil die Lösungen von Paarproblemen normalerweise Lösungen „höherer Ordnung" darstellen (vgl. Watzlawick, Kunst des Unglücklichseins), d.h. sie sind nicht einfach mit unserem Verstand lösbar. Im Gegenteil scheint unser Denken einer Lösung von Paarproblemen eher im Wege zu stehen. Das hat mit der Verzweigung der Neuronen in unserem Großhirn zu tun, die sich digital verzweigen nach dem Schema A oder B. UND scheint unser Großhirn nicht denken zu können.
Unser sogenanntes „Bauchhirn", die Kombination aus den komplexen Nervengeflechten von Solarplexus und Darm enthält zwar ähnlich verzweigte Nervenzellen, doch hier kommen ganzheitlich funktionierende Mechanismen zur Reizweiterleitung hinzu wie z.B. Hormonausschüttungen etc. D.h. unser Bauch kann UND FÜHLEN, aber unser Großhirn kann UND nicht DENKEN

Genau in diesem UND liegt die Lösung für Paarprobleme. Solche Lösungen werden mehr aus „dem Bauch heraus" entwickelt. Der Weg dazu heißt „Erleben mit allen Körper-Sinnen". Zuerst keine Ahnung haben, dann innerlich loslassen im Sinne von „ich weiß, ich nichts weiß" bzw. „vieles gibt es, das ich mir nicht vorstellen kann", dann „dein Wille geschehe" wie im christlichen Vaterunser. Wie dieser Weg genauer und im Einzelnen zu beschreiben ist, finden Sie an anderer Stelle ausführlich.

Wenn wir diesen Prozess aus Selbstwahrnehmung, Auseinandersetzung, Loslassen und innerem Nicht-Wissen zulassen, erfahren wir Lösungen höherer Ordnung, die uns und unsere Paarbeziehung weiterbringen, unserem Leben tieferen Sinn und unserer Partnerschaft Erfüllung bescheren.

Dieser Prozess wird natürlich immer wieder abgebrochen, sobald wir eine Beziehung beenden und eine neue beginnen. Dann fangen wir halt wieder von vorne an, sehen wieder zunächst durch die rosarote Brille, dann kommt der Alltag und mit ihm die Schwierigkeiten, diese verfestigen sich …

Immer wieder fange ich bei mir selbst an, und immer wieder nehme ich mich selbst mit, wenn ich eine neue Beziehung beginne. Ein neuer Partner wird andere Seiten meines Wesens nach oben bringen, aber es geht dennoch wieder um mich.

Raus aus der Bequemlichkeit

„Wenn dem so ist", könnten Sie einwerfen, „dann ist es egal, wen ich heirate?" (So lautet übrigens der Buchtitel eines Bestsellers der letzten Jahre.)

Nein, so ist nun auch wieder nicht. Es scheint sehr wohl eine Passung zwischen zwei Menschen zu geben. Diese liegt nicht offen an der Oberfläche und diese sieht nicht aus wie „Friede, Freude, Eierkuchen". Es gibt es etwas Tiefes, das Paare verbinden kann.
Und das sind die inneren Anliegen ans Leben, die jeder Mensch hat. Ich nenne sie, die Seelen-Anliegen. Deshalb heißt es so schön: „Ehen werden im Himmel geschlossen", denn wenn diese Seelen-Anliegen zusammenpassen, kann ein Paar sich gar nicht mehr so einfach trennen, weil ihre Seelen sich verbunden haben. Sie wollen

etwas Gemeinsames in diesem Leben erreichen und dafür brauchen sie einander. Sie sind quasi ein „himmlisches Team".

Doch auf eine solche Seelen-Tiefe lassen sich Menschen oft erst nach einer als furchtbar erlebten Scheidung ein, erst, nachdem sie das Entsetzliche eines ersten Scheiterns erlebt haben, nachdem ihr Lebensentwurf zusammengebrochen ist. Erst wenn der Mensch mit mehr Lebenserfahrung gelernt hat, sich seiner Angst zu stellen, wird er auch bereiter und fähiger, sich einer Paarbeziehung mit seelischer Passung zu stellen. Vorher sucht der Mensch unserer Kultur üblicherweise einen Partner, der „zu ihm passt" im Sinne von, dass es schön und harmonisch wird. Paarbeziehung ist aber nicht einfach schön und harmonisch. Paarbeziehung ist existenzielle Herausforderung, wenn sie halten soll.

Unser modernes Partner-Such-Schema scheint nicht mehr mit der Realität des Lebens zusammenzupassen, ebenso wie unsere Figur-Ideale nicht mehr in Relation zu unserem Nahrungsmittelangebot und Konsumverhalten stehen. Wir leiden. Die Kopflastigkeit unseres Lebens hat uns das Gespür verlieren lassen, was wir wirklich ersehnen, was wir wirklich brauchen. Eine Orientierung an der Lebensrealität geht eben nur über die Körpersinne: körperlich spüren, was nötig ist.
Ohne Verzichten kommt man nicht zur Erfüllung, nicht zur Tiefe, nicht zur Schlankheit – und auch nicht zu einer guten Paarbeziehung.

Der Weg zum WIR

Jetzt kommen wir zu dem Weg, der aus einem „hier Ich" und „dort Du" zu einem „gemeinsamen WIR" zusammenführt. Das Yin-Yang-Zeichen gilt als Symbol für Ganzheit. Im Bereich der

Paararbeit können wir es auch verstehen als die Begegnung von zwei ICHs, wodurch jedes ICH sich verändert und etwas von dem anderen ICH in sich aufnimmt. Gemeinsam bilden beide eine Ganzheit, etwas völlig Neues, das beide ICHs ausgeglichen beinhalten sollte, ohne dass eines davon unterdrückt wird.

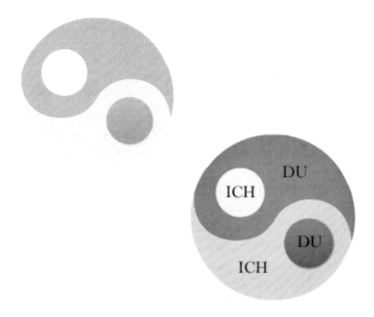

Dafür braucht es Handwerkszeug. Und dieses Handwerkszeug tragen Sie in sich. Es ist Ihre Körperwahrnehmung. Sie sagt Ihnen, was los ist, was sich verändert hat, wo es hakt oder wo es stimmt.

1) **Körperwahrnehmung** für die Selbstwahrnehmung
   Was fühle ich jetzt? Was will ich jetzt?
2) **Selbstausdruck**
   Sagen lernen, was ich jetzt will.
   Sagen lernen, was ich jetzt nicht will

3) **Begrenzen-Lernen**
   Sich selbst begrenzen lernen, worin man der Beziehung schadet.
   Die Begrenzung des anderen annehmen lernen, weil man sonst selbst der Beziehung schadet.
   Den anderen begrenzen lernen, worin er der Beziehung schadet.
4) **Angst-Bewältigung und Mut-Entwicklung**
   Um tun zu können, was man will und sich nicht von der eigenen Angst darin hemmen zu lassen

Sie sehen, die Angst taucht immer wieder auf. Sie ist das, was uns im Leben unterschwellig begleitet, uns oft steuert und unser Verhalten formt.

Deshalb ist es so wichtig, Angst als solche zu erkennen (und nicht etwa für etwas Anderes zu halten) und mit ihr umgehen zu lernen.

Das Grundproblem einer Partnerschaft bleibt normalerweise bestehen und die damit verbundenen Ängste ebenso. Daran ist nichts falsch. So muss es sein. Das führt zu einem fortdauernden und vertieften Lernen an diesem Punkt, und hierfür sind die Ängste sinnvoll. Durch Ihren Beziehungspartner werden Ihnen Ihre Lernthemen, Ihre Ängste, im Alltag ständig quasi „vor die Füße gelegt", wie eine kostenlose Dauer-Therapie, damit Sie daran wachsen.

Nach meiner Forschung gibt es sieben verschiedene Angst-Themen (vgl. meine Doktorarbeit in klinischer Psychologie) und jeder Mensch scheint sich in diesem Leben auf zwei davon zu konzentrieren – was es etwas einfacher macht, mit sich selbst und der eigenen Angst umgehen zu lernen.

Im Folgenden eine kurze Einführung hierzu – nachher ausführlicher in Kapitel 5 die Details zu den sieben Angst-Typen:

Also nochmal: Jeder Mensch scheint sich auf zwei Angst-Typen von insgesamt sieben möglichen zu konzentrieren, eine Hauptangst und eine Nebenangst. Die Hauptangst durchzieht latent alle Lebensthemen wie eine zarte Hintergrundtönung und ist schwer erkennbar. Sie erzeugt den größten Widerwillen gegen etwas oder die meiste Verachtung. Die Nebenangst dagegen zeigt sich fassbarer, ist bewusster und tritt vor allem im Umgang mit anderen Menschen zutage. Die sieben Angst-Typen sind Selbstherabsetzung, Selbsterhöhung, Selbstschädigung, Gier, Märtyrertum, Ungeduld, Starrsinn. Sobald es gelingt, sie neugierig, interessiert und liebevoll zu betrachten, verlieren sie von ihrer Macht und wir werden freier und handlungsfähiger.

Das ist wie in Märchen von einem bösen Gespenst: Wenn ein Kind neugierig und ohne Angst dem Gespenst begegnet, verliert es seine Macht und wird nett und zutraulich.

Im Umgang mit der Angst ist es ebenso und noch viel stärker. Je mehr Sie Ihrer Angst ins Gesicht zu schauen wagen, umso mehr entfaltet die Angst das ihr innewohnende Potenzial. Das bedeutet, je mehr sie Ihre Schattenseiten liebevoll betrachten, umso mehr entfalten Sie Ihre Fähigkeiten! Ist das nicht wunderbar! Es ist wirklich wie im Märchen.

Also nochmal: Das Grundproblem in einer Partnerschaft bleibt normalerweise ... Und daran ist nichts falsch. So muss es sein.

Denn ein fortdauerndes Problem führt zu fortdauerndem und damit vertieftem Lernen an diesem Punkt.

Geben Sie die Hoffnung lieber auf, dass das Problem irgendwann weg sein müsste. Lassen Sie sich auf Ihr zentrales Lernthema ein – und dieses „serviert" Ihnen Ihr Beziehungspartner.

Ich zeige Ihnen im Folgenden, wie Sie trotzdem oder gerade deshalb glücklich mit ihm leben können.

PartnerLIEBESbeziehung

Irgendwie zeigen unsere Worte für Paarbeziehung unsere Probleme damit:

Partnerschaft
– und wo bleibt hier das Wort Beziehung oder gar Liebe?

Paarbeziehung
- auch hier fehlt die Liebe.

Liebesbeziehung
- klingt mehr nach Liaison, als nach dauerhafter Paarbeziehung

Lebensabschnittspartnerschaft
- hier wird ganz klar, dass man sich nicht vorstellen kann, dass so eine Partnerschaft länger dauert als nur einen Abschnitt lang.

Deshalb prägte ich für das hier vorgestellte Konzept einer funktionierenden, alltagstauglichen Paarbeziehung mit Liebe und Sex das Wort PartnerLIEBESbeziehung.

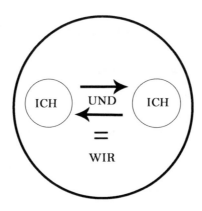

Diese Form der Paarbeziehung zeichnet sich aus durch eine Verbindung der beiden ICHs zu einem WIR, die auf gelebter Begegnung im Alltag mit allen Körpersinnen beruht, auf der mutig durchlebten Erfahrung des Keine-Lösung-Findens und dem dankbaren Erleben, wie die Liebe dann doch immer wieder eine Brücke schlagen kann. (vgl. Abbildung unten) Es ist eine Verbindung, die die Seelen-Anliegen beider Partner mit dem Alltagsleben verknüpft, so dass sich Kopf, Herz und Unterleib versöhnen. Und deshalb ist diese Form des Lebens einer Paarbeziehung sehr heilsam.

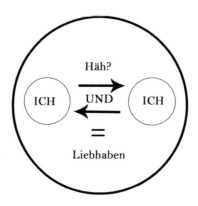

Sie können in Ihrer Paarbeziehung die Liebe und das Miteinander fördern, indem Sie die Körperwahrnehmung an den oben beschriebenen vier Punkten einbeziehen (vgl. auch oben in „Der Weg zum WIR"), nämlich

    1) Körperwahrnehmung für die Selbstwahrnehmung
        Was fühle ich jetzt? Was will ich jetzt?
    2) Selbstausdruck
        Sagen lernen, was ich jetzt will und nicht will ...

3) **Begrenzen-Lernen**
sich selbst und den anderen, d.h. gut mit sich sein, aber auch „Nein-Sagen" lernen zu pervertierendem Verhalten, zu Verhalten, das sich oder dem anderen schadet.
4) **Angst-Bewältigung und Mut-Entwicklung**
Um tun zu können, was man will und sich nicht von der eigenen Angst darin hemmen zu lassen

Partnerschaft ist Teamarbeit

Partnerschaft ist eine Teamarbeit für die Liebe – nicht mehr und nicht weniger. Weder bekommen wir automatisch mit dem „richtigen" Partner Sex und Erfüllung, noch ist die Lösung ein ständiges Analysieren des Miteinanders.
Teamarbeit für die Liebe funktioniert anders:
Sie braucht zum einen ein gemeinsames Ziel, ein Drittes, auf das sich das ICH und das DU hin gemeinsam ausrichten für ein WIR. Warum ist das so wichtig? Wenn wir Menschen kein höheres Ziel haben, verlieren wir uns schnell in unserer persönlichen Thematik, unseren Neurosen und Illusionen.
Und wenn beide Partner nur aufeinander ausgerichtet sind, bleiben sie damit in ihrer eigenen Egozentrik und Neurotik hängen. Diese wird mit dem Älterwerden immer stärker.
Das sind z.B. jene Partnerschaften, die mit Verliebtheit oder intensivem Sex starten und den Schritt in die Liebe nicht schaffen: Der Blick ist aufeinander ausgerichtet, auf das Bekommen des Ersehnten, das der andere „liefern" soll, aber nicht auf das Über-Sich-Hinauswachsen, nicht auf wirklich lieben lernen.

Kurz gefasst folgt nun: Wie geht lieben lernen?

Liebe braucht Ordnungen

Liebe ist frei fließend. Ohne Begrenzung verliert sie sich.

Deshalb braucht eine Liebesbeziehungen Begrenzungen und Disziplin. Erinnern Sie sich an die Einführung, wo es um das Zusammenhalten, das Begrenzen des Wassers durch das Wasserglas ging? Ohne begrenzendes Gefäß würde es durch die Finger rinnen ...

Der Sexualtrieb ist die wohl größte Kraft im Menschen – auch wenn unsere moderne Kultur so tut, als würden wir hier „darüberstehen" als kultivierte Menschen. Als Sexualtherapeutin sehe ich täglich das Gegenteil: Wenn der Mensch keinen guten Weg im Umgang mit der Sexualität findet, belastet diese das Leben und seine Beziehungen enorm.

Deshalb braucht die Sexualität Begrenzungen wie ein Fluss ein Flussbett, sonst überschwemmt er die Dörfer. Solche Begrenzungen sollen sinnvoll und hilfreich sein.

Wir können diese unsere Freiheit nützen, um auszuprobieren, welche Grenzen „funktionieren", welche Ordnungen uns wohltun, welche Grenzen die Liebe wachsen lassen, das Glück vermehren und unserer Gesundheit zuträglich sind. Dafür gibt es allgemeinhilfreiche Werkzeuge, die uns helfen können, um hier einen guten Weg zu finden.
Die Körperorientierung ist meiner Erfahrung nach dafür eines der besten Werkzeuge in Verbindung mit den beziehungsförderlichen Werten, die ich im Folgenden beschreibe.

Jahrhundertelang haben wir Menschen uns in moralische Regeln eingezwängt, die oftmals unserer Entwicklung, der Entwicklung

eines freien Geistes, eines gesunden Körpers und auch einer gesunden Sexualität im Wege standen. Heute haben wir die entgegengesetzte Tendenz: Wir möchten frei sein, um unseren individuellen Weg zu gehen und ohne Regeln das Leben zu genießen.
Meiner Erfahrung nach funktioniert dies jedoch nicht. Bei allen Menschen, die ich beruflich wie privat mit diesem Lebenskonzept angetroffen habe, führte diese Haltung nicht dauerhaft zu Erfüllung, sondern verursachte viel Erkrankung und Leid.

Und ich konnte umgekehrt beobachten, dass es Werte gibt, die für das Glück in einer Paarbeziehung förderlich sind. Diese sind

    1) Wir-Denken: gibt Kraft
    2) Zuverlässigkeit („Das Wort gilt"): schützt die Liebe
    3) Fürsorge: nährt die Liebe
    4) Treue: hält die Kraft in der Beziehung

Ja, tatsächlich, die „guten, alten" Werte. Wirke ich hier langweilig auf Sie? Oder moralisierend? Hm, es ist einfach das, was ich als wirksam beobachten konnte – bei meinen KlientInnen, bei meinen Mitmenschen und bei mir selbst.

Wenn es „hin und her zieht"

Was macht eine gelingende Paarbeziehung aus?

In dem Wort Be"zieh"ung steckt eigentlich alles drinnen: Es geht zuerst um einen „Zug" zum andern hin. Etwas zieht mich hin zu ihm und etwas zieht ihn her zu mir. Der Fachbegriff nennt dieses gegenseitige bleibende Ziehen Bindung.

Dann geht's weiter mit der Beziehung, dem „Bezug": Ich beziehe mich auf Dich und Du Dich auf mich. Es beschreibt die Hin-Bewegung zum anderen. Eine Beziehung, in der jeder sein eigenes „Ding" macht ohne Rücksicht auf den anderen ist also keine echte Beziehung. Der Zug, die Spannung, fehlt.

Beziehung enthält noch ein Drittes. Es geht um das Gegenseitige, das WIR als Paar, das gepflegt werden will und das seinen Ausgleich sucht über ein gegenseitiges Geben und Nehmen. Das lässt sich am besten mit dem Wort „Team" umschreiben: Jeder gibt und jeder nimmt. Und zusammen schafft man mehr als allein, so dass jeder von beiden von der Teamarbeit profitiert. Beide können ihr gemeinsames Ziel am besten gemeinsam erreichen. Alleine würden sie es nicht schaffen.

Und genau dies ist oftmals eine große Hürde für moderne Frauen: sie möchten alles alleine schaffen können und unabhängig bleiben. Das ist so gut verstehbar nach all den Jahrhunderten, in denen wir Frauen unter der Abhängigkeit von den Männern gelitten haben. Und doch: wenn wir Frauen uns nicht einlassen auf eine Teamarbeit mit den Männern, werden wir nie die Liebe erleben, die wir uns so ersehnen, sondern erleben eine Enttäuschung nach der anderen, bis wir uns – wie so viele Frauen – ganz für das Alleinleben entscheiden.

B. Praxis der Paarbeziehung

Paarbeziehung ist Bindung, ist das Hin- und Herziehen und das Ausgeglichene im Geben und Nehmen. Das WIR und das UND. Wie kommt man dazu?

In vier Schritten möchte ich dies Ihnen darlegen. Sie sind gegliedert in **Partner-SUCHEN – Partner-FINDEN – Partner-WERDEN – Partner-BLEIBEN.**

1. Partner-SUCHEN
= Effektive Partnersuche als **das innere Bereit-Werden** und das Sich-Klar-Werden, "wen suche ich und wozu?"

Wenn eine Paarbeziehung erfüllend sein und bleiben soll, ist es wichtig, einen Partner zu finden, der zu einem passt und mit dem man sich auf allen sieben Ebenen des Menschseins verbindet.
Was braucht es hierzu? Was führt mich da hin?

Die Ausgangsbasis für die Partnersuche

Das Grundlegende ist: die **Entscheidung**!
Tatsächlich, es braucht zunächst einmal die Entscheidung, einen Partner finden zu wollen und auch die Entscheidung: Lebenspartner, Lover, Lebensabschnittspartner oder was immer.

Hierzu folgender Vertiefungstext:

Der Text zum VIDEO:

Von der heilenden KRAFT der ENTSCHEIDUNG

**Grüß Sie Gott,
Ich bin Dr. Ute Mahr.**
Seit über 20 Jahren unterstütze ich Menschen auf ihrem individuellen Weg zu einer erfüllenden Paarbeziehung.

Immer wieder sagen Klienten und Freunde zu mir, **Ja, ich suche einen Lebenspartner, aber das muss sich ergeben.** Das kann man doch nicht erzwingen. Ich bin offen und schaue, was kommt.

Und **mit dieser Einstellung** finden sie über viele Jahre **keinen passenden Lebenspartner.**

Warum?
Weil sie **offenbleiben und schauen, was kommt,** anstatt sich **wirklich zu entscheiden** und das Thema effektiv anzugehen.
Wenn sich jemand **nicht entscheidet,** dann treibt er **bei der Partner-Suche wie ein Spielball im Wind** und reagiert auf Gelegenheiten.
Dann lässt die **Sehnsucht nach Nähe, Zärtlichkeit und Sexualität eine rosa Wolke entstehen.**
Man neigt dazu, sich auf einen Menschen einlassen, der den eigenen Träumen zu entsprechen scheint, dies aber gar nicht als Partnerschaft leben kann.

Die in unserer Kultur hochgelobte Verliebtheit wurde von der Wissenschaft inzwischen als Störung des Hirnstoffwechsels erkannt.
Mit Liebe leben hat Verliebtheit leider kaum etwas zu tun: sie ist

wie ein schöner Traum, aus dem man irgendwann aufwacht. Das ist **kein guter Ratgeber für die Partner-Suche.**

Deshalb ist es wichtig, zu lernen, Partner-Suche effektiv anzugehen.

Der erste Schritt hierzu ist die ENTSCHEIDUNG, dass man sich jetzt auf die Suche nach einem LEBENSPARTNER macht – nicht nach einem Lover, nicht nach jemand, mit dem es halt „schön" ist, sondern nach dem Menschen, mit dem man auf Dauer das Leben im Alltag wie im Bett miteinander teilen möchte, durch alle Höhen und Tiefen.

Durch diese Entscheidung richten sich **alle unbewussten Antennen darauf aus, den passenden Lebenspartner zu finden** und eben nicht etwa einen *Lebensabschnittspartner*, einen *Lover*, *Freund* oder anderes.

Diese Entscheidung fungiert wie ein Traktorstrahl: Man beginnt einen potenziellen Lebenspartner anzuziehen.
Deshalb ist diese Entscheidung sehr wichtig.
Und es ist **eine große Entscheidung**, denn es geht ja um den Partner fürs Leben.

Lassen Sie sich mit allen Sinnen spüren, **dass es jetzt um etwas Großes geht**: den Partner fürs Leben.

Das bedeutet etwas.
Das darf Sie berühren.
Das darf Ihr Leben verändern!
Das darf Sehnsucht in Ihnen wachwerden lassen, endlich den Menschen zu finden, mit dem Sie Ihr Leben teilen können.

Wenn Sie jetzt an Ihrem Single-Leben zu leiden beginnen, ist das gesund, denn es hebt Sie heraus aus Ihrer Komfort-Zone. Übrigens: Wissenschaftler haben herausgefunden, dass **der einzige Unterschied zwischen Singles und Nicht-Singles** darin liegt, dass Singles *sich weniger stark einen Partner wünschen* als Nicht-Singles.
Singles sind also nicht etwa weniger partnerschaftstauglich, neurotischer etc. Nein, sie sehnen sich nur nicht so offen und konsequent nach einem Partner wie Nicht-Singles.
Deshalb ist es so gesund, wenn Sie jetzt beginnen, zu leiden und sich zu sehnen.

Wenn Ihnen Ihr Single-Leben plötzlich öde erscheint und leer, dann werden Sie bereit, den Partner fürs Leben zu finden.

Und damit sie jetzt den Richtigen anziehen, ist es nötig, herauszufinden, was für Ihr Leben wesentlich ist. Hiervon handelt ein anderes Video. Das finden Sie kostenlos unter www.mein-lebenspartner.de

Ihre Ute Mahr
mit dem Team von
MEIN-LEBENSPARTNER.de

Jetzt braucht es die **Bereitschaft,** sich wirklich einzulassen auf ein WIR in Liebe und dies auch über die Jahre weiter zu lernen. Man darf ruhig Angst haben – das gehört dazu, aber es geht um dieses innere feste „Ich will", wie das christliche Eheversprechen lautet.

Für diese Bereitschaft und Entscheidung braucht es **Mut,** ja wirklich! Wenn ich Bindung eingehe mit einem Partner, dann gehören wir zusammen – mit allem, was kommt.
Dann gibt es kein „Man hat sich auseinandergelebt", dann gibt es kein „Ich kann das nicht ertragen". Dann muss – und darf - man über sich selbst hinauswachsen zum Partner hin, sonst wird und bleibt das gemeinsame Leben leidvoll oder erstarrt.

Das wird erleichtert durch das **Wissen,** wie eine Partnerschaft erfüllend werden kann, welche Einstellungen, Werte und Bewältigungsfähigkeiten hierfür nötig sind und wie man diese trainieren kann. Dazu braucht es aber auch die Bereitschaft, dieses Wissen im Alltag mehr und mehr umzusetzen.

Sportlicher Teamgeist ist hier eine große Hilfe: Sehen Sie das Ganze als sportliche Herausforderung, die Sie gemeinsam mit Ihrem Team-Partner schaffen wollen. Sie haben höherer Ziele, für die Sie beide gemeinsam einstehen wollen, nach dem Motto: „Die Vision macht´s!"
Die innere Bereitschaft für ein „WIR" will täglich neu mit voller Kraft abrufbar sein. Dadurch kann das Paar als Team erfolgreich werden und zusammen mehr schaffen als allein. So erhöht sich der Nutzen, den beide daraus ziehen. Das motiviert gewaltig, um weiter vorwärts zu gehen auf dem Weg der liebenden Partnerschaft.

ÜBUNG:

Die 3 Schritte zum BEZIEHUNGS-MUT

1) Klärungs-Phase
Nehmen Sie zunächst einmal Kontakt mit Ihrem Körper auf. Bewegen Sie sich, dehnen sich
Und dann fragen Sie sich, was Sie wirklich in diesem Leben wollen, was Ihr Inneres auf dieser Erde tun will.
Und, was Sie mit Ihrem Lebens-Partner zusammen in diesem Leben erreichen wollen

2) Sehnsuchts-Phase
Dann lassen Sie diesen Menschen in sich deutlicher werden, bis Sie so richtig die Schnsucht nach ihm spüren könne.
Lassen Sie zu, dass es weh tut.

3) Mut-Phase
Jetzt machen Sie sich klar, dass es etwas Großes ist, den Partner fürs Leben zu finden. Das wirft Sie raus aus der Komfortzone, das geht nicht ohne Schmerzen ab, denn hier setzen Sie sich dem leibhaftigen Leben aus.

4) Bereitsein
Und jetzt sind Sie bereit, Ihren Lebenspartner zu finden. Lassen Sie sich dies spüren! Gehen Sie mit diesem Gefühl ab jetzt durch die Straßen, stehen Sie mit diesem Gefühl auf und gehen Sie mit diesem Gefühl zu Bett: Sie sind bereit für Ihren Lebenspartner.
Jetzt kann er kommen und Sie sind bereit, sich auf Ihn einzulassen.

Gemeinsame innere Grundthemen haben

Die Seele jedes Menschen kommt mit bestimmten Themen auf die Welt, die sie in diesem Leben erleben will. Wenn ein Mensch diese Themen umsetzt, erlebt er Erfüllung und Zufriedenheit.

Dazu braucht er einen Partner, der zu diesen Seelen-Themen, diesen inneren Anliegen, passt. Wenn sein Partner diesen Themen entgegenwirkt, wird er immer unzufriedener sein. Wenn seinem Partner die Grundanliegen egal sind, wird er vermutlich im Alleingang seine Themen versuchen umzusetzen – und das Paar lebt sich auseinander. Nur wenn der Partner in Resonanz dazu gehen kann, ergibt sich eine Verbindung auf der Seelen-Ebene, und beide bündeln ihre Kräfte für die gemeinsamen Ziele und erleben Zufriedenheit und Erfüllung.

Man braucht also jemanden, der dieselben dauerhaften Ziele im eigenen Inneren hat und mit dem man diese gemeinsam verfolgen kann. Deshalb soll ein Lebenspartner dieses ebenso wollen.

Diese Seelen-Anliegen bleiben im Leben gleich. Sie finden sie, wenn Sie in sich gehen und fragen: *„Was will ich in diesem Leben? Wozu bin ich hier? Was will ich hier tun? Was will ich lernen? Was will ich der Welt geben in diesem Leben?"*
Wenn ich herausgefunden habe, was meine seelischen Anliegen an dieses Leben sind, kann ich einen Partner suchen, der hierzu passt.

Und wenn ich mit meinen seelischen Anliegen an dieses Leben einigermaßen im Reinen bin, sende ich unbewusste Signale in dieser Richtung aus, d.h. die anderen Menschen merken, was ich in diesem Leben will. Das wird die einen Menschen anziehen und die anderen eher auf Abstand halten. Das bedeutet, dass sich auch mein Freundeskreis verändern wird, wenn ich mit meinen seelischen Anliegen an dieses Leben ins Reine komme. Vor allem aber werde ich wie ein Magnet einen Lebenspartner anziehen, der hierzu passt und der mit mir zusammen einen gemeinsamen Weg gehen will.

Wie finde ich meine Seelen-Anliegen? Wie merke ich, dass es keine selbst erschaffenen Wunschträume sind?

Die unsterbliche Seele bewohnt den sterblichen Körper. Deshalb lassen sich die Seelenanliegen am besten über die Körperwahrnehmung kennen lernen als dem Gefäß der Seele. Nachdenken darüber bringt nichts, weil die Seele verstandesmäßig nicht zu erfassen ist.

Die Seele drückt sich über Impulse aus, die in der Gegenwart, im Jetzt, ganz konkret vom Bauchraum nach oben aufsteigen. Das kann man wahrnehmen lernen.

Wenn man das immer wieder einmal tut, beginnt man für die Impulse ein Gefühl zu entwickeln, in welche Richtung die innersten Anliegen wollen. Das kann verschieden sein: Bestimmte Dinge in der Tiefe ausloten oder begreifen zu wollen – mit anderen Menschen immer wieder Freude teilen zu erleben – größere Zusammenhänge als Aha-Erkenntnisse zu erleben – immer wieder Harmonie zu schaffen und mit anderen zu leben …Wenn ich z. B. den tiefen Wunsch in diesem Leben habe, etwas „Großes" zu machen, wird eine Beziehung nur erfüllend werden, wenn der Partner dafür aufgeschlossen ist und mitarbeitet.
Konkret erlebt man Seelen-Impulse, wenn man sich einmal nicht kontrolliert. Wenn etwas unvermutet aus dem Bauchraum nach oben steigt und „heraus blubbt". Das können spontane Äußerungen sein, Sehnsüchte oder Ideen, die vom Verstand abgewiegelt

werden würden. Sie reichen oft zurück bis in die Kindheit. Es sind die Themen, mit denen wir in Resonanz stehen wie aus Märchen, aus Büchern, aus Filmen und haben oft wenig Bezug zur konkreten Lebenswirklichkeit.

Diese Seelen-Anliegen sind keine Vorlieben wie gerne wandern und lange schlafen oder Äußerlichkeiten wie braune Augen oder ein großes Haus, sondern es sind die inneren Themen, die <u>hinter</u> diesen Vorlieben und Äußerlichkeiten liegen – quasi die Ideen, wie Platon das nannte, hinter unseren Vorlieben. Das ist ein großes Thema, denn solche Vorlieben können auch der Bequemlichkeit, dem Konsumdenken und einfachem Wunschdenken entspringen. Wer hätte nicht gerne einen Lotto-Gewinn? Wer wäre nicht gerne Besitzer eines großen Hauses?

Wenn Sie den Unterschied herausfinden wollen zwischen wirklichen, lebenslang stabilen Seelen-Anliegen und oberflächlicheren, vergänglichen Wünschen, dann lauschen Sie nach Innen und fragen Sie nach dem „wozu?".

Wozu will ich z.B. ein großes Haus? Nur um mein Ego zu nähren oder welche Möglichkeiten eröffnen sich mit einem großen Haus, was kann ich dann tun, was kann ich der Welt geben?

Oder: Wozu will ich viel Geld verdienen? Nur um meine Minderwertigkeitsgefühle zu reduzieren, oder weil ich wirklich eine größere Aufgabe in diesem Leben habe, weil ich mit diesem Geld etwas für die Menschheit tun kann?

Hier geht es darum, die sogenannten „Äußerlichkeiten", wie diese oftmals geringschätzig genannt werden, genau zu durchleuchten auf Ihren Wert für die Menschheit an sich. Eine sogenannte „Äußerlichkeit" kann ein hilfreiches Statussymbol sein, ein Hilfsmittel, um die eigenen Seelen-Anliegen umzusetzen oder einfach nur ein netter Wunsch, der das Ego poliert.

Den Unterschied erfahren wir in dem Nutzen für die Menschheit: Wenn eine Äußerlichkeit einem Seelen-Anliegen dient, dann dient sie der Umsetzung einer Tat zum Wohle der Menschheit und nicht nur dem Wohlgefühl des Einzelnen.

ÜBUNG:

Den passenden Lebenspartner finden
Ich zeige Ihnen jetzt, wie Sie einen Partner finden, mit dem für Sie eine erfüllende Lebens-Partnerschaft möglich werden kann.
Wie funktioniert das? Das habe ich in meiner Tätigkeit als Paar- und Sexualtherapeutin über viele Jahre erforscht:

Es geschieht über unser Inneres.
Wir können lernen, unsere inneren, unbewussten Such-Antennen auf die Suche nach einem passenden Lebens-Partner auszurichten und diesen dann – wie mit einem Traktor-Strahl - anzuziehen

Unser Motto hierfür ist:
Mit LEIB und SEELE einander FINDEN.

Deshalb **beginnen wir mit dem Körper**.
Der Körper ist das Medium, mit dem Sie Partnerschaft leben, mit dem Sie Ihren Partner berühren, mit dem Sie kommunizieren, mit dem Sie Sexualität leben und mit dem Sie streiten.

Deshalb nehmen Sie zunächst einmal Ihren Körper wahr. Bewegen Sie sich, dehnen sich, schütteln Sie sich, hüpfen Sie, atmen Sie und kommen Sie dann zur Ruhe und nehmen einfach wahr, wie Sie sich fühlen.

Jetzt kommen wir zum Wahrnehmen Ihrer SEELE:
Geben Sie sich jetzt den Raum, einfach so zu sein in Ihrem Körper, wie Sie gerade sind. Versuchen Sie nicht, irgendwie zu sein, sondern nehmen sich wahr, wie Sie gerade sind.
Fragen Sie sich jetzt:

Was will ich eigentlich in diesem Leben?
Was will ich auf dieser Erde hier tun?
Was will ich hier getan haben, bevor ich diese Erde irgendwann wieder verlasse?
Und: Was will ich gemeinsam mit einem Lebens-Partner tun?

Lassen Sie diese Fragen in sich ankommen.
Lauschen Sie nach innen und erwarten Sie nicht gleich eine Antwort.
Schenken Sie sich Zeit und lauschen Sie. – und vertrauen Sie Ihrem Inneren.

Und dann beschreiben Sie spontan Ihre Vision: Schreiben Sie sie auf oder sprechen Sie sie auf Band.
Ganz wichtig: Tragen Sie Ihre Vision bei sich in den nächsten Wochen, bis Sie Ihren Lebenspartner gefunden haben.

2. Partner-FINDEN
= Die zielgerichtete Partner-Wahl:
   Wie erkenne ich "den Richtigen" und
      wie finden wir zueinander

Nun geht es um das Prüfen des Partners, ob er der Richtige ist und dann um das Zusammenkommen diesem Partner. Während der ersten Dates werden Sie sich innerlich fragen: Passen wir zusammen? Entsteht Resonanz? Was gefällt mir, was stört mich, was verwirrt mich? Viele Fragen stehen im Raum, wenn Sie sich nicht nur auf ein heißes, sexuelles Abenteuer einlassen möchten.

Woran erkenne ich, ob er passt oder nicht?

Am sichersten wieder über die Körperwahrnehmung, weil ich mir hier am wenigsten vormachen kann. Ansonsten könnte mein Wunschdenken schnell die Klarheit meiner Wahrnehmung überlappen.

Wenn es passt, fühlt man normalerweise ein einfaches, ruhiges, neutrales „Ja" in sich. Das ist nicht toll, nicht spektakulär, sondern eher schlicht nach dem Motto: „So soll es sein, so stimmt es".

Oft schleicht sich Angst ein nach dem Motto „oh mein Gott, was kommt da auf mich zu", weil das Ego Angst um den Verlust seiner Vormachtstellung hat. Es kann sich nicht vorstellen, dass es ein gutes WIR geben kann.

UND: Der Mensch ist nicht nur Seele, er ist auch Körper in männlicher oder weiblicher Prägung. Einer ist immer stärker männlich oder stärker weiblich (das gilt auch für Homosexuelle).

Diese beiden Pole des männlichen und weiblichen sind wie die Pole eines Magneten. Sie ziehen einander an.
Das heißt im Klartext: Seelische Anziehung alleine reicht nicht. Es braucht für eine gute Partnerschaft auch die Verbindung auf der geschlechtlichen Ebene, denn die Sexualität ist das Näheste, was es zwischen zwei Menschen geben kann. Nirgends sonst können zwei Menschen seelisch und körperlich so ineinander sein wie in der Sexualität.
Achten Sie also auch darauf, ob Sie diesen Partner körperlich anziehen empfinden können, ob Sie sein Aussehen, seinen Geruch, seine Stimme, seine Gestik mögen können. Sie müssen sie nicht toll finden, aber es geht darum, ob Sie sich auf ihn auch körperlich einlassen können.

Geruch ist hier ein wesentlicher Bestandteil des körperlichen Miteinanders. Wenn sich der Partner parfümiert, achten Sie darauf, seinen natürlichen Körpergeruch herauszufinden, um prüfen zu können, ob Sie sich körperlich auf ihn einlassen können. Eventuell hilft es, ihn zu bitten, kein Deo, Parfüm etc. zu benutzen, wenn Sie sich treffen.

Prüfen, bevor man sich ewig bindet

In der Phase der Partnerfindung, also, wenn es zu den ersten Dates kommt, hilft das Wissen um die *Elementaren Paarkräfte* (vgl. hierzu auch ausführlicher mein Buch PAAREVOLUTION). Sie wollen ja einen Partner finden, der eine dauerhafte Beziehung möchte. Sie suchen einen Partner, der bereit ist für eine Bindung. Einen, der Mut hat. Der die Bereitschaft mitbringt, sich wirklich einzulassen. Der teamfähig ist für ein WIR und partnerschaftsförderliche Werte pflegen will. (Dasselbe sind Sie ebenfalls bereit einzubringen. Oder?)

Und dann gibt es noch das Wichtigste im „Untergrund", das Sie und Ihren künftigen Partner unterscheidet und eint zugleich:
Die geschlechtsbedingte Verschiedenheit von Männlichem und Weiblichem, die wie zwei Puzzleteile ineinanderpassen und so eine Ganzheit, ein Team bilden können – vereinfacht in dieser Symbolik:

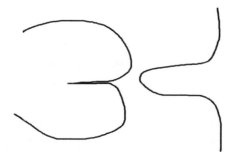

Die Frau wird weich und weit – der Mann wird fest und fokussiert.
Die Frau empfängt – und der Mann gibt (den Samen).
Die Frau nimmt auf – und der Mann dringt ein.

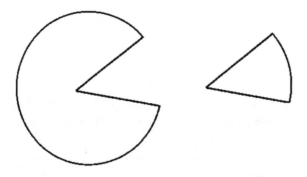

Die Frau gibt das „Große Ganze", die Höhle, die Geborgenheit und der Mann fügt sich in diese ein und erarbeitet „draußen" das, was er dann „drinnen" ihr gibt.

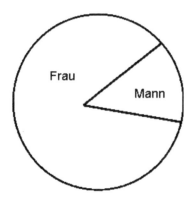

Gemeinsam bilden sie eine Ganzheit, ein Team.

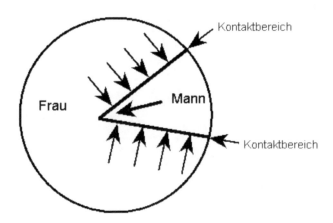

Der Kontakt, die Begegnung zwischen beiden findet im Inneren der Frau statt: in ihrer Höhle, zuhause, in der Beziehung. Hier entsteht die Reibung, die Auseinandersetzung.

Da diese Auseinandersetzung im Inneren der Frau passiert, ist sie hier Hausherrin und kennt sich mit Beziehung am besten aus. (Diese „Beziehungsweisheit der Frau" belegt die moderne Hirnforschung.)

Es ist wie im Tango-Tanz: Der Mann führt und die Frau folgt. Hierin liegt nicht nur die Erotik, sondern auch ein großer Teil des Zusammenspiels von Frau und Mann: Sie führt im Innen und er im Außen – auch wenn uns das als emanzipierte Frauen oft nicht „schmeckt".
Der Mann führt am besten, wenn er lernt, der Frau zu lauschen, während er führt. Das gilt für den Sex genauso wie für den Alltag.

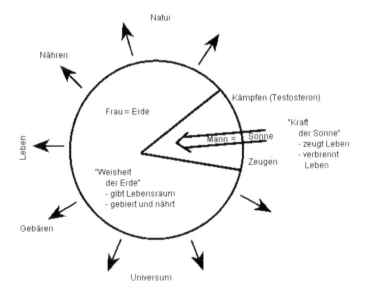

Die Frau führt im Innen, indem sie sich zeigt mit ihrer Beziehungsweisheit und ihrer unmittelbaren Verbindung zur Mutter Erde, zur Natur und zum Leben an sich.

Dieses Leben an sich erfährt der Mann in der Geborgenheit im Inneren der Frau: körperlich und seelisch.

Diese von der Evolution geschaffenen grundlegenden Unterscheidungsmerkmale wirken – trotz aller Emanzipation. Es tut Frau gut, in der Beziehung zum Mann aufnehmend zu sein, ihr Potenzial im Bereich Beziehungsweisheit zu achten und sich mit dieser Würde und diesem Wissen ihrem Mann zu zeigen. Es tut dem Mann gut, sein eigenes Aufrechtsein und seine Fähigkeit zu fokussieren zu achten, gut für die Frau zu sorgen, ihren Bedürfnissen zu lauschen und auf die Beziehungsweisheit der Frau hören zu lernen. Und das tut nicht nur jedem von beiden einzeln gut – es tut auch der Partnerschaft gut.

All dieses, was trennend und gegensätzlich erscheint, wird in einer guten Partnerschaft zu einem Miteinander, zu einem gemeinsamen

Tanz der Polaritäten des Männlichen und des Weiblichen für ein gemeinsames WIR, für gemeinsame Seelen-Anliegen.

In diesem WIR führt jeder der beiden Partner genau in den Bereichen, wo sein ureigenes Potenzial liegt: Der Mann führt im Konkreten Alltagskampf draußen und schützt die Frau und das Heim, die Frau führt im Inneren, in der Paarbeziehung und den Beziehungen innerhalb der Familie durch ihre weibliche Beziehungsweisheit.

In der Phase des Prüfens können Sie beide testen, ob und wie Sie auf den verschiedenen Ebenen Ihres Menschseins gemeinsame Ziele verfolgen und zusammenarbeiten können oder nicht.

Hierzu braucht es den gesunden Menschenverstand.
Verliebtheit ist hier eher störend, denn sie ist – wie die Wissenschaft festgestellt hat, eine Störung des Hirnstoffwechsels – ähnlich einem Rausch. Man sieht Rosa und die eigenen Sehnsüchte wirken wie Realität.
Wussten Sie, dass die in unserer Kultur so beziehungsgestaltende Verliebtheit ein Phänomen der Neuzeit ist? Früher wurden die Leute verheiratet. Die Eltern wählten den passenden Partner aus. Erst in der Zeit der Romantik – mit Romeo und Julia – wurde die Verliebtheit zu einem neuen Beziehungsideal. Nur: keiner hat Romeo und Julia gesagt, dass ihre „Anschmachterei" eher ein Ausdruck ihrer verdrängten Sehnsüchte als Grundlage einer wirklichen Liebe ist. Das hätten sie damals auch nicht hören wollen. Und das wollen die meisten Menschen heute auch nicht hören.

Nur so im Vertrauen: es kann tatsächlich hilfreich sein, den Rat Ihrer Eltern bei der Partnerwahl einzuholen – einfach, weil Ihre Eltern Sie kennen und die Sache mit Abstand sehen und weniger geprägt von verdrängten Sehnsüchten. (Damit meine ich nicht, dass Eltern bei der Beziehungswahl immer Recht hätten, aber ich meine, es ist hilfreich Außenstehende miteinzubeziehen, die Sie gut kennen und gesunden Menschenverstand walten lassen.)

Ein paar Beispiele für Partner-Wahlen, die nicht funktionieren konnten:

Eine Frau ersehnte einen männlichen Mann, nachdem sie die „Frauenversteher" ihrer früheren Beziehungen satt hatte. Spontan verliebte sie sich in einen Tangotanzlehrer, der sehr viel männliche Dominanz ausstrahlte. Eine heiße Affäre begann – zunächst von beiden so gewollt. Doch dann verliebte sich die Frau tiefer und wollte mehr. Sie träumte von Familie und Kindern. Doch dies war zu Beziehungsbeginn zwischen beiden nicht klar gewesen. Für ihn war die ganze Sache nach wie vor eine Affäre. Nur sie hatte sich gebunden und war psychisch und körperlich abhängig. Ein langes Drama begann, in welchem sie ihm hinterherrannte und er sie zappeln ließ. Sie kam in Therapie und begann in der Arbeit zu begreifen, was es bedeutet, einen Mann körperlich in ihr Inneres zu lassen: sie hatte sich gebunden – er nicht. Sie entschied sich, in Zukunft zuerst zu entscheiden, was sie genau wollte. Und wenn sie nur einen Lover wollte, da blieb sie vorsichtig mit Sex und entschied sich öfters mal für Petting, anstatt wieder einen Mann in ihr Innerstes zu lassen, der nicht als Lebenspartner in Frage kam. (vgl. den Exkurs weiter unten)

Ein Mann wollte Familie und Kinder und verliebte sich dann spontan in eine sehr geniale, aber psychisch kranke Frau, die starke Medikamente nehmen musste. Es entstand ein furchtbares Beziehungsdrama, unter welchem beide sehr litten.
Von außen betrachtet ist es klar: Das konnte nicht gut gehen. Die Frau – so genial, liebevoll etc. sie auch war, konnte keine Kinder

erziehen, da sie selbst zu sehr litt. Zudem hätte sie die Medikamente in der Schwangerschaft absetzen müssen, was die Ärzte angesichts ihres psychischen Zustandes nicht vertreten konnten. Weiterhin war eine Paarbeziehung mit Nähe im Alltag für sie einfach zu viel an Nähe. Das ertrug sie nicht.
Nach langem Hin- und Her haben sich beide dann getrennt – und der Mann wurde depressiv. Er hatte sich aufgerieben in einem Ringen um eine Beziehung, die nicht funktionieren konnte.

Wir glauben in unserer heutigen Zeit, alles ist möglich. Aber es gibt nun einmal Grenzen des Machbaren.

Deshalb ist es sehr wichtig, sich zuerst klarzuwerden, was man sucht:
1) **einen Lebenspartner** – oder etwas Anderes
2) und **für welche Seelen-Anliegen,**
3) sodann **dafür sich zu entscheiden**
4) und dafür **bereit zu werden** und den **Mut zu sammeln**
5) und dann werden Sie auf kurz oder lang auch den hierzu
    passenden Partner anziehen
statt Spielball ihrer Sehnsüchte, Hormone und Illusionen zu werden.
Im Wege stehen können Ihnen dann nur noch Ihre eigenen Beziehungsängste. Wenn Sie hier Sorge haben, ist es hilfreich, rechtzeitig vor der Partnerwahl einen auf diese Thematik spezialisierten Psychotherapeuten aufzusuchen, damit Ihre Partnerwahl nicht durch Ihre eigenen Ängste boykottiert wird.

EXKURS:
Warum aus gemeinsam vereinbarten One-Night-Stands häufig hinterher doch noch ein Drama wird…

Immer wieder kommen Frauen in meine Praxis, die nach einem ursprünglich von beiden Partner gewünschtem One-Night-Stand oder Liaison an dieser Beziehung zu leiden beginnen, weil sie plötzlich mehr wollen. Das hatten sie selbst zuvor gar nicht erwartet und wundern sich, weil doch dieser Mann eigentlich „gar nicht ihr Typ sei". Daraus resultiert ein immer ähnlicher Ablauf: Die Frau will plötzlich mehr – der Mann aber nicht. Sie beginnt ihm hinterherzulaufen, ihn zu bedrängen – und er zieht sich zurück, lässt sie zappeln etc. Sie leidet entweder über Jahre – und er nimmt den Sex dankend und bleibt weiterhin auf Abstand. Oder sie eskaliert die Sache, stellt ihre Wünsche klar – und er hält sie hin. Das Ergebnis bleibt gleich: sie leidet und ist an einen Mann gebunden, den sie eigentlich gar nicht als Partner wollte.
Wie kann das geschehen? Warum ist das so einseitig?

Als Körper- und Sexualtherapeutin ist das für mich logisch, da ich auf das Zusammenwirken der Körper und der Geschlechtsorgane achte und „den ganzen Emanzipations-Kram" außen vorlasse:
Der Kontaktbereich beim Sex liegt bei der Frau in ihrem tiefsten Inneren - je nach Größe durchschnittlich 25cm entfernt von ihrem Herzen - und ist völlig ausgekleidet mit Schleimhaut. D.h. sie ist hier nicht nur enorm verletzlich, der Kontakt ist für sie auch in vollem Ausmaß und direkt mit ihrem Gesamtorganismus verbunden. Sie kann bei Kontakt schwanger werden und sie setzt sich der Gefahr einer Infektion aus durch ihre große Schleimhautfläche. Der Kontaktbereich des Mannes beim Sex liegt außerhalb seines Unterleibs mit einem Abstand vom Herzen von etwa dem Doppelten wie bei der Frau – und nur die Penisspitze besteht aus Schleimhaut. D.h., er wird nicht schwanger und sein Infektionsrisiko ist deutlich geringer als das der Frau.

Diese körperlichen Fakten haben auch eine große psychische Bedeutung: Die Frau bindet sich beim Sex schneller als der Mann.

Egal, was eine emanzipierte Frau auch denken mag, ihr Unbewusstes erlebt einen Kontakt in Herzensnähe in ihrem Innersten – und der Mann erlebt beim Sex einen viel distanzierteren Kontakt, der ihn nicht bindet. Er kann Sex haben – und gehen. Im Gegenteil: Das männlichen Geschlechtshormon Testosteron fördert, dass er „seinen Samen auf möglichst viele Frauen verteilt, um die Wahrscheinlichkeit, dass seine Gene überleben, zu erhöhen."

Deshalb rate ich Frauen inzwischen:
Seien Sie vorsichtig mit Sex, denn es kann sein, dass Sie von Ihrem Sexualpartner nicht mehr loskommen. Wenn es unbedingt sein muss, dass sie Sex haben ohne bewusst einen Lebenspartner zu suchen, ist es besser, Sie nehmen jemand, in den Sie sich bestimmt nicht verlieben können oder bleiben öfters mal beim Petting, denn das bindet nicht so sehr an den Mann wie richtiger Sex. Zudem sparen Sie sich die Pille.

Sich einlassen – auch, wenn es Angst macht

Wenn es dann ernst wird und Sie sich näherkommen, wird wahrscheinlich auch die Angst hochkommen.
Das ist gut, denn es lässt Sie genau prüfen.

Erinnern Sie sich dann an das bislang gesagte über die Angst – und lesen Sie dazu die Infos und Tipps in den Kapiteln 5.C und 6. über die Ängste.

Ihre Angst kämpft ja um die Oberhoheit. Sie wird Ihnen suggerieren wollen, dass es besser ist, sich nicht zu eng einzulassen – da müsste man sich ja vielleicht ändern! Oder verzichten! Oder

zurückstecken! Die Angst in ihren verschiedenen Verkleidungen kann machtvoll sein.
Angst zu haben ist natürlich. Fragen Sie sich, wenn dem so ist, was denn schlimmstenfalls passieren könnte, wenn Sie sich einlassen wollen – und schon verpufft ein Teil der Angst.
Natürlich werden in einer neuen Partnerschaft Schwierigkeiten entstehen. Das ist so. Zwei fremde Menschen wollen zusammenwachsen, wollen zu einem WIR werden. Das reibt man sich, das tut auch weh ... - auch das wissen Sie.
Bleiben Sie bei Ihrem „ich will", wenn Sie Partnerschaft wirklich wollen, und haben Sie Mut.

Erinnern Sie sich an die Körpersignale, wenn Zweifel kommen. Ist das stille „Ja" zu Ihrem Partner in Ihnen? Zieht es Sie hin zu ihm? Na also.

Wenn Angst vorherrscht, der Mut schwindet und Sie keine Lösung mehr wissen: Bitten Sie eine höhere Dimension um Hilfe wie z.B. Gott, das Universum oder etwas Ähnliches. Das erleichtert, weil nicht die ganze Last der Entscheidung auf Ihnen selbst liegt und Sie sich wieder Ihrer eigenen größeren Ganzheit öffnen, anstatt im Verstandes-Grübeln hängen zu bleiben.

3. Partner-WERDEN
= Die Orientierungsphase für die gemeinsame Zukunft:
Sich tiefer einlassen und aneinander reiben lernen,
damit die Liebe die Brücke schlagen kann
über die Unterschiedlichkeiten.

Von der Verliebtheit zur tragfähigen Bindung

Jetzt geht es um die Realität. Sie haben einander gefunden und sagen Ja zueinander.
Und schon kommt der Alltag und die rosarote Brille erhält die ersten Kratzer.
Gut so, so muss es sein. Sie lassen die Illusionen hinter sich und sind jetzt auf dem besten Weg zur WIRKlichkeit einer Paarbeziehung.

Jetzt geht es darum, gemeinsam den konkreten Lebensalltag gestalten. Das „Kunststück" steht im Raum: Wie wird aus einem ICH und noch einem ICH ein tragfähiges WIR? Wie bringen wir den Himmel der Verliebtheit auf die Erde? Oder halten wir lieber Abstand, damit wir uns die Schönheit der Verliebtheit bewahren? Reden wir besser nicht darüber, was uns stört? Oder treffen wir uns nur ab und zu?
Das alles ist kein Weg zu einer Lebenspartnerschaft, die erfüllt. Sich herauszuhalten verbindet nicht in der Tiefe, sondern ist ein Versuch, in der Komfort-Zone zu bleiben. So kann wirkliche Liebe nicht wachsen.

Es ist in dieser Phase ganz normal, dass schnell das Bedürfnis entsteht, sich wieder ins sichere Nest des eigenen Ichs oder der eigenen Illusionen zurückzuziehen. Denn jeder bekommt in dieser

Phase Angst, seine Bedürfnisse nicht erfüllen zu können und sich selbst unterdrücken zu müssen für die Liebe. Deshalb ist es jetzt wichtig, der Angst ins Gesicht zu schauen und sich auf die gemeinsamen Seelen-Anliegen zu besinnen.

Nehmen Sie sich also Zeit und Muße, im liebevollen Miteinander sich offen und ehrlich auszutauschen:
- Was will ich? Was willst Du?
- Was sind unsere gemeinsamen Lebensziele?
- Wie genau will jeder von uns den konkreten Alltag leben?

Und üben Sie immer wieder, den anderen wirklich zu verstehen. Interessieren Sie sich für Ihren Partner, fragen Sie nach und melden Sie ihm zurück, was Sie meinen, verstanden zu haben, bis er sich wirklich verstanden fühlt. So kommt es in dieser wesentlichen Orientierungsphase der Paarbeziehung nicht gleich zu Missverständnissen.

In diesem Zeitraum sind oftmals Kommunikationstrainings sowie das Erarbeiten von Konfliktbewältigungsfähigkeiten hilfreich.

Da wir die Gegenwart durch die Brille unserer eigenen Kindheit und dem Erleben der Beziehung unserer Eltern erleben, können hier negative Beziehungsmuster auftauchen, die die Entfaltung einer Lebenspartnerschaft hemmen. Dann empfehle ich, paarorientierte Einzeltherapie zur Bearbeitung dieser negativer Kindheitserlebnisse. Paarorientierte Einzeltherapie bedeutet, eine Einzeltherapie mit dem erweiterten, systemischen Blickwinkel auf das Individuum in einer Lebenspartnerschaft und den Einbezug der *Elementaren Geschlechterkräfte*, die zwischen den Partnern wirken und in der Hirnstruktur sowie im Hormonhaushalt verankert sind. (s.u. „Partner-FINDEN" in diesem Buch und ausführlicher mein Buch PAAREVOLUTION)

Vom heilenden Wert des Schmerzes in einer Paarbeziehung

Es ist hilfreich für den gemeinsamen Weg, loszulassen von dem Wunsch, Streite immer schön konstruktiv zu lösen, wie es die heute auf dem Markt befindlichen Kommunikationsratgeber suggerieren. Dabei besteht die Gefahr, dass die innerste Wahrheit der Beziehungspartner auf der Strecke bleibt. Wenn ein Streit eskaliert, hat er auch zerstörerische Züge, man tut einander weh, gleichzeitig lässt man aber auch los und lässt „Dampf ab". Das entspannt und lässt die Kontrolle des Verstandes los, so dass innere verborgene Wahrheiten an die Oberfläche kommen können. Und das ist auch wichtig, weil man herausgeworfen wird aus der schönen, intellektuell geprägten Streit-Kultur.

Hier kommen wir zu einem ganz wesentlichen Punkt: Paarbeziehung tut eben auch einmal weh.
Das gehört dazu. Das zu verkraften wird leichter, wenn wir uns vergegenwärtigen, was genau hier eigentlich Schmerz empfindet: Die Seele ist es nicht, denn die Seele ist unsterblich und unverletzlich. Das bedeutet, das in uns, was Schmerz empfindet, ist etwas Anderes – aber was? Man kann den Schmerz körperlich ja richtig spüren im eigenen Inneren, häufig im Herzbereich oder im Bauch.
Tatsächlich, was hier wehtut, sind unsere eigenen Wünsche, die enttäuscht werden, unser Bild von uns selbst, unsere Illusionen, die zerfallen und – vor allem im Oberbauch – ist es unsere Angst vor dem, was geschieht zwischen uns und dem, was geschehen könnte: Verletzt werden, Verlassen werden, Entwürdigt werden, Beleidigt werden… Der Verstand beginnt dann ein schlimmes Szenario zu

entwerfen, so dass unsere Gefühle eskalieren. Erst hinterher merkt man dann, dass alles nicht so schlimm war.

Warum soll dieses Empfinden von Schmerz, dieses Erleiden durch den Partner heilend sein? Na, weil man merkt, dass „der Kopf nicht runter kommt". Man hört schlimme Dinge über sich selbst, geht in die Knie, es kratzt am Ego, Illusionen fallen – und man erlebt: Hey, ich bin immer noch da! Ich bin immer noch ganz. Das, was verletzt wurde, ist gar nicht mein innerster Kern, wie ich zuvor gedacht habe.

Oftmals aber hängt sich das Ego derart an den Schmerz hin, dass es den *„Du-böse-Ich-gut-Joker"* zückt. Diesen Begriff habe ich geprägt für den üblichen Ablauf, wenn ein Mensch sich von einer Auseinandersetzung überfordert fühlt, weil er glaubt, nicht ertragen zu können, was geschieht oder dafür zu wenig Bewältigungsfähigkeiten hat. Dann startet der Verstand ein geniales, hoch-funktionales Abwehrmanöver, was so aussieht:
Du bist der böse Täter und ich bin das gute, arme Opfer. Ich habe Dir nichts getan, aber Du behandelst mich schlecht. Das ist böse von Dir. Dafür darf ich Dir ordentlich „eine überbraten" etc.etc. Vor allem wir Frauen nutzen dies, um sich quasi einen *„Freischuss-Schein"* zu basteln, mit dem sie ihre negativen Gefühle am Partner ablassen können und gleichzeitig selbst als die Gute dastehen können. (Bei Männern geschieht der Aggressions-Ausbruch meiner Erfahrung nach einfacher: Sie werden nur wütend, wenn sie sich überfordert fühlen und bekämpfen dann offen die Person, die sie überfordert.)

Wenn ich es als normal bejahe, dass ich in einer Paarbeziehung durch den Partner Schmerz erleiden werde, ziehe ich mich nicht so schnell in meine Opfer-Ecke und in die zugehörigen Vermeidungs-strategien zurück, sondern bleibe ausdauernder am Lösung-Suchen mit dem Partner.

Mit den von mir beschriebenen Strategien zur Verbindung der beiden ICHs zu einem gemeinsamen WIR wird es meiner Erfahrung nach sowieso viel leichter, da man eine klar strukturierte Wegbeschreibung an der Hand hat, was man tun kann, wenn es mal wieder schlimm wird.

Gefühle sind wie kleine Kinder

Der Weg der Klugheit und der Liebe ist der Weg irgendwo zwischen konstruktiven Gesprächen und Gefühls-Eskalationen, wobei beides sein darf.

Hilfreicher als nur seine Wut unkontrolliert herauszubrüllen, auf Abstand zu gehen, einfach „sein eigenes Ding machen", ist allerdings, sich zu fragen, was ich jetzt genau erlebe, was mich so trifft, was ich mir Gutes tun kann und was ich vielleicht lernen kann an dem, was gerade geschieht.
Wenn man sich selbst unterdrückt (Selbstaufopferung), schwelt die Wut, macht sich in psychosomatischen Reaktionen bemerkbar und platzt irgendwann heraus.
Wenn man seinen Gefühlen freien Lauf lässt in Ärger, Wut, Schmerz, Verzweiflung etc., kommt es zum Streit ohne Heilung und damit zur Unterdrückung des Partners, der aufbegehrt oder klein beigibt. Daraus entsteht irgendwann Trennung oder eine erstarrte Beziehung mit einem unterjochten Partner.
Wenn man auf Distanz geht und seine eigenen Bedürfnisse erfüllt, ohne auf ein Wir zu achten, baut man Mauern und lebt sich auseinander, weil man keinen Weg gefunden hat, sich zu einem Wir zu integrieren.

Der Weg der Liebe und Klugheit braucht eine Art Disziplin für die Liebe. Es geht ja um ein höheres Ziel, um das Ziel, über das eigene

ICH hinauszuwachsen zu einem WIR hin, das beide ICHs integriert. Diese Lösung kann sich unser Verstand nicht vorstellen, weshalb er immer wieder voll Angst rebelliert.

Das klingt jetzt sehr theoretisch. Wie kann ich praktisch mit meinen Gefühlen umgehen, wenn es wieder schlimm wird in der Beziehung?

Das wird klarer mit folgendem Bild: Stellen Sie sich vor, Ihre Gefühle sind wie ein kleines Kind. Es schreit und weint schnell und braucht es dann, liebevoll gehalten zu werden. Es braucht Begrenzung in Liebe.

Lässt man ein Baby alleine schreien, hört es zwar irgendwann vor Erschöpfung wieder auf, aber in dieser Zeit ist es völlig außer sich. Wird es dagegen liebevoll im Arm gehalten, schreit es einerseits und fühlt den Halt und die Geborgenheit. Es kann seine Gefühle herausfließen lassen und sich gleichzeitig selbst fühlen. Es verliert sich nicht.

Wenn ich also klug und liebevoll streiten will (Gefühle), versuche ich heraus zu bekommen, welches Gefühl hinter dem Impuls der Wut steckt. Was hat mein inneres Kind getroffen und was ängstigt es? Was braucht mein inneres Kind? Was genau macht mich wütend (Klugheit). Und dann ist es wichtig, zunächst einmal mein Inneres gut zu versorgen, mein inneres Kind zu halten, liebzuhaben, bis ich klarer sehe.

Partnerschaftsschädigendes Verhalten erkennen und einander darin begrenzen

Es kann aber auch sein, dass ich feststelle: Mein Partner handelt auf eine Weise, die unserem WIR entgegensteht, die unsere Partnerschaft belastet oder gar schädigt.

Dann ist es wichtig, ihm diese Information über sein Verhalten zu geben und auch ein klares Nein dazu zu äußern. Der Weg dazu ist nicht unbedingt im akuten Streit sinnvoll. Das würde oft zu vorschneller Abwehr des Partners führen. Es ist effektiver, wenn Sie dafür eine gute Situation abwarten und ihrem Partner dies in Ruhe, mit Liebe, aber auch mit Klarheit erläutern:

Das ist im Endeffekt die Fortsetzung der Geschichte des schreienden Kindes: Ich begrenze das Kind im Partner.
Ich sage nein zu einem partnerschaftsschädigenden Verhalten, und ich begrenze dieses Verhalten in Liebe.

Das heißt nicht, dass man nicht mehr streiten sollte oder immer nur in Liebe leben sollte. Wir sind und bleiben Menschen und damit im Spannungsfeld zwischen Liebe und Angst. Es genügt völlig, wenn wir Vermeidungen und Eskalationen nicht mehr als heilsam erklären, sondern als Vermeidung und Übergriffigkeit erkennen und uns immer wieder daran erinnern.

Schlussendlich die ernüchternde Wahrheit über Paarbeziehung, die uns alle auf den Boden der Tatsachen bringt:

Es gibt keine Annäherung, aber doch eine Lösung!

Was ich damit meine? Sie werden jetzt Ihre Unterschiedlichkeit in vollem Ausmaß erleben und schnell kommt es zum bedrohlichen Gegensatz und Kampf, weil jeder Angst bekommen wird: Kann ich meine Bedürfnisse in der Paarbeziehung leben? Wahrscheinlich nicht? Dann muss ich mich selbst unterdrücken? Oder kann ich den anderen irgendwie dazu kriegen, wenigstens einen Teil meiner Bedürfnisse zu befriedigen, wenn ich das und das für ihn tue?

Freunden Sie sich am besten damit an, dass Ihnen Ihre beiden Unterschiedlichkeiten unüberbrückbar erscheinen. Gewöhnen Sie sich daran, und die Angst nimmt ab. Sonst verbleiben Sie in der Hoffnung, Ihrer beider Unterschiedlichkeit ließe sich reduzieren und manipulieren sich selbst und/oder den anderen deshalb, statt sich offen auf diese Unterschiedlichkeit einzulassen.

Wie schon vorne beschrieben: Die Liebe schafft das UND! Das ist das Wunder der Liebe. Und das gilt es jetzt im Alltag leibhaftig zu leben – jeden Tag, jede Stunde.

Erwarten Sie nicht, dass die Kommunikation immer schön verständnisvoll, psychologisch und „gewaltfrei" bleibt. Das wird auf die Dauer etwas „blutleer" und erzeugt nur eine oberflächliche Illusion von Ähnlichkeit.
Wo *Elementarkräfte* aufeinanderprallen, geht es auch elementar zu.
Das ist gut, denn dann hat die Liebe etwas zum Überbrücken – und das ist ihr Job!

Also: Immer wieder werden Sie sich aneinander reiben und damit „die Kanten abwetzen" im Sinne von beziehungsfähig werden, sich gesund erhalten, die Macken reduzieren etc. – aber es wird nicht zur Reduktion Ihrer Unterschiedlichkeit kommen.

Wie lässt sich damit der Alltag gemeinsam leben?
Genauso: Dein ICH darf sein und mein ICH darf sein. Dann wissen wir keine Lösung mehr und können nur noch eine höhere Dimension um Hilfe bitten.
Und dann übernimmt die Liebe und findet Lösungen.

VERTIEFUNG und ÜBUNG:

Aneinander reiben:
Es gibt keine Annäherung – und doch eine Lösung

Ja, wir haben immer gehofft, dass man sich als Paar aneinander annähert.

Meine heftigste Erfahrung hierzu war in meiner ersten Ehe: als ich dachte, jetzt haben wir es geschafft, jetzt streiten wir nicht mehr, jetzt ist Frieden. Da war es schon zu Ende.

Also scheint der Streit für etwas wichtig zu sein.
Ja, genau. In der Gestaltpsychotherapie heißt es: Kontakt findet an der Grenze statt.

Im Sich-Aneinander-Reiben reiben wir uns nicht nur gegenseitig unsere Kanten ab, es ist auch – wenn wir nicht allzu sehr von unseren Verlustängsten beherrscht werden – erotisch und heizt die sexuelle Lust an.

Also: erlauben Sie sich, aneinander zu reiben – psychisch und körperlich.

Erwarten Sie nicht immer die völlig gewaltfreie Kommunikation, denn das macht Beziehung häufig etwas blutleer. Die Liebe braucht ja die Herausforderung, das Problem, das Schlimme, um eine Brücke schlagen zu können.

Erlauben Sie sich auch, ursprünglich Mensch zu sein und erlauben Sie, dass Ihre Liebe Sie über Ihr menschliches Fehlerhaftsein hinaus verbinden darf.

Die einfache Strategie der LIEBE

Alle wesentlichen Dinge im Leben sind einfach, heißt es.
Das gilt auch für Paar-Beziehung.

Wenn es halt so einfach wäre, werde Sie vielleicht denken.

Ja, **wir brauchen einfache Strategien,** um unseren oft so herausfordernden Alltag zu meistern – gerade in der Liebe.

Eine solche einfache Strategie zeige ich jetzt:
Es ist **die einfache Strategie der LIEBE.**
LIEBE zu leben ist tatsächlich ganz einfach, denn die Strategie hierfür ist: **Ich   UND   Du**

Das ist alles?, meinen Sie wahrscheinlich.
Ja, tatsächlich, das ist das Wesentliche in der LIEBE: **zu lernen UND zu denken.**

Warum?
Unser Großhirn funktioniert digital, es denkt **in Alternativen, in „ODER":** entweder Weg A ODER Weg B.

Hier sehen Sie eine Großhirn-Zelle:
In ihr werden **die Nervenimpulse** werden immer **in einem Zweig ODER im anderen** weitergeleitet.

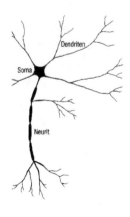

Das heißt, **das Prinzip der LIEBE kann unser Großhirn nicht denken.**

Deshalb geraten wir **schnell in Panik,** wenn in der Paarbeziehung Differenzen entstehen: Wir wissen einfach nicht, was wir tun können und bekommen Angst, dass die Beziehung daran scheitert.

Und **tatsächlich, können wir gar nichts tun,** denn so ist Beziehung: Du willst das Eine UND ich will das Andere.

Und **es scheint keinen Kompromiss zu geben.** Wir finden keine Lösung.
Unser Großhirn weiß nicht weiter.

Dieses zunächst schlimm wirkende Gefühl versuchen wir **zu vermeiden,** z.B. indem wir **ENTWEDER uns selbst und unsere Bedürfnisse unterdrücken ODER die des Partners.** Oder **indem wir ausweichen in Ersatzhandlungen** wie die **Fixierung** auf die *Arbeit*, auf die *Kinder*, auf *extensive Hobbies* oder auf *Süchte* wie Alkohol, Spiel, Sex etc.

Doch es gibt eine Lösung, die allerdings unser Großhirn nicht denken kann: **Die LIEBE.**
Denn die LIEBE ist das einzige Prinzip, das Gegensätze überbrücken kann. Sie ist ein Prinzip, das der Dualität des menschlichen Lebens übergeordnet ist.

Doch damit die LIEBE die Brücke schlagen kann, ist es zuerst **nötig, dass wir nicht mehr weiterwissen, dass wir keine Lösung mehr haben.**

Der Schlüssel ist tatsächlich das Nicht-Wissen, denn das Nicht-Wissen zuzulassen macht uns offen dafür, das Leben neu zu erleben.

Deshalb sagte schon vor 2500 Jahren der Philosoph **Sokrates: Ich weiß, dass ich nichts weiß.**

Nicht zu wissen in LIEBE gibt den Raum für eine neue, bessere Lösung.
Du willst das - UND ich will das, und es darf sein, dass wir nicht weiterwissen. **Wir erlauben unsere Unterschiedlichkeit, ohne ein ODER daraus zu machen**, ohne einen von uns beiden zu unterdrücken, abzuwerten etc.
Das ist LIEBE.

In den nächsten beiden Übungen im Kapitel Partner-BLEIBEN zeige ich Ihnen, wie Sie dieses zunächst so schlimm wirkende Gefühl des Nicht-Wissens **leichter zulassen lernen** können und so Ihr unbewusstes Potenzial entfalten. Und ich zeige Ihnen eine effektive Strategie, um aus einem Streit wieder herauszukommen.

Probieren Sie es aus:
Das Nicht-Wissen ist der Schlüssel zur LIEBE.

NACHTRAG Gehirnzelle:

Das Großhirn kann LIEBE nicht denken, da es „digital" verschaltet ist – über die Hirnzellen und die sogenannten Neurotransmitter.
Beim „Bauchhirn" ist das anders: Es hat zwar auch ähnliche Nervenzellen wie das Großhirn, zusätzlich sind hier aber noch andere Prozesse beteiligt wie hormonelle Regulation, so dass ein ganzheitliches Zusammenspiel entsteht.

4. Partner-BLEIBEN
= Die Vertiefung der Liebesfähigkeit:
die Tiefs durchstehen lernen und jeden Tag neu erleben,
wie die Liebe eine Brücke schlägt vom Ich zum Du

Die Liebe und Lust in den Wirren des Alltags aufrechterhalten

Eine erfüllte Partnerschaft kennzeichnet sich aus, dass sie die Gegensätze der beiden sowohl als Mann/Frau als auch der individuellen Persönlichkeiten immer wieder überbrückt.
Es gelingt, wenn beide Partner nicht in Ich und Du, sondern in Wir lernen zu denken: Sie bcrücksichtigen ihrer beider Bedürfnisse und finden Lösungen höherer Ordnung, bei denen dennoch jeder er selbst bleibt und sich nicht etwa selbst verleugnet.

Der Weg dahin geschieht aber nicht etwa in schöner Teamarbeit – das wäre zu einfach. Beim Weg dahin muss jeder ganz allein auf sich gestellt mitten in den größten und schmerzhaftesten Beziehungswirren einen Weg für die Liebe finden. Ein guter Leitfaden hierfür besteht in folgenden drei Schritten:

<u>1. Schritt:</u> **Gefühle und Bedürfnisse äußern und den anderen verstehen lernen.**
Äußern Sie ihre Gefühle und Bedürfnisse <u>und</u> hören Sie Ihrem Partner zu, versuchen Sie ihn zu verstehen und fragen Sie interessiert nach, wenn Sie etwas nicht verstehen.
<u>2. Schritt:</u> **Nix-Wissen**
Dann wird eine Situation entstehen, in der Sie nicht mehr weiterwissen, da die Gegensätze Ihrer beider Bedürfnisse jetzt offen und scheinbar unlösbar einander gegenüberstehen.

Erlauben Sie sich jetzt die Erfahrung, dass sie für diese Situation keine Lösung haben.
Das ist normalerweise schwer zu ertragen. Sorgen Sie deshalb gut für sich, indem Sie Ihren Körper wahrnehmen und wahrnehmen, wie Ihr Körper vom Boden getragen wird und vom Atem durchströmt wird. Das gibt Halt in dieser unsicheren Situation.
3. Schritt: **Die Liebe zum Partner spüren und um Hilfe bitten**
Konzentrieren Sie sich jetzt auf die Liebe zu Ihrem Partner, öffnen Sie sich für eine höhere Dimension (egal an welche, Hauptsache sie ist positiv und man glaubt daran: Universum, Gott, Selbstregulation etc.) und bitten Sie um Unterstützung.

Wichtig: Erwarten Sie nicht von Ihrem Partner, dass er mitmacht! Das wäre zu einfach. Beginnen Sie mutig und jeden Tag neu selbst, in Ihrer Paarbeziehung auf diese Weise die Liebe die Brücke schlagen zu lassen.

Die Freude an der Verschiedenheit beider Partner entfalten

Der Erhalt der Lust in einer langjährigen Paarbeziehung hat im Wesentlichen mit vier Aspekten zu tun:

1) **Freiraum zum Sich-Spüren**,
   denn Lust ist ein Überschuss an Energie.
2) Übung in **Sinneswahrnehmung über die Körpersinne**,
   damit Sex nicht zur Kopfsache wird.
3) **Kultivierung der beiden Pole**
   des **Männlichen und des Weiblichen** in der Beziehung,
   denn diese beiden Pole zieht es zusammen wie zwei Magnete - das sind die *Elementaren Geschlechterkräfte*, die die Lust fördern.
4) **Freude an der Unterschiedlichkeit** der beiden Partner,

d.h. man muss als Paar einen Weg finden, die Unterschiedlichkeit beider Partner positiv zu einem WIR zu verbinden, sonst ermattet man irgendwann an der täglichen Frustration und die Lust schwindet.

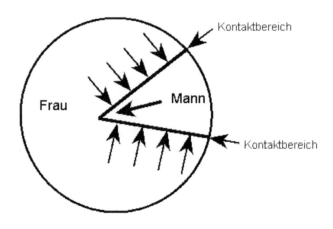

All diese Faktoren zusammen ermöglichen die Reibung zwischen den Partnern – und Reibung macht Lust, denn Reibung schafft Kontakt, und Kontakt ermöglicht Beziehung.
Nur so kann es eine BE-Ziehung bleiben, zwischen beiden hin und her ziehen, die AnZIEHungskraft immer wieder neue Nahrung bekommen. Wenn Sie sich füreinander aufgeben, muss die Liebe keine Brücke mehr schlagen. Das Existentielle, das Herausfordernde, das Spannende und Überraschende geht verloren. Und genau dieses existentiell Herausfordernde ist die Basis für Liebe und Lust.

Beziehung muss auch wehtun, damit die Liebe etwas „zu „arbeiten" hat, sonst wird es zu bequem. Dann erlahmen unsere psychischen Muskeln. und wir wollen „haben", anstatt über uns selbst hinaus zum Partner hin zu wachsen und jeden Tag von neuem unsere Liebe geben zu lernen.

Wenn die psychischen Muskeln erlahmt sind

Dass beide sich einbringen in Liebe und Wahrheit macht eine tragfähige Verbindung aus. Wenn aber einer „kneift", wenn die seelische Kraft verkümmert, entsteht eine Schieflage.

Beispiele verdeutlichen, was damit gemeint ist:
Der wilde Mann handelt nach der Devise: Ich mache mein Ding. Dein Leiden bekomme ich nicht richtig mit. Aber eigentlich will ich gar nicht, dass Du leidest. Ich weiß nur nicht anders mit mir selbst umzugehen, als dieser enormen Vorwärtsenergie in mir zu folgen.
Der gezähmte, oft „psychologisierte" Mann handelt anders:
Ich versuche die Frau zu verstehen, lasse mich auf sie ein, passe mich ihren Bedürfnissen an, versuche, hier das Glück zu finden, doch und irgendwann wird es mir zu viel. Dann gehe ich – innerlich und oftmals auch äußerlich - und sehr plötzlich (z.B. der Mann, der zum Zigarettenholen ging und nie mehr wiederkam).
Wenn ich innerlich gehe, betrüge ich Dich auf die eine oder andere Art, um Dir heimzuzahlen, dass ich mich so unterworfen fühle.

Die wilde Frau (das sind die meisten aufgrund ihrer weiblichen Hirnstruktur) agiert: Frau versucht ihre Macht auszubauen und will aber eigentlich, dass der Mann sie hier enttarnt und ihr das nicht durchgehen lässt. Denn dann würde sie ihn als Weichei empfinden. Sie versucht, die eigenen Bedürfnisse durchzusetzen mit Hilfe von Manipulationen, indem sie Gefühlsausbrüche einsetzt: Wenn Du nicht tust, was ich will, weine, schreie etc. ich etc... Aber sie spürt noch, dass sie vom Mann begrenzt werden möchte, dass sie jemand hat, der sie hält, in dessen Armen sie ganz loslassen kann. Sie sucht noch den starken Mann und ist auch bereit, ihn zu finden. Die gezähmte, oft „psychologisierte" Frau hat wieder eine andere Strategie: Sie versucht, sich vor weiterem Leiden zu schützen, indem sie den Mann als Täter interpretiert, vor dem es sich zu schützen gilt. Das ist wie eine innere Entscheidung, nach der in der Beziehungsentwicklung nichts mehr vorwärtsgeht: Er ist der Böse, der sich verändern muss, der mir etwas angetan hat. Dafür muss er leiden, dafür muss er .... – und er wird es nie schaffen. Und so fühlt sie sich sicher, muss sich nicht hingeben, leidet nicht mehr an ihm ... und bleibt innerlich allein zurück. Das ist der heutige üble, gesellschaftlich legalisierte Machtmissbrauch.

Was ist, wenn Sie nun schon einen Partner haben und bei der Partnerwahl vielleicht einiges übersehen haben?
Das macht gar nichts, denn auch Ihre Seele weiß, was sie tut. Sie sucht den Partner, den Sie für Ihren Lernweg brauchen. Wenn Sie sich auf diesen Partner einlassen, wachsen Sie hin zu größerer Liebesfähigkeit, und das führt ganz von selbst – quasi selbstverständlich – entweder dazu, dass Ihre Paarbeziehung auf ein anderes Niveau angehoben wird oder dazu, dass sie auseinandergeht und Sie einen neuen, passenderen Partner anziehen.
Sie können also nichts falsch machen.

Das einzige, was Sie falsch machen können, ist, sich einzunisten in Ihrer eigenen Bequemlichkeit, in Ihren Verhaltensmustern und Ängsten, statt zu lernen, sich auf das Leben und Ihren Partner einzulassen und das Leben in seiner Fülle anzunehmen zu lernen.
Pura Vida – wie man so schön in Costa Rica sagt: „pralles Leben".
Und das sagen Menschen, die oftmals in großer Armut leben und doch so fröhlich und liebevoll leben und ein WIR pflegen, das mich als Psychotherapeutin beeindruckt.

Sex ist ein WIR

Auch die Sexualität eines Paares braucht die WIR-Haltung, von der wir hier immer wieder sprechen. Mit dieser WIR-Haltung kann die Sexualität eine unwahrscheinlich starke Selbstheilungskraft entwickeln und erhalten.

Das heißt, es geht beim Sex darum, dass WIR uns vereinigen. Nicht, dass Ich etwas bekomme oder dass DU etwas bekommst. Sondern: WIR beide begegnen einander seelisch und körperlich nackt.
So ERLEBEN WIR UNS. Wir zeigen uns in unseren Gefühlen, Bedürfnissen, Reaktionen aufrichtig, ehrlich, offen - auch dann, wenn es schwierig, unangenehm oder frustrierend wird.
Und, WIR tasten uns vor zu immer größerer Nähe bis wir ineinander sind und ERLEBEN, was geschieht.

Ein Beispiel: Der Mann hat plötzlich eine Erektionsstörung. Es war gerade sehr schön, dann das. Hier neigen die meisten Paare dazu, entsetzt wegzusehen. Der Mann ist frustriert, wütend auf sich selbst. Die Frau ist enttäuscht oder voll Mitleid mit ihm, da er ja das Problem hat. – Und damit kommt es zur Teilung des Wir in ein „Du hast ein Problem" und „Ich kriege nicht, was ich will".
(Dies ist ein ganz wesentlicher und häufiger Problem-Faktor, wenn Beziehungen in Schieflage geraten.)
Die Lösung rückt sofort näher, wenn einer oder sogar beide zurück zu einer WIR-Haltung kehren. Dies geschieht dadurch, dass einer oder beide die Erfahrung als ihrer beider Thema annehmen und mit den Körpersinnen wahrnehmen. *Was geschieht gerade? Wie geschieht es? In welchem Augenblick geschieht es?* Z.B. kommt es gar nicht erst zu einer Erektion oder geht diese weg, sobald der Mann versucht, in die Frau einzudringen? Was erleben sie dabei?

Wo kommt Stress auf? Wo Leistungsdruck? Und wie können beide zurückfinden zur Liebe?
Mit dieser Grundhaltung kommt das Paar leichter der wirklichen Ursache auf die Spur. Aber vor allem lernt es, in schwierigen Situationen zusammenzuhalten und liebevoll miteinander umzugehen.

Die miese WIR-Spaltung

Wenn Sie etwas dafür tun wollen, dass Sie sich in Ihrer Beziehung ganz schnell mies fühlen, ein Drama entsteht und in Richtung Erstarrung und ev. Trennung läuft, dann gibt es hierfür einen simplen Trick:
Trennen Sie das WIR, für das Sie kämpfen, in ein
„Du hast das Problem!" und *„Ich kriege nicht, was ich will"*.
Das ist vom Grundsatz her ähnlich wie der *Du-böse-Ich-Gut-Joker*. Hier geht es um die Sehnsucht, die eigenen Bedürfnisse gestillt zu bekommen.

In dem Moment, wo ein Partner beginnt, die Beziehung in diese Richtung zu interpretieren, nagelt er das Problem fest. Eine Lösung wird schwierig. Denn das Ego glaubt, was man ihm suggeriert. Es glaubt sowohl gerne daran, dass der andere das Problem hat, als auch, dass es mit diesem Partner nie sein Bedürfnis gestillt bekommt – und dass alles ganz schlimm ist.
Eine dritte Möglichkeit sieht das begrenzte Ego mit seinem eindimensionale Verstand nicht. Die beschriebenen Lösungen höherer Ordnung kennen sie nicht.

Was tun, wenn dieses Muster auftaucht? Ganz einfach: Glauben Sie es nicht, sondern stellen Sie es in Frage. Denn Sie wissen nun, dass dies eine Ego-/Verstandes-Strategie ist, die nichts bringt. Sie wissen jetzt, wie Lösungen höherer Ordnung funktionieren. Machen Sie nochmals die weiter vorne beschriebenen Übungen dazu und arbeiten Sie dann mit den Übungen im Anschluss an dieses Kapitel – und es wird leichter werden. Garantiert!

Speziell für Frauen:
Aufnehmend sein, sich hingeben und sich zeigen in Wahrheit und Liebe
oder
Wie Sie das Potenzial Ihres Mannes entwickeln können

Wann immer in Ihrer Partnerbeziehung etwas schiefläuft – ob im Alltag, im Bett, im Urlaub, in den Finanzen oder in Außenkontakten, diese drei Aspekte der weiblichen *Geschlechterkraft* helfen Ihnen, die Beziehung zum Guten zu wenden.

Was sind nochmal wieder die *Elementaren Geschlechterkräfte,* von denen ich hier spreche? Die *Elementaren Paar-* oder *Geschlechterkräfte* sind die in Mann und Frau unterschiedlichen, komplementär angelegten Kräfte, die ein Paar zusammenziehen wie die Pole eines Magneten. Sie entstehen durch den Hormoneinschuss während der Schwangerschaft und sorgen für die Herausbildung der Geschlechtsmerkmale sowie für spezielle Unterschiede in der Hirnstruktur und im Reagieren und Empfinden von Mann und Frau. Wenn wir diese wieder in das Alltagsleben miteinbeziehen, ziehen sie uns förmlich hin zu unserem Partner und fördern sowohl die Bindung als auch die sexuelle Anziehungskraft.
(Ausführliches hierüber im Buch PAAREVOLUTION.)

Welche Kräfte davon sollen nun einer Frau helfen, das Potenzial ihres Mannes zu entwickeln? Sie ist doch nicht seine Therapeutin, werden Sie vielleicht denken. Ja, sie ist nicht seine Therapeutin, aber indem die Frau eine innere Haltung entsprechend des weiblichen Parts der *Elementaren Geschlechterkräfte* einnimmt, fördert sie den männlichen Part der Elementaren Geschlechterkräfte im Mann – und damit seine Potenziale als Mann inklusive seiner Potenz.

Das bedeutet, je weicher eine Frau sich erlaubt zu sein, desto härter wird der Mann reagieren – psychisch, körperlich und sexuell. Je aufnehmender und passiver eine Frau wird, um so gebender und aktiver wird der Mann, und je mehr sie sich zeigt mit ihrer Beziehungsweisheit, umso mehr wird der Mann anfangen, ihr zu lauschen, weil er spürt, dass sie hiermit etwas in die Paarbeziehung einbringt, was er nicht hat und nicht einbringen kann und dass das, was sie hier einbringt, heilend für die Beziehung ist.
So ist die gegenseitige Beeinflussung innerhalb des Systems der Paarbeziehung.

Und deshalb kann sich ein Paar gegenseitig heilen oder gegenseitig zerstören.
Und deshalb kann die Frau enorm viel zur Heilung einer Paarbeziehung beitragen. Sie bringt den Part der Beziehungsweisheit in die Beziehung ein. Hierfür ist ihre Hirnstruktur angelegt: Die Frau hat enorm viele neuronale Verschaltungen im sozialen und emotionalen Bereich und die Frau hat ein eigenes, abgegrenztes Sprachzentrum, wodurch sie Gefühle und Beziehungsaspekte präzise analysieren und verbal artikulieren kann.
Wenn der Mann hingegen spricht, ist nahezu sein gesamtes Großhirn aktiv. Deshalb kann er z.B. nicht gleichzeitig Autofahren und tiefere psychische Themen besprechen.

Aber zurück: mit Hilfe welcher *Elementaren Geschlechterkräfte* soll die Frau nun das Potenzial ihres Mannes entfalten können? Mit den Kräften
- **des Aufnehmend-Seins,**
- **des Sich-Hingebens und**
- **des Sich-Zeigens in Wahrheit und Liebe.**

Sie wundern sich vielleicht, warum das funktionieren soll. Es ist einfach so: wenn Sie an Ihrem Mann „herumziehen", wenn Sie von ihm etwas wollen, ihn manipulieren oder gar offen fordern, gerät er unter Druck und erlebt die Situation schnell als Kampf, worauf er mit Kampf, Abwehr und Trotz reagiert.
Wenn Sie an seinem überforderten Punkt noch mehr von ihm fordern, geht gar nichts mehr. Alles blockiert in ihm und er wird entweder offen aggressiv oder versteckt aggressiv reagieren, indem er „ausbüchst", lügt oder sich eine andere Frau sucht, bei der er als Mann erfolgreich sein kann.

Wenn Sie wirklich an dem Gelingen Ihrer Partnerbeziehung interessiert sind, sollten Sie ihn nicht in einen solchen Engpass drängen, sondern eleganter diese *Elementaren Geschlechterkräfte* nutzen, um ihre Beziehung zu heilen und sexuell anziehender zu gestalten.
Nehmen Sie Ihren Mann in Liebe auf, wie er ist – auch mit seiner Aggression - und auch, wenn Sie nicht froh sind mit seinem Verhalten. Zeigen Sie sich mit Ihrer wahren Reaktion, die aus Ihrem Inneren kommt (z.B. kein Orgasmus). Bleiben Sie in der Hingabe an ihn. Reagieren Sie nicht mit Vorwürfen bei „Fehlverhalten", sondern zeigen Sie ihm, wie es für sie ist und bleiben in Liebe dabei.
Er wird es Ihnen danken.

VERTIEFUNG und ÜBUNG:

Wie LIEBEN leichter wird

In der letzten Übung ging es um die einfache Strategie der LIEBE. Hier habe ich Ihnen gezeigt, *wie LIEBE funktioniert* und *wie wichtig das Nichts-mehr-Wissen ist*, um neue, für Sie beide passende Lösungen zu finden.

Doch nichts mehr zu wissen wirkt für uns zunächst unangenehm. Deshalb zeige ich Ihnen jetzt **eine hilfreiche und einfache Strategie,** um dieses Gefühl leichter zu machen.

Hier hilft es, **HALT zu FINDEN in sich selbst,** damit wir uns **der LIEBE und den neuen LÖSUNGEN öffnen** können.
Und **wo** können wir einfach und sicher HALT FINDEN im Alltag: **Im eigenen Körper.**

Wenn wir uns **mit allen Sinnen im Körper „niederlassen",** wenn wir unseren Körper ganz ausfüllen, dann FINDEN wir HALT im Jetzt.
Dann ist dieses zunächst unangenehme Gefühl scheinbarer Ausweglosigkeit nicht nur weniger schlimm: Wir können **immer mehr Faszination entdecken an diesem Zustand des Leerwerdens und Loslassens,** weil er Raum eröffnet für die LIEBE.

So funktioniert dieses HALT-FINDEN:
Nehmen Sie wahr, **wie das Gewicht Ihres Körpers auf dem Boden ruht** und lassen Sie Ihren Körper hinuntersinken: Die **Füße** auf den Boden, den **Hintern** auf den Sessel. Erlauben Sie **Ihren Schultern** der Schwerkraft zu folgen.

Erlauben Sie **Ihrem Unterkiefer,** loszulassen und nehmen Sie wahr, wie der Boden Sie trägt.

Je mehr Sie loslassen, umso mehr können Sie spüren, wie der Boden Sie trägt.
Lassen Sie Ihre Atmung fließen und lassen Sie sich jetzt hier sein.

Weil Loslassen den Kopf freimacht, **finden Sie umso bessere Lösungen mit Ihrem Lebenspartner,** je mehr Sie sich erlauben, **jetzt gerade keine Lösung zu finden und sich trotzdem zu lieben.**
Es sind dann Lösungen höherer Ordnung, wie der Psychologe Paul Watzlawick das nannte.

Wie man aus dem Streit wieder herauskommt

Jetzt vertiefen wir unsere Fähigkeiten, LIEBE leben zu lernen.

Destruktiver Streit funktioniert häufig nach diesem Muster:
Zuerst **finden wir keine Lösung** dafür, wie wir unsere Bedürfnisse in der Paarbeziehung befriedigen können.
Dann **suchen wir die Ursache dafür** darin, dass einer von uns beiden falsch ist und anders sein sollte.
Dann **sagen wir NEIN** zu dem Tun oder Sein unseres Partners der Art des Partners Handeln unseres Partners, das uns die Ursache für unsere Unzufriedenheit zu sein scheint.
Jetzt beginnen wir, **das zu bekämpfen, was wir im Partner ablehnen.** Er wird damit zu unserem Gegner.
Und schon geht's los: **wir sind mitten in einem üblen Streit.**

Ein einfacher Trick, **aus dem Streit rauszukommen** für die LIEBE, ist folgender: **ERLAUBEN Sie, was geschieht.**

ERLAUBEN Sie, **wie Ihr Partner handelt** und ERLAUBEN Sie, **wie das, was er tut**, auf Sie wirkt, wie es Ihnen unangenehm ist, wie Sie darunter leiden. Ja, **erspüren Sie mit all Ihren Körpersinnen,** wie sich das anfühlt.

Machen Sie sich weit in Ihrem Körper, damit all Ihre Gefühle gut Platz darin haben und **lassen Sie Ihre Atmung fließen.** Welcher Sinn liegt darin: **damit Sie aus der Situation** mit Ihrem Partner **lernen können.**

WICHTIG:
Es geht hier nicht etwa darum, *jede Handlung Ihres Partners gut zu heißen, sich nicht abzugrenzen oder am Ende noch Gewalt zuzulassen.*

Diese Strategie, die ich hier beschreibe, *dient nur dazu,* **aus einem destruktiven Streitmuster herauszugehen,** um neue, bessere Wege für Sie als Paar zu finden.

Kapitel 2:
Beziehung ZUM Leben:
Der Weg zur Heilung

Leben lässt sich nicht in Theorien packen

Eines Abends war ich zu einer Gartenparty bei Freunden in Bayreuth eingeladen. Da fragte mich ein guter Bekannter, seines Zeichens Professor für Mikrobiologie, nachdenklich bei einem Glas Wein mit Blick auf den Gartenteich, ob ich wisse, was ein Biosystem sei. Ich wiederholte die Definition meines Biologie-Grundkurses, den ich für mein Abitur belegt hatte. Zeit verstrich. Wir blickten in den nächtlichen Garten. Dann sagte er: Ich weiß es nicht mehr.

Über Jahre verfolgte mich diese überraschende Aussage. Ich glaubte zu wissen. Später erging es mir ähnlich. Je tiefer ich eindrang in das Innerste eines Themas, mit dem ich mich gerade befasste und sein Wesen erkennen wollte, entzog es sich mir, egal, ob es um Partnerschaft, Heilung oder Liebe ging. Wenn ich tief genug vordrang, wusste ich nichts mehr. Alles war relativ geworden.
Doch gerade aus diesem Nicht-Wissen heraus konnte ich in meiner therapeutischen Arbeit den Menschen noch besser helfen. Wie das? Es gab keine geltende Theorie.

Das war die überraschende und bis heute bleibende Erkenntnis für mich: Der Lebensfluss lässt sich weder in Schemata noch in Theorien pressen!

Es gibt es, das Gute!

In unserer aktuellen Gesellschaft gehen wir von den Theorien des Konstruktivismus und des Relativismus aus. Man glaubt, jeder bastelt sich seine eigene Welt zurecht bzw. erschafft sich seine Welt, sein Glück, seinen Erfolg usw. mit Hilfe seines Denkens und Verhaltens.
Das ist dann seine individuelle Wahrheit.
Das bedeutet, jeder konstruiert seine eigene Wirklichkeit, und etwas Allgemeingültiges gibt es nicht. Alles ist relativ.

Meine Fragen:
Wo bleibt in dieser theoretischen Grundhaltung das, was unveränderbar ist, was „ewig" ist?
Wo bleiben die Gesetzmäßigkeiten unserer menschlichen Natur und der nicht zu beeinflussende Lauf des Kosmos, der Biologie, der Systemzusammenhänge?
Ist wirklich alles relativ, sprich: Es kommt nur auf die Betrachtungsweise an?

Wenn ich das alltägliche Leben beobachte und die vielfältigen Erlebnisse meiner Klientinnen, kann ich dem nicht zustimmen. Es gibt das Gute und es gibt das Schlechte.

Es erscheint mir vielmehr einfach so:
Das Gute ist ein Vermehren an Liebe – auch wenn es immer wieder durch höchste Höhen und tiefste Tiefen geht. Das Gute bleibt. Es ist wie der Diamant, den das Feuer aus der Asche hervorbringt.
Das Schlechte ist der Schein, die Illusion, die Verführung - all das, was früher als Teufel beschrieben wurde. Ich als moderne Psychotherapeutin würde es schlichtweg als ANGST und VERMEIDUNG bezeichnen. Doch wie im Märchen hilft uns die

aufrichtige Liebe heraus. Und damit meine ich nicht die Selbstaufopferung! Ich meine eine Liebe, die sich selbst UND den nächsten in Wahrheit und in Aufrichtigkeit vereint.

„Liebe dich selbst wie deinen Nächsten!" Wahrheit ist keine Selbstillusion. Und Wahrheit ist keine Selbstaufopferung – das ist die gute Nachricht.

Liebe vereint uns alle.

Die heilende innere Haltung erlauben
      und mit allen Körpersinnen erleben

Das Leben will erlebt werden. Da kommen wir nicht darum herum.

In kleinen Alltagsgeschehnissen muss ich manchmal lächeln, wie „das Leben" spielt. Eine Verabredung platzt, stattdessen ergibt sich ein gutes Gespräch auf der Straße. Mein Navi versagt, ich fahre wieder mit Autoatlas und bin stolz auf mich. Ein Pflichttermin entfällt, und ich habe einen geschenkten Nachmittag, den ich frei gestalten kann – wenn ich das will. Die überraschenden Momente laden mich zum Umdenken ein und zu einem erneuten Anpassen an die neue Situation. Das Leben lebt, und ich gehe mit.

Ob Sie das „Gottes Willen" nennen, „Schicksal", „Seelenimpulse" oder einfach „Leben(sdynamik)" ist egal:
Es geschieht und will gelebt werden.

Ich beobachte als Therapeutin: Je mehr ein Mensch gegen diesen Lebensfluss ankämpft, umso schwerer lebt er sich und umso mehr Leid entsteht.

Die gute Nachricht:
Sie müssen den Mist, der auch Ihnen passiert, nicht mögen.
Es reicht völlig, wenn Sie ihn erlauben und erleben. Damit erfüllt sich das Bedürfnis Ihrer Seele nach neuen Erfahrungen.

Also nochmal: Krankheiten und Dramen scheinen immer damit zu tun zu haben, dass wir bestimmte Aspekte aus der Fülle der Lebenserfahrungen nicht zulassen möchten. Wir weichen aus, „spacen ab", machen uns aus dem Staub, verlassen mit unserem Bewusstsein sprichwörtlich unseren Körper, „sind woanders" – und so hat das Drama die Chance, unseren Körper zu besetzen. Wir sind nicht mehr „Captain auf unserem Schiff". So schlingert es führungslos in den Wellen, bereit, auf ein Riff aufzulaufen.

Der Trick, mit dem man herauskommt: So schief das Leben auch gerade läuft, erleben Sie es mit allen Sinnen! Auf diese Weise haben Sie die größtmögliche Möglichkeit, es zum Guten zu wenden.
Wie kann das sein? Ich habe es ausprobiert und in unzähligen Therapiesitzungen KlientInnen beigebracht. Es funktioniert. Probieren Sie es einfach selbst aus!

Nur reicht es nicht, sich „vom Kopf her" vorzunehmen, allen Mist, der geschieht, anzunehmen. Es geht tiefer. Erlauben Sie sich, die Geschehnisse mit allen Körpersinnen anzunehmen und zu erleben (Druck in der Brust, Enge im Hals, schreien wollen, Bauchweh spüren, schnellen Puls haben, erstarren, weg rennen wollen ...).
Denn wir sind nicht umsonst hier. Ihr spezielles Leben will erlebt, will ausgelotet, will geschmeckt werden.

Sie können sich die Lebensdynamik als übergroßen Pendel vorstellen: Er schwingt in seinem Rhythmus von einer Seite zur

anderen. Auf dieser Pendelbahn befinden sich alle Gefühle, Regungen, Ereignisse, Überraschungen Ihres Lebens.
Da hilft es nicht zu sagen: Das Schöne mache ich mit, beim Unangenehmen setze ich aus. Nein, Sie schwingen mit in allen Höhen und Tiefen und dürfen an der Vielfalt des Lebens in beiden Richtungen teilhaben. Sie dürfen das, was leichtfällt und das, was schwerfällt, auskosten. Sie haben es in der Hand, ob die „unschönen" Dinge des Lebens einen Lernfaktor darstellen, oder ob Sie sich hilflos ausgeliefert fühlen. Je mehr Sie sich darauf einlassen, desto leichter fließt das Leben. Je mehr Sie am Alten festhalten, desto schwerer leben Sie sich.

Wir entkommen unserer Dynamik nicht. Besser ist es, sie gleich leben zu lernen, als davon zu rennen. Das würde nur neue Dramen kreieren.

Das Leben ist real und heilt – Magie dagegen ist eine Illusion

Wenn ich das Wort „Magie" in den Mund nehme, verstehe ich es wie folgt:

Magie kommt vom lateinischen „ars magica": Magie, Zauber, Zauberei.
Ich würde es von der Steigerung vom lateinischen „magnus", d.h. groß, herleiten, nämlich „magis", d.h. größer. Etwas ist mehr als es ist, besser, größer.

In Wikipedia fand ich 2014 hierzu das Folgende:
Magie (von altgriechischen μαγεία = „mageía' ‚Zauberei', ‚Blendwerk'), abgeleitet vom altiranischen „Mager", ist die Kunst, mit übernatürlichen Kräften Gegenstände, Ereignisse oder Lebewesen zu beeinflussen. Durch Rituale, Beschwörungen (etwa

mittels Zaubersprüchen), Gebete oder Invokationen sollen diese Kräfte wirksam auf die Umwelt übertragen werden.
Das zugrundeliegende magische Denken vertraut auf magischen Handlungen, Fetischen und Worten innewohnende eigenständig wirkende Kraft, die sich Gegenständen, Ereignissen oder Lebewesen zuordnen lässt. Misserfolge werden einem Gegenzauber oder der Missachtung magischer Rituale zugeschrieben.
Magie ist ein Merkmal von Stammesreligionen. Religionen haben einzelne magische Versatzstücke, wie zum Beispiel Beschwörungsformeln übernommen. Im altorientalischen und hellenistischen Kulturkreis ist Magie weiblich.

Anthroposophisch steht es für das Luziferische.
Luzifer ist biblisch gesehen ein gefallener Engel, lateinisch der Licht-Bringer. Anthroposophisch steht er für den verführerischen Schein, und man betrachtet deshalb alles, was „toll" ist, mit einem gewissen Misstrauen.
Ein deutsches Sprichwort meint: „Hochmut kommt vor dem Fall", und eine deutsche Parabel beschreibt die Geschichte vom Frosch, der sich aufbläst, um größer zu sein als er ist – und dann platzt.

Bert Hellinger beschreibt umgekehrt den Aspekt der Nicht-Illusion als „Die Mitte fühlt sich leicht an" und „Anerkennen, was ist, heilt". Wenn ich mit den Füßen auf dem Boden der Realität stehe, so ist dies „nichts Besonderes", aber es trägt. Es ist keine Illusion, es ist stimmig und es macht es mir leicht.
Gemeinsam ist allen Definitionen, dass Magie nicht etwa Realität ist, sondern eine Illusion. Genau so kann ich es auch als Therapeutin beobachten: All das positive Denken und die Selbstsuggestionen helfen nur begrenzt dort, wo die Suggestion mit dem Inneren des Menschen in Übereinstimmung ist. Auch die Erfolge von Heilern, Kinesiologen etc. fallen immer zurück, wenn

die Suggestion nicht in Übereinstimmung mit dem Inneren des Menschen ist – genauso bei der Hypnotherapie.

Ist denn, wenn das stimmt, Heilung überhaupt möglich?

Ich habe beobachtet, dass jede Änderung in Richtung Heilung beim Menschen auf einer Erfahrung basiert, aus der er lernt. Deshalb gehen wir in der Psychotherapie inzwischen über den erlebnisorientierten Ansatz. Und aus diesem Grund arbeite ich körperorientiert über das Anregen der direkten Erfahrung mit den Körpersinnen.
Gedanklich allein können wir tiefgreifende Änderungen nicht bewirken.
Dort, wo Magie, Hypnotherapie etc. wirklich heilen, bringen sie den Menschen dazu, sich auf ein neues Erleben einzulassen, und durch dieses neue Erleben wird Heilung möglich.

Wenn dieses Sich-Einlassen auf ein neues Erleben wirklich verinnerlicht wird, bleibt die Heilung bestehen – ansonsten fällt sie wieder zurück.

Deshalb bin ich dazu übergegangen, zwischen MAGIE als MACHEN und HEILUNG als ER-LEBEN zu unterscheiden:

Bei MAGIE, so wie ich sie verstehe, wird in all ihren Formen von Zauberei, Beschwörungen über Selbstsuggestionen bis Hypnotherapie etwas im Leben aktiv von außen zu verändern versucht. Das macht uns große Hoffnung, dem Leid in unserem Leben zu entfliehen, deshalb haben all diese Formen großen Zulauf.
Ich habe hier viel an mir selbst ausprobiert und in Ausbildungen Selbstsuggestionen, spirituelle Techniken, Visualisierungen, Geistheilung, Hypnose, Hypnotherapie, NLP erlernt und musste feststellen, dass diese Ansätze kurzzeitig helfen und dann fast

immer zu einem Rückfall oder zu einer Symptomverschiebung führen. Eine Heilung, ein Entwicklungsschritt, der auch bestehen bleibt und wirklich zu Glück und Gesundheit führt, konnte ich nicht sehen.

Aber ich traf verbitterte Menschen, vor allem Frauen, die sich Liebe etc. suggerierten, trotzdem verhärmt wirkten und ohne Partner durchs Leben gingen. Ich traf auch Männer, die verschiedenste magische Methoden praktizieren, hierbei ein Gefühl von Größe erlebten, aber in ihrem normalen Alltagsleben und in ihren Partnerschaften wenig Glück fanden.

Mit magischen Mitteln zu heilen scheint mir nach meinem jetzigen Erfahrungsstand nicht dauerhaft zu funktionieren.

Heilungsweg als Selbstregulation

Bei HEILUNG als ERLEBEN nutzen wir die Selbstregulation des menschlichen Organismus und sein Eingebettet-Sein in die Gesamtheit seiner Lebensumstände, um tiefe und dauerhafte Heilung zu erzeugen, denn der Mensch ist ja auch Teil seiner Umwelt.

Die wissenschaftliche Forschung hierzu ist die moderne Systemtheorie. Dort wird gesehen, dass komplexe Systeme - egal ob biologische oder gesellschaftliche Systeme - sich selbst regulieren. Wenn Sie eine dauerhafte Heilung, einen dauerhaften Entwicklungsschritt erzielen wollen, müssen sich Therapeut und Klient auf das, was im Klienten geschieht, einlassen und von dort aus den nächsten Schritt entwickeln. Das heißt, man muss herausfinden, was dem Klienten in der Gegenwart fehlt, was er jetzt braucht, was er jetzt integrieren kann – und hierzu ist die Wahrnehmung über die konkreten Körpersinne am präzisesten, da sie Fehlinterpretationen über Theorien und Konzepte vermeidet. Wenn Sie dies auch in Ihrem Alltag anwenden, statt sich in der Routine und Hektik des Alltags zu verlieren, wird sich Ihr Leben von selbst mehr in Richtung auf Ihr persönliches Glück hin verändern.

Und wenn ich nicht mag?

Ich unterscheide drei grundsätzliche Wege, sich dem Leben zu verweigern:
- Das Sich-über-das-Leben-erheben und sich in „einer Ebene darüber" sicher einrichten – wie auf einem fliegenden Teppich oder in einem Elfenbeinturm.
- Das Schnell-hinweggehen/-rasen über das Leben, sodass man nicht mitbekommen kann, was genau geschieht.
- Das „Psychogruppen-Syndrom": Man flüchtet sich gemeinsam in einer Psychogruppe – am besten noch gemeinsam mit dem Trainer in die psychologisch bekannten Abwehrmechanismen wie Verleugnung, Projektion, Introjektion, Egoismus etc.

Magie gehört hier zum ersten Weg, sich nicht auf das Leben einzulassen.

Ich kann abschließend nur wiederholen: Es ist das Leben, das heilt – und nicht die Konstruktionen des Menschen.
Oder wie schon die Lateiner sagten: „natura sanat" – Die Natur heilt.

Wunder geschehen, wenn sie dran sind

Das, was diese Erde als Besonderes für die Seele bietet, ist genau dieses Mensch-Sein mit allen Sinnen, mit seiner Polarität in jedem Lebensaspekt (z.B. hell – dunkel, gut – schlecht, männlich – weiblich) und mit seinem Leiden.

In dieses Menschsein wachsen wir Menschen gerade hinein, lernen immer mehr, es mit allen Sinnen zu leben und lernen mitten in dieser Polarität mehr Liebe zu leben.

Deshalb führt das energetische Training, das in vielen esoterischen Richtungen gelehrt wird und bei entsprechendem Üben zu „Erfolgen" führt, auch nicht richtig weiter.
Wenn es für unseren Seelenweg wichtig ist, haben wir diese energetischen Fähigkeiten, um die wir uns mühen, sowieso, doch normalerweise braucht das Menschsein diese übermenschlichen Fähigkeiten nicht – sie führen uns eher in die Überheblichkeit. Unser Menschsein braucht das Hier-Sein mit allen Sinnen, mit Licht und Schatten.

So begriff ich plötzlich, warum genau diese energetischen „Spielereien" im Buddhismus als „maya", d.h. Verblendung abgelehnt werden.
Wenn wir hineinwachsen in das Menschsein, geschehen energetische Phänomene sowieso, aber nicht als Magie, die wir machen und an dem sich unser Ego aufbaut, sondern ähnlich wie bei Jesus als Wunder, die uns von Gott, vom Universum – oder wie immer Sie diese höhere Kraft nennen wollen – geschenkt werden. Sie werden uns geschenkt, weil wir uns eingefügt haben in unserem Platz im Universum, weil wir Teil des größeren Ganzen geworden sind, unsere Aufgabe übernommen haben, uns führen lassen und

nicht mehr um unseres Egos willen Übermenschliches können wollen.

Kapitel 3:
Beziehungen des Lebens IN SICH: Selbstregulation, wenn man sie zulässt

Die Natur regelt sich selbst

Noch einmal zur Forschung der Systemtheorie in Naturwissenschaft und Psychologie:
Diese Wissenschaften haben uns hilfreiche Erkenntnisse darüber vermittelt, wie Heilung funktioniert und wie wir leichter leben:

Komplexe Systeme regulieren sich selbst.

Komplexe Systeme sind z.B. das Biosystem Wald mit seinen Tieren und Pflanzen oder das Biosystem See.
Greift der Mensch an einer Stelle ein, z.B. durch Pflanzenschutzmittel, so verändert sich das gesamte System von selbst in Richtung auf ein neues Gleichgewicht hin.

Nun erschrecken Sie bitte nicht, wenn ich Sie/mich im Folgenden mit einem toten Mechanismus, nämlich mit dem Regelkreis einer Heizungsanlage vergleiche.

Wir Menschen tragen beides in uns:
Vergleichbar mit der *Hardware* eines Computers dieses **selbstregulierende System des Lebens auf der Erde** und die Systeme der Beziehungen, in die wir auf Erden eingebunden sind.

Hier geht es um Vorhersehbares, Lineares wie geboren werden, reifen, altern und sterben. Dieses System „Materie" unterliegt festen Gesetzmäßigkeiten. Dem kommt niemand aus. Zugleich aber gibt es – vergleichbar mit der *Software* - die **seelische Ebene** mit ihrer unendlichen Flexibilität und Individualität und Weite.

Zurück zur Selbstregulation:
Ein einfaches Beispiel dafür sind Heizungsanlagen: Wir stellen eine Temperatur am Thermostat ein und automatisch reguliert sich die Heizung auf diese Temperatur ein. Bei komplexeren Anlagen ist noch eine Klimaanlage eingebaut, die kühlt, wenn die Sonne zu den Fenstern hinein scheint. Es regelt sich.

Das Regelkreis-Modell aus der Kybernetik

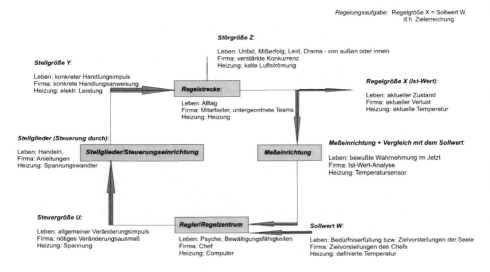

Die Temperatureinstellung könnte man im menschlichen Leben gleichsetzen mit der Ausrichtung des Menschen, seinen Werten, seiner Vision.

Wenn ich mein Leben auf gesellschaftlichen Erfolg ausrichte, dann reguliert sich mein gesamtes System nach dieser „Temperatur". Wenn ich mich entschlossen habe, dass das wichtigste in meinem Leben ist, Liebe leben zu lernen, dann wird sich meine Selbstregulation daraufhin ausrichten, auch wenn ich in der aktuellen Situation Streit habe, leide etc. Auf lange Sicht reguliert sich das System auf diesen „Temperaturwert" hin.

Deshalb sind Werte so wichtig, deshalb braucht der Mensch eine für ihn stimmige Vision, wo er hin will in diesem Leben.
Er verliert sich, wenn ihm vieles angeboten wird (wie in der heutigen Konsumgesellschaft), er aber nicht „fühlt", sondern „denkt", was für ihn jetzt wichtig ist.

Von der Selbstregulation der PSYCHE

(Im Zuge meiner Forschung zu den seelischen Archetypen bezeichne ich als PSYCHE das sterbliche, individuelle „Verarbeitungsorgan", das die Impulse der Seele an den Körper vermittelt, die Angst im Umgang mit den bedrohlichen Seiten des Erdenlebens verarbeitet und Bewältigungsfähigkeiten für das Umsetzen der seelischen Impulse entwickeln kann. – vgl. hierzu Kapitel 5 in diesem Buch sowie mein Buch „ARCHETYPEN-THERAPIE")

Unsere Psyche ist ebenso selbstregulierend wie der gerade beschriebene Heizkreislauf:
Greift man z.B. durch Hypnose eines Vorsatzes zum Thema „weniger essen" ein, so verändert sich das ganze System in Richtung auf dieses neue Gleichgewicht.
Das bedeutet aber auch, wenn das Gesamtsystem das Übergewicht aus einem bestimmten Grund braucht (z.B. als Schutz), wird die

Hypnose zumeist nur kurzfristig dazu führen, dass man weniger isst, aber nicht zur langfristigen Gewichtsabnahme. Die Ursache hierfür liegt darin, dass die Fettschicht fast immer eine tiefere psychische Bedeutung hat, die in der Hypnose nicht berücksichtigt wurde. Die psychologische Forschung spricht hier von „sekundärem Krankheitsgewinn" durch das Symptom. Das bedeutet: Das Gesamtsystem des Menschen braucht das Übergewicht, z.B. um sich zu schützen, um nicht gesehen zu werden etc. Deshalb wird man unbewusst etwas tun, was die dauerhafte Gewichtsabnahme verhindert, wie z.B. unbewusst etwas Anderes zu essen oder der Grundumsatz senkt sich derart, dass das zum Schutz nötige Gewicht vorhanden bleibt.

Kurz gesagt: Versuche, Problemlösung zu „machen", heilen nicht. Deshalb braucht es hier ein anderes Vorgehen:

Wenn ich die Selbstregulation des Organismus „Mensch" berücksichtige, dann ist es das Sinnvollste, mit allen Körpersinnen wahrzunehmen, was jetzt geschieht und es zu erlauben. Das ist der einzige Weg, um in Einklang mit dieser Selbstregulationstendenz zu kommen, und so bekomme ich genaue Informationen, was hier wirklich geschieht und wie ich wirklich etwas zum Guten verändern kann.

Wenn ich z.B. Heißhunger auf Schokolade habe, bringt es langfristig nichts, dagegen anzukämpfen, denn dies führt nur zur Gegenreaktion im System: Irgendwann setzt sich der unterdrückte Teil durch.
Sinnvoller ist es, diesen Heißhunger zu erlauben und mit allen Körpersinnen, d.h. im Körper, wahrzunehmen: Wie fühlt er sich an? Wo spüre ich ihn? In welcher Situation habe ich diesen Heißhunger? Wie fühle ich mich, wenn ich noch keine Schokolade

esse? Was geschieht, wenn ich Schokolade esse? Welche Art von Schokolade ist es genau? Welche nicht?

So gewinne ich Informationen über meine körperlichen und seelischen Bedürfnisse und übe gleichzeitig einen liebevollen Umgang mit mir selbst, was meinem Inneren guttut. Das heißt nicht, dass man deshalb gleich Unmengen von Schokolade in sich hineinstopfen muss, sondern es heißt, genau wahrzunehmen und zu üben, das Bedürfnis genau zu befriedigen. Konkret: Will ich wirklich Schokolade, oder geht es eher um eine Pause, ein Nichts-Müssen, ein schönes Bad? Und wenn es Schokolade ist, dann welche, wie essend (in kleinen Bissen, den ganzen Mund voll, lutschend, kauend etc.).

Das Schöne an diesem Vorgehen ist, dass es mir das eigene Innere dankt, wenn ich mich liebevoll für es interessiert. Es kommt langfristig zum guten Miteinander zwischen dem eigenen Unbewussten und dem bewussten Verstand. Essen, Figur etc. sind kein Problem mehr.

Man folgt der Selbstregulation des Organismus.

Von der Selbstregulation in Beziehungen

Ebenso wie das Innere des Menschen sind auch Beziehungen zwischen Menschen komplexe Systeme: Es gibt das System Paar, das System Familie, das System Firma, das System Freundeskreis etc.
Auch hier kommt es zur Selbstregulation, auch hier erziele ich langfristige Heilung durch das oben beschriebene Vorgehen:

- WAHRNEHMEN mit allen KÖRPERsinnen, was JETZT ist (damit man sich nichts zusammenspinnt, sondern möglichst objektiv an den Fakten bleibt).
- Die eigenen KONZEPTE über das, was ist und warum es ist, immer wieder LOSLASSEN und sich wieder erneut auf das einlassen, was jetzt gerade ist – und das geht am leichtesten, indem man übt.
- Zu ERLAUBEN, was ist, statt es mit Abwehrverhalten zu vermeiden.

Interessant, dass in den großen Weltreligionen genau dies empfohlen wird: „Dein Wille geschehe" im Christentum und „Loslassen, Nicht-Anhaften, Gewaltlosigkeit" im Buddhismus.

Erlauben, was ist, bedeutet nicht etwa den Zwang zur Tatenlosigkeit. Erlauben, was ist, bedeutet auch, etwas zu tun, wenn ich in meinem Inneren den Impuls hierzu verspüre.

Der Punkt ist, das Abwehrverhalten zu enttarnen und zu reduzieren.

Ein Beispiel: Eine Frau mag nicht, wenn ihr Mann mit ihr in einem aggressiven Ton redet. Deshalb wird sie ärgerlich und wirft ihm seinen Ton vor. Er aber ist gestresst, kann damit nicht umgehen, fühlt sich von ihrem Vorwurf angegriffen und überfordert. Es kommt zum Streit. Immer wieder. Immer wieder dasselbe.
Die Frau kann üben, genau hin zu spüren und wahr zu nehmen, was sie erlebt, wenn ihr Mann aggressiv mit ihr redet, und wenn sie erlaubt, dass er das tut, statt es sofort zu verurteilen. Dann kann sie entdecken, was auf tieferer Ebene in ihr geschieht. Sie kann lernen, ihre eigenen Gefühle erst einmal zuzulassen, bevor sie ihren Partner zu ändern versucht. So kommt sie sich näher, erlebt vielleicht nochmals, wie hilflos sie sich als Kind gefühlt hatte, als

ihr Vater ähnlich mit ihr sprach. Sie beginnt ihren Mann als Lernimpuls zu verstehen, um die alten Wunden ihrer Kindheit zu schließen.

Und, ohne dass Ihr Mann Therapie macht, beginnt er – weil er Teil des Systems ist – allmählich anders zu reagieren. Er erlebt, wie verändert sie sich verhält, spürt ihren liebevolleren Umgang mit sich selbst und dass die Vorwürfe ihm gegenüber weniger werden. Das macht ihn dankbar und er freut sich, spürt die Liebe zu seiner Frau und verhält sich liebevoller.

Von der Selbstregulation der SEELE

Die SEELE ist eine Energie, die jenseits von Zeit und Raum existiert und diese Existenz mit einer bestimmten Struktur (Archetypen) und bestimmten Ideen quasi „plant". Die Impulse der Seele setzen sich im Leben eines Menschen immer durch, deshalb sind deren Beachtung für Gesundheit und Glück von immenser Bedeutung.

Auf dieser Ebene wirken die Seelen-Archetypen, die ich in Kapitel 6. ausführlicher beschreibe.

Manchmal verhalten wir uns komisch, oder?
Wir tun Dinge, die unser bewusster Verstand nicht richtig findet. Wir versuchen, bestimmte Dinge zu erreichen, aber immer kommt etwas dazwischen. Wir geraten in eigenartige Situationen: peinlich, furchtbar, enttäuschend etc.
Dann wird es schwer, liebevoll zu reagieren und man „verhakt" sich förmlich mit seinen Mitmenschen. Viele Menschen werden auf diese Weise mit der Zeit resigniert, da ihre Lebenspläne und Wunschträume sich nicht umsetzen ließen. Sie werden neidisch auf andere, die anscheinend erfolgreicher leben.

Was ist die tiefere Ursache dieser Frustration und wie kann man sie lösen?
Für Erfüllung in diesem Leben braucht der Mensch die Erfüllung seiner innersten Seelenimpulse, das Umsetzen dessen, wofür seine ureigene Seele auf diese Welt gekommen ist.

Das Schwierige daran ist, dass man die eigenen Seelenimpulse nicht direkt wahrnehmen kann. Sie sind – wie schon C.G. Jung gesagt hat – diffus und nicht direkt begreifbar.

Das Gute an diesen Seelenimpulsen ist: Jeder von uns hat auf dem Gebiet der Seelenimpulse seine ganz spezifische „Marktlücke". Hier ist jeder einzigartig und sein Erfolg ist ihm sicher – wenn auch nicht immer im finanziellen Sinne oder mit gesellschaftlicher Anerkennung, aber sicher mit innerer Sinnerfüllung, Zufriedenheit, einem guten Lebensgefühl und besserer Gesundheit.
Warum? Es belastet den Menschen, wenn er seine tief-inneren Impulse vermeidet. Dies führt zu Spannungen im Organismus und vermehrten Erkrankungen.

Folgt man seinen eigenen Seelenimpulsen, so erlebt man sich als sinnhaft, erlebt das Ausfüllen der eigenen „Marktlücke", das Gebrauchtwerden auf dieser Welt.

Und warum werden dann z. B. manche damit reich und manche nicht? Die individuelle Marktlücke kann ganz verschiedene Themen berühren: Wenn sie den Mainstream betrifft, das, was alle toll finden (z.B. Fußball, Schönheit, beliebte Filme), dann bekommt man von vielen Anerkennung und Geld. Doch die Seele kann andere Anliegen haben, für sie zählt keine gesellschaftliche Moral. Wenn z.B. eine Seele den Impuls hat, die Stille zu erforschen und dies in einer Tiefe tut, die keine Worte mehr hat, dann werden wenige Menschen darauf aufmerksam, und noch weniger Menschen verstehen das. So findet der betreffende Mensch zwar inneren Frieden und eine tiefe Erfüllung, wird aber weder reich noch berühmt.

Wie man die eigenen Seelenimpulse kennenlernen kann

Das geht nicht über das Denken.
Der Mensch kann sich reflektieren. Seine Gedanken, sein Vorstellungsvermögen, seine Phantasien haben keine Grenzen und sind an keine objektiven Fakten gebunden: Wir können alles denken.
Diese Freiheit beschert dem Menschen eine nahezu unendliche Kreativität – und sie wird gleichzeitig zum Hindernis, weil häufig die selbstgemachten Konzepte das Leben beengen. Dadurch entfernen wir uns von der WIRKlichkeit des Lebens. Wir glauben zu wissen, wie es ist.
Deshalb sagte Sokrates: „Ich weiß, dass ich nichts weiß", oder Jean Paul: „Kein Mensch denkt frei, der ein System hat", oder das Christentum: „Du sollst Dir kein Bild machen von Gott", oder der Zen-Buddhismus: „Sei Anfängergeist" (Shunryu Suziki).

Wenn ich glaube zu wissen, neige ich dazu, nicht mehr offen genug zu sein für das, was jetzt tatsächlich ist.
- Hier hilft die Orientierung an der präzisen KÖRPER-WAHRNEHMUNG. Wir können wieder üben, uns an den Fakten zu orientieren – wie Sherlock Holmes – und unsere Theorien so lange offen zu lassen, bis sie sich anhand der Fakten von selbst zusammengesetzt haben, wie in der Naturwissenschaft üblich.

- Und es hilft die Orientierung am JETZT, um nicht vorschnell von der Vergangenheit auf die Zukunft zu schließen.
- Doch am effektivsten ist das von mir propagierte ERLAUBEN dessen, was ist, das ERSPÜREN mit allen Körpersinnen und sich mitten hinein zu entspannen – so als würde man sich mitten hineinsetzen in das, was gerade geschieht.

So können wir die Seelenimpulse *erleben* anhand dessen, was in unserem Leben von selbst geschieht – wie ein Selbstausdruck der Seele. Das nenne ich die LebensWIRKlichkeit. (Hierzu komme ich später ausführlicher.)
Wir können erfahren, wohin unser Inneres jetzt will, und uns davontragen lassen, statt gegen unsere Seelenimpulse anzusteuern.

Das Leben rückt den Menschen durch die Realität zurecht und zeigt den Weg der eigenen Seele zur Erfüllung.

Oftmals haben wir Pläne, Wünsche, Träume und Ideen, die zwar in die Nähe unserer Seelenimpulse kommen, aber sie nicht genau treffen. Dann entsteht Leiden, Suchen, Ringen, Kämpfen und Enttäuschung. Denn wir spüren einen starken inneren Drang in diese Richtung, ringen darum – und erleben, dass es nicht funktioniert. Wie sehr wir uns auch einsetzen, wir können diese Pläne, Wünsche etc. nicht umsetzen.

Ein Beispiel aus meinem eigenen Leben:
Ich habe immer gerne gesungen und eine schöne Stimme. Als Kind wollte ich Opernsängerin werden oder Tänzerin. Im Chor sang ich

erfolgreich und bis zum Alter von sieben Jahren konnte ich auch vor Publikum singen.

Doch dann ging es nicht mehr richtig. Ich spielte Klavier und sang dazu, aber es bekam schnell etwas Gequetschtes, Komisches. Ich wollte in einer Band singen, aber es kam nur ein leiser, verklemmter Ton, als ich ans Mikro ging. Die Band lehnte mich ab. Dann sang ich im Chor. Doch das befriedigte mich nicht. Ich wollte allein vor Publikum singen lernen, einfach nur zum Spaß. Ich versuchte alles, was mir zur Verfügung stand an Psychotherapie, Körpertherapie etc. Doch nichts half. Es war sehr peinlich – und sehr frustrierend.

Bis ich losließ von meinem Kindheitstraum und plötzlich begriff: Mein innerer Impuls ist, zu vielen Menschen zu sprechen, aber nicht zu singen. Würde ich singen können, würde ich diesen Impuls zu sprechen, nicht weiter ausbauen, Deshalb begrenzt mich das Leben hier. So begann ich damit zu experimentieren, vor vielen Menschen zu sprechen: Fortbildungen zu halten für KollegInnen war es irgendwie nicht. Ich wollte etwas Anderes, was ich aber nicht genau spüren konnte. Vorträge zu halten war es auch nicht. Bücher zu schreiben ging in die Nähe … Ich entdeckte das mir bislang irgendwie unheimliche Internet und begann ein Online-Training aufzubauen, für welches ich Videos zu meinen Erkenntnissen aufnahm.

Mal sehen, wo es mich noch hinträgt – aber diese Videos aufzunehmen befriedigt mein Inneres. Bislang berühren diese Videos alle Menschen tief, denen ich sie gezeigt habe. Ob dies jedoch auch finanziell und/oder bei einem breiteren Publikum Anerkennung finden wird, ist unklar. Das wird sich zeigen. Hier arbeite ich daran, mich frei zu machen – denn für die Seele ist finanzieller oder gesellschaftlicher Erfolg eben nicht unbedingt wesentlich.

Also: Wenn Sie Ihre Seelenimpulse kennenlernen wollen, seien Sie mutig, das zu suchen und zu tun, was Sie innerlich erfüllt, was Sie in Kontakt mit ihrem Innersten bringt, was Sie tief befriedigt. Und lassen Sie sich dann vom Leben „zurechtrücken". Beißen Sie sich nicht fest in eine bestimmte Richtung, sondern lassen Sie sich von dem, was geschieht, den richtigen Weg weisen. Dann finden Sie den Weg Ihrer Seele.

Von den Lebensgesetzmäßigkeiten

Lebendiges Leben ist und bleibt im Fluss. Es passt sich den veränderten Bedürfnissen an, sorgt für Abwechslung und Überraschungen, beängstigt und beglückt, reißt heraus aus der Komfort-Zone, entzieht Vertrautes und beschenkt mit dem Unerwarteten.
Die Gesetzmäßigkeiten, denen jedes Leben unterliegt, sind zum einen etwas, was sich an sich nicht ändern lässt, weil es eben so ist, und zum anderen eine gewaltige, spannende Herausforderung, das Leben in seinen Facetten zum Guten hin zu erforschen, erfahren, auszutesten, fehl zu gehen und erneut zu erproben.

Folgende Gesetzmäßigkeiten im Leben konnte ich beobachten:
- **Leben will gelebt werden**:
  Man kann seine tieferen Probleme nicht durch Denken lösen, sondern nur durch Erleben und Erlauben der Lebensdynamik.
- **Alles, was nicht auf Liebe ausgerichtet ist, pervertiert** irgendwann, denn Abwehrverhalten, geboren aus Angst, macht sich darin breit.
- Der Mensch **lernt aus den Folgen** – wenn er lernt. Deshalb sollte man ihn diese auch erleben lassen und ihn nicht vor

allem schützen (selbstverständlich in einem gesunden Maß).
- Der Mensch **braucht Grenzen**, sonst ufert er aus. Liebe und Verständnis allein genügen nicht.
- **Beziehungen leben vom Ausgleich**, dieser muss jedoch nicht materiell sein.
(Ausnahme Eltern-Kind-Beziehungen: Hier geben die Eltern. Die Kinder nehmen und nützen das Erhaltene für ihr Leben, um es wiederum ihren Kindern weiter zu geben).

Eine große, gewaltige Lebensgesetzmäßigkeit ist die Sexualität. Das Prinzip des Ablaufes beim Sex ist das Gleiche, ob es nun um Liebe geht oder um Beziehungen im Leben überhaupt. Sex ist Kontakt. Kontakt ist das, was uns mit anderen Menschen in Berührung bringt. Kontakt braucht das Neugeborene, das Kind, der Erwachsene, der sterbende Mensch, jeder. Ohne Kontaktnahme verwelkt man wie eine verdurstende Blume. Mitmenschlichkeit ist Kontakt, Gespräche sind Kontakt, Liebe nehmen und geben ist Kontakt.

Jede Kontaktaufnahme läuft nach demselben 4-Phasen-Schema ab, egal ob es sich um Sex oder um Streit handelt:
1. Im **Vorkontakt** ist noch alles entspannt, in Ruhe und „normal".
2. Dann, in der Phase der **Kontaktnahme**, tritt ein Bedürfnis in den Vordergrund und es baut sich zunehmend Spannung auf
3. Beim **Vollkontakt** wächst die Spannung bis ins Unerträgliche und treibt zur intensiven Begegnung mit dem Objekt der Begierde, in welcher sich die Spannung abbaut.
4. Im **Nachkontakt** erfolgt die Integration des Erlebten, das Verdauen. Wachstum folgt.

(Vertiefung hierzu im 5. Kapitel „Partnerschaft")

Bedenken Sie, es ist Natur. Es ist der Prozess des ewigen Werdens und Vergehens des Lebens auf der Erde. Sexualität ist die Elementarkraft schlechthin. Sie ist in uns und wir sind ihr unterworfen.

Was können wir tun, um diese Kraft nutzen zu lernen? Wir können wieder begreifen, dass ausweichen nicht heilt, dass ausweichen uns keinen wirklichen Frieden beschert.
Elementarkraft braucht auch elementare Auseinandersetzung!
Diese gilt es wiederum in „guten Grenzen" zu halten, damit sie uns nicht umbringt. Die Atomkraft braucht auch entsprechende Kräfte, die sie halten. Ganz ähnlich verhält es sich mit der Elementarkraft.

Heilung entsteht durch die Bereitschaft, das Vertraute loszulassen und über die eigene Angst hinauszuwachsen

Den Punkt, an dem die eigene Angst am größten wird, nenne ich den *Existenziellen Punkt*, denn dies ist gleichzeitig der Punkt der größten Befreiung.
Woher nehme ich den Mut, meiner Angst ins Gesicht zu sehen, wenn sie sich gerade drohend vor mir aufgebaut hat? Wie mache ich das? Wann weiß ich, dass ich meinen existentiellen Punkt gefunden habe?
So viel wissen Sie jetzt schon: Die Angst lässt nach, wenn man sie zulässt. Je mehr man die Angst erlaubt und je interessierter man sie erforscht, umso leichter wird sie.
Entdecken Sie immer wieder im Alltag, dass der Riese „Angst" viel von seiner aufgeblasenen Luft verliert, sobald man es wagt, ihn zu betrachten. Er schwindet dahin. Probieren Sie es aus!

Auch die nordamerikanischen Indianer sagen: „Die Ruhe liegt im Herzen des Hurricane." Das meint: Wenn wir dem Kernpunkt unserer Angst ins Auge sehen, werden wir frei. Dann kann Heilung geschehen. Die Symptome, die wir bislang brauchten, um die Ängste vor der Lebenswirklichkeit zu verschleiern, werden „arbeitslos" und lösen sich auf.

Das bedeutet: Das, was uns am meisten Angst macht, das, was wir so gerne vermeiden würden, ist der Moment größter Entwicklung. Wenn wir hier hinschauen und lernen, auch diesen Aspekt der Fülle des Lebens zu erlauben, werden wir frei. Es entsteht Entspannung.

Vom heilenden Sinn des Schmerzes

Schmerz ist wie die Verbindung des Menschen zu seiner Unsterblichkeit: Die Psyche und der Körper wollen den Schmerz vermeiden. Folgt man diesen Impulsen, dann schützt man sich immer mehr und vermeidet mehr und mehr Dinge, weil sie unangenehm sein könnten. Denn – wie schon Prof. Lösel in meiner Diplomprüfung Klinische Psychologie sagte – Angst breitet sich aus.

Wenn wir wieder eine Kultur dafür entwickeln, das Leid und den Schmerz im Leben genauso nehmen zu lernen wie die Freude, dann werden wir zusehends freier, um uns wirklich auf das Leben einzulassen und das Potenzial unserer Seele zu entfalten.

Als intelligente Leser wissen Sie, dass es hier nicht etwa darum geht, die Hand auf die heiße Herdplatte zu halten. Hier geht es um jene Art von Schmerz, die wir vermeiden, indem wir z.B. unserem Partner vorwerfen, was er uns antut, wie sehr er uns verletzt oder dass wir unseren ArbeitskollegInnen Mobbing unterstellen, unseren Mitmenschen Rücksichtslosigkeit und Egoismus und, und, und.

Wann immer wir von unseren Mitmenschen Schmerz erleiden, ist es Zeit zu fragen: Was kann ich an diesem Schmerz lernen? Was habe ich vermieden, womit mich dieser Schmerz konfrontiert? Aber auch vor allem: Was genau tut mir eigentlich weh? Die unsterbliche Seele kann keinen Schmerz erleben. Daraus folgt: Das, was weh tut, das, was leidet, ist „nur" unser Selbstbild, unsere Eitelkeit. Das sind unsere enttäuschten Konzepte, weil sich unsere Mitmenschen anders verhalten als gewünscht, und es sind unsere enttäuschten Hoffnungen auf eine bessere Welt.

Diese Welt ist aber kein Friedenspark. Sie ist eine Art Abenteuerspielplatz für unsere aus der Unendlichkeit stammenden, unverletzlichen Seelen, die hier alle Schattierungen von Freude und Leid erleben können, um daran zu wachsen.

Mit anderen Worten: **Ihrer Seele geht es nicht im Geringsten darum, Schmerz zu vermeiden**, im Gegenteil.

Für sie ist Schmerz in etwa so, wie wenn wir einen Actionfilm anschauen: ein ungefährliches Abenteuer, denn sie ist davon nicht bedroht. Genauso, wie wir im gemütlichen Fernseh- oder Kinosessel sitzend den Actionfilm anschauen, so schaut die Seele von unserem Körper aus zu, erlebt mit, wie wir Schmerz erleben – ohne davon bedroht zu sein, denn sie ist unsterblich und nur zeitweise in diesem Körper.

Unser Ich kann schon „mitreden", indem es die Erfahrungs- und Abenteuerwünsche der eigenen Seele zulässt und mitgeht, statt dagegen zu kämpfen. Dann geht es meistens gut aus.

Und unser Ich kann auch der eigenen Seele sagen: „Hey, mal langsam, das wird zu viel für mich. Bitte nimm auch Rücksicht auf meine Verletzlichkeit". Dies wird in einem gewissen Rahmen funktionieren, aber nicht sehr weit, da wir nun einmal über Schmerz lernen, unser Ich zu transzendieren. Je mehr wir festhalten, umso mehr kreieren wir zusätzlichen Schmerz. Je mehr wir loslassen und mitgehen, umso leichter wird es - wie beim Entbinden eines Kindes.

Kapitel 4:
Die Beziehung ZU SICH selbst
in Theorie, Praxis und Psychotherapie

A. Die Theorie

Wie wir „zu uns selbst" finden

Die Beziehung zu sich selbst bedeutet, wie gehe ich mit mir selbst um.
Ja, wie gehe ich denn mit mir selbst um? Ich ernähre und kleide mich, ich wärme mich, pflege meinen Körper, betreibe Hobbies, habe Sozialkontakte ... Von außen betrachtet gehe ich, so der landläufige Blick, normal oder gut bis sehr gut mit mir um. Wie sieht es mit der Innenpflege aus? O weh, immer wieder erwische ich mich in heiklen Situationen, wie ich mich selbst fertig mache wegen Kleinigkeiten, mich herunterputze und innere Regungen wegwische wie lästige Insekten. Das erinnert an einen früheren, mahnenden Spruch aus dem Repertoire preußischer Erziehungsmethoden: „Außen hui, innen pfui."
Ich möchte es mir wert sein, außen wie innen mir selbst ein anerkennendes, bewunderndes „Hui" zu gönnen: von mir bejaht, von mir gepflegt und geschätzt, von mir geliebt.

Damit tue ich mir Gutes: Es ist positiv, nährend, hilfreich, unterstützend, liebevoll etc. Von diesem achtsamen Umgang mit mir selbst steigt meine Resilienz. Ich werde stärker und fähiger im Umgang mit den Härten des Lebens gleich einem Baum, der stabil in der Erde verwurzelt ist, zu seiner eigenen Reinigung und als

Herausforderung die „Stürme des Lebens" braucht, um gesund zu bleiben, und der Freude an seiner erprobten Kraft hat.
Mein Umgang mit mir selbst kann eben auch negativ, abwertend, überfordernd, lieblos sein. Dann werde ich in fordernden Situationen schnell an meine Grenzen kommen, weil meine Ressourcen bald aufgebraucht, meine Kräfte erschöpft und mein Lebensmut zerbricht.

Die Beziehung zu sich selbst ist der „stärkste Hebel" bei der Lebensbewältigung, da ich alles verlieren kann, nur nicht mich selbst. In der „tiefsten Nacht der Seele", wenn alle gegen mich zu stehen scheinen und/oder nichts mehr an Halt erkennbar ist, bleibt nur noch eins: die Beziehung zu mir selbst.

Konkretes und emotionales Versorgen und Nähren

Fragen stellen sich: Wie versorge ich meinen Körper? Achte ich auf meine Körpersignale, esse ich, was ich brauche, schlafe ich, wenn ich müde bin etc.?
Und darauf aufbauend: Achte ich auf meine emotionalen Bedürfnisse und Sehnsüchte? Pflege ich meine Sozialkontakte? Lache ich, spreche ich mich aus, nähre ich mein Inneres? Bin ich aufmerksam mir selbst gegenüber? Das ist vergleichbar mit einer guten Eltern-Kind-Beziehung.

Mein Körper lässt mich das Leben erleben

Wenn ich hier auf der gedanklichen Ebene bleibe, ohne den Körper miteinzubeziehen, ist das fast so, als betrachte ich mir Bilder vom Essen, anstatt wirklich zu essen. Etwas bleibt unbefriedigt.

Nehmen wir das Beispiel Angst. Wenn ich massive Angst habe, hilft es mir wenig, wenn mir jemand sagt „Du brauchst keine Angst zu haben". Es tut etwas mehr gut, wenn er liebevoll sagt, ich bräuchte keine Angst zu haben – dann kann ich den beruhigenden, liebevollen Klang der Stimme hören. Wirklich heilend jedoch wirkt es, wenn er mich dabei in den Arm nimmt und hält und ich mich vielleicht ausweinen kann. Es kommt zu einem Kontakt mit allen Sinnen, auf allen Ebenen der Persönlichkeit.

Ganz ähnlich verhält es sich im Umgang mit mir selbst: Wenn ich massive Angst habe, hilft es wenig, wenn ich mir sage, ich bräuchte keine Angst zu haben. Es tut etwas mehr gut, wenn ich mir dasselbe liebevoll sage und mich frage, was denn gerade so schlimm ist. Wirklich heilend jedoch wirkt es, wenn ich mich dabei selbst in den Arm nehme, mich vielleicht in eine Kuscheldecke packe, tief atme, den Halt des Sessels spüre, auf dem ich sitze, den Geruch des Tees rieche, den ich mir bereitet habe und fühle, dass ich hier bei mir sicher bin. Dabei kommt es ebenso zu einem Kontakt mit allen Sinnen, auf allen Ebenen der Persönlichkeit.

Der Weg zu sich selbst führt „über die Körper-Sinne zum eigenen Lebens-Sinn"

Nur über die konkreten Körpersinne und Körpersignale kann der Mensch etwas „Objektivierbares" greifen, das ihm im Leben eine innere Leitlinie bietet, ohne dass er sich durch die Freiheit seines Geistes selbst „ein Bein stellt". Wohlfühlgefühl in der Nähe eines bestimmen Menschen, weghören wollen bei anderen, gelangweiltes Gähnen, Glücksgefühl nach einem Gespräch etc. zeigen, was wir im Inneren brauchen und was nicht. Es sind hilfreiche Indikatoren, um dem eigenen Lebenssinn auf die Spur zu kommen.

Der Mensch hat mit der Gabe seines Geistes einen Segen und einen Fluch zugleich erhalten: Er kann sich seine eigene Innenwelt erschaffen und dabei schöpferisch kreativ sein. Das befähigt ihn zur Anpassung an nahezu jegliche Lebensumstände. Zugleich kann er sich mittels genau dieser Freiheit und Kreativität etwas vormachen bis zu dem Punkt, dass er den Kontakt zur Realität gänzlich verliert und an seinen eigenen Denkmustern zerbricht.

Deshalb ist es wichtig, die Freiheit des Geistes an die konkrete Körperwahrnehmung anzuknüpfen. Das erdet. Noch wichtiger ist dies im Bereich der Spiritualität. Wenn der Glaube nicht an die Körpersignale und den liebevollen Umgang mit den eigenen Körperreaktionen angebunden ist, „heben wir schnell ab" im ungreifbaren und gleichzeitig so anziehenden Bereich der Spiritualität. Dann können wir uns verlieren in fanatischen, zerstörerischen Normen - vor allem, wenn Angst unseren Glauben leitet. Hierher gehören alle Formen von Selbst-Kasteiung, Körperferne, Schuld, Gewalt und Extremismus.

Der Körper ist das Gefäß der Seele, der Resonanzboden der Seelenimpulse. Der Körper fungiert hier wie der Klangkörper eines Saiteninstruments: Wenn eine Saite der Seele erklingt, schwingt der Körper mit. So kann ich meine innersten Impulse kennenlernen.

Zusammenfassung

Was immer ich im Leben auch tue, der Körper bleibt das Ausdrucksmittel, das Werkzeug der Seele, das Gefährt, mit welchem wir auf der Erde unterwegs sind, der Klangkörper, der mich meine Seelenimpulse spüren lässt.

Der Lernweg des Menschen verläuft „über die Sinne zum Sinn" (alter Buchtitel von Leadbeater). Es beginnt mit dem basalen, konkreten Körperwahrnehmen, geht weiter über die Wahrnehmung der Körpersignale, das „gut auf sich achten", den eigenen Körper pflegen, bis hin zur Anbindung des Geistes an die Körpersignale und weiter bis zur Wahrnehmung der Seelenimpulse im Körper als Resonanzboden und schließlich zur „geerdeten Spiritualität" im liebevollen Umgang mit dem Körper, statt diesen zu verachten oder zu verteufeln.

Warum der Körper und die eigenen Eltern für die Beziehung zu sich selbst sehr wichtig sind

Die erste Beziehung des Menschen geschieht über den Körper: im Mutterleib und dann als Baby in den Armen der Eltern. Immer wird das Kind eng gehalten, spürt Körper, braucht körperlichen Halt. Das Gehalten-Werden ist für ein gesundes Heranwachsen unabdingbar.

Die Beziehung zu sich selbst entwickelt sich zunächst nach dem Vorbild der Beziehung der eigenen Eltern zu sich selbst. Erst durch korrigierende Lebenserfahrungen – falls der Mensch diese zulassen kann - oder im Rahmen einer Therapie oder durch professionell begleitete Selbsterkenntnis kann der Mensch aus dem Rahmen seiner Kindheit heraustreten, eine andere Beziehung zu sich selbst erlernen und neu entscheiden, wie er mit sich selbst umgehen möchte.

Diese „korrigierende Lebenserfahrung" erreicht man in einer Psychotherapie, indem man diese Eltern-Kind-Beziehung quasi nachstellt, korrigiert und auch ergänzt, indem der Therapeut die Position der Eltern übernimmt („Nachbeelterung"). Sobald der

Klient reif genug geworden ist, lernt er, sich selbst eine gute Mutter und ein guter Vater zu sein. Das nennt man „Innere Kind-Arbeit":

Wir können lernen, uns selbst gute Eltern zu sein und uns selbst all das zu geben, was uns unsere Eltern nicht gegeben haben oder geben konnten. Dies ist immer ein „sinnliches" Erlebnis, da gute Gedanken allein einem „inneren Kind" keinen Halt geben. Es braucht dieses liebevolle Mit-Sich-Umgehen, den eigenen Körper versorgen, auf die eigenen Bedürfnisse achten, um letztendlich Liebe leben zu lernen.

Die Innere-Kind-Arbeit ist eine sehr effektive psychotherapeutische Methode, um diese inneren Beziehungen zu klären. Ich kombiniere sie am liebsten mit Gestaltpsychotherapie. Diese hilft, innere Beziehungen „greifbar" zu machen, sie mit allen Sinnen zu erleben und dadurch zu klären, und im nächsten Schritt neue Lösungen zu finden.

Älter werden

Ist diese Beziehung „zu sich selbst" stabil, so ist auch das Älterwerden, der langsam beginnende und immer mehr fortschreitende Verfall, nicht bedrohlich, da die Beziehung bleibt: Egal, was mir passiert, ich kann gut mit mir selbst sein, mich halten, mich um mich kümmern ....

Ein Plus gesellt sich dazu: Durch das Älterwerden sammle ich weitere Bewältigungsfähigkeiten, die mir Sicherheit geben können. Und ich erfahre Erfolgserlebnisse durch diese Bewältigungsfähigkeiten, welche zu weiterem Selbstvertrauen führen. Ich werde immer mehr stabil, weiß um meine Bedürfnisse, Stärken, Schwächen. Mein Lebenssinn ist klarer geworden und ich kann ihm leichter folgen. So wird es möglich, den letzten großen Abschnitt meines Lebens bewusst zu gestalten. Das, was mir nicht guttut, lerne ich zu lassen und das, was Freude bereitet, zu suchen und umzusetzen. Meine innere Reifung nimmt letzte Formen an. Ich schaue zurück und erkenne Zusammenhänge in meinem Leben, sehe meinen eigenen Anteil an den Geschehnissen in einem neuen Licht und bin bewegt von den Fragen: Was hinterlasse ich an Bleibendem? Was konnte ich an Gutem bewirken?

Die größte und letzte Schwelle für die Beziehung zu sich selbst ist der Tod. Hier braucht der Mensch – wie bei allen Grenzerlebnissen – eine gute Beziehung zu sich selbst, um sich selbst ganz loslassen zu können und sich „dem großen Ganzen" anzuvertrauen.

Ähnlich, wie eine Mutter ihr Kind nicht loslassen kann, wenn sie zu viele Minderwertigkeitsgefühle oder unerfüllte Bedürfnisse hat, so tut sich auch ein Mensch mit dem Sterben schwer, wenn er zu wenig Selbstwert entwickelt hat oder in seinem Leben seine Bedürfnisse nicht umgesetzt hat. Er wird dann immer zögern, warten und ringen, statt loszulassen, um sich auf den Lauf des Lebens und sein „Auslaufen" einzulassen.

Warum die Beziehung zu sich selbst Auswirkungen auf die Paarbeziehung hat

Das eigene Innere ist das subjektiv verarbeitete Abbild der Paarbeziehung der Eltern. Das bedeutet, wenn die Eltern nicht lernen, ihre Unterschiedlichkeit in Liebe zu einem gemeinsamen Wir zu vereinen, sind die Kinder innerlich zerrissen und leiden.

Gleichzeitig wirkt die eigene, heutige Paarbeziehung entweder als eine der größten Ressourcen, da man täglich im Innersten damit konfrontiert ist, oder als einer der größten bewussten oder unbewussten Stressoren. Wenn Letzteres der Fall ist, findet sich schlecht ein innerer Ort der Ruhe und Entspannung, wenn zuhause Spannung, Unglück und Frustration vorherrschen.

Die eigene Paarbeziehung wirkt wiederum auf die eigenen Kinder, welche als Folge auf diese Dauerbelastung mit eigenem Stress und eskalierendem Verhalten und/oder Erkrankungen reagieren, was den Stress zuhause noch einmal verstärkt. So wird das eigene Zuhause zu einem Ort der Belastung anstatt der Erholung.
Dies darf dann aber zumeist nicht ins eigene Bewusstsein treten, da man seinen Partner und seine Kinder ja liebt und es zuhause schön sein soll …, weshalb das ganze Thema verdrängt wird. Man will es nicht spüren und verschiebt das Thema auf andere Außenfaktoren, wie z.B. die Arbeit, die Schulsituation, die Gesellschaft und vieles andere mehr.
Ich vermute, dass deshalb heute das Thema Burnout in den Vordergrund rückt. Wir haben – oder besser hatten – äußere Sicherheit und Wohlstand und wären aufgerufen gewesen, unsere inneren Beziehungen zu klären. Dazu kam es in der Regel nicht. Komfortzonen oder nette, an der Oberfläche bleibende Psychoseminare lockten.

So blieben die innersten Beziehungen, die Paarbeziehung und die Beziehung des Paares zu den Kindern ungeklärt. Die eigentliche Problemursache wucherte weiter. In der Ursachenzuschreibung an einen Außenfaktor wie den Job oder die Schule findet der Mensch eine Erleichterung, wenn auch keine Lösung. Und gleichzeitig ist ja die Arbeitsbelastung der Menschen wirklich stärker geworden. Es bearbeiten vergleichsweise immer weniger Menschen in immer kürzerer Zeit immer mehr Themen.

Die Basis, um das eben genannte Problem zu entwirren, bleibt die innerste Beziehung: die eigene Paarbeziehung und die im Inneren abgebildete Paarbeziehung der eigenen Eltern, die unser Erziehungsverhalten so klären kann, dass wir in Frieden mit unseren Kindern leben und gleichzeitig diesen zu einem guten Start ins Leben verhelfen können.

B. Die Praxis

Mir selbst etwas Gutes tun

„Man muss dem Leib etwas Gutes tun, damit die Seele sich darin wohlfühle." (Teresa von Aquila)

In Frankreich bleiben, wie wir bei Urlauben beobachten konnten, die meisten Frauen auch mit Kindern gutaussehend, schlank, mit erotischer Ausstrahlung und einer gewissen Würde. Wie machen sie das?
Die Journalistin Pamela Druckerman („Warum französische Kinder keine Nervensägen sind", München 2012) fand bei ihren Recherchen folgende wesentliche Aspekte dafür heraus, die in der französischen Lebensweise allgemein verankert sind:

- Sinnesgenuss – Essen zur Entfaltung der Sinne
- Bedürfnisaufschub: Warten lernen
- Mahlzeitenrhythmus
- Ich achte gut auf mich
- Eigene Bedürfnisse sind wichtig
- Aussehen ist wichtig
- Partnerschaft ist wichtig, weil die Kinder gehen, der Partner aber bleibt
- Lust gehört zum Leben, ist Normalität
- Unterleibstraining zur Lustgewinnung nach den Entbindungen
- Die Kinder bekommen Grenzen, damit Eltern entspannen können und nicht vom Alltag überfordert sind und gut auf sich achten können.

Die Kinder haben durch die Lebensart ihrer Eltern ein entsprechendes Vorbild und werden wiederum ihren Kindern Vorbild sein können im Achten auf sich selbst.

Lassen Sie uns einzelne Aspekte genauer betrachten. Es geht ja darum, was wir konkret tun können, um eine gute Beziehung zu uns herzustellen.

Die Körpersignale zeigen, was der Körper braucht. Sie zeigen uns bei genauerem Hin-spüren ebenso zuverlässig, was die Seele braucht. Körpertherapeutisch kann man sich den Platz der Seele im Körper als den Bauch-Brust-Raum vorstellen: Hier ist der Körper das Gefäß der Seele und schwingt wie ein Resonanz-Körper mit den Impulsen der Seele.

Ich achte gut auf mich

Liebevolle, interessierte Selbstwahrnehmung und Selbstfürsorge fragt: Was brauche ich? Was brauche ich wirklich? Wo esse ich zu viel? Wann trinke ich zu viel? In welchen Situationen esse ich Lebensmittel, die mir im Grunde nicht guttun? Habe ich genügend Zeit für mich? Bewege ich mich ausreichend? Wo gehe ich nicht gut mit mir um? Wann werde ich krank, und wie muss ich leben, dass ich gesund bleibe?
Wenn ich in inneren und/oder äußeren Schwierigkeiten stecke, bemühe ich mich um Abhilfe. Vom Schleifenlassen verbessert sich nichts. Mein innerer Schweinehund steht mir zwar im Weg auf der Suche nach Abhilfe – aber ich bin es mir wert, mich um mich selbst zu bemühen.

Eigene Bedürfnisse

Ein Bedürfnis ist: Ich habe einen Bedarf, brauche etwas, und dieses Gefühl kommt aus meinem eigenen Inneren. (Ein Wunsch dagegen ist etwas, das „schön" wäre zu haben oder zu tun. Es ist ein flüchtiges, vorübergehendes Wollen.)

Ein Bedürfnis kann existenziell und für alle Menschen gleich sein, wie z. B. sich ernähren und bewegen, atmen und schlafen, aber auch Privatsphäre und ein gesunder Lebensraum. Ein Bedürfnis erstreckt sich ebenso auf soziale Gebiete wie Kontakte, Anerkennung, Zuwendung und Orientierung. Wir haben Bedürfnisse in Bezug auf Existenzsicherung, auf Befriedigung kultureller Anliegen und auch auf Luxusgüter. Andere Bedürfnisse können individuell so sehr unterschiedlich sein, dass sie auf andere Menschen seltsam wirken. Dann sind es zumeist die individuell-unterschiedlichen Impulse aus der Seele. Diese speziellen Seelenanliegen kommen immer wieder und bleiben über die gesamte Lebensspanne gleich.
(Wenn Sie mehr über das dahinterliegende, seelische Potenzial nachlesen möchten, finden Sie dies in meinem „Handbuch Archetypen-Therapie".)

Bedürfnisse können auch individuell ungewöhnliche Themen sein, die für die Zufriedenheit eines Menschen wesentlich sind.
Ein Beispiel: Eine junge Frau wollte schon als kleines Kind Prinzessin sein. Dann – im Laufe des Erwachsenwerdens tat sie dieses Bedürfnis als „unrealistisch" ab und „gönnte sich" zu ihrer Hochzeit bescheiden ein kurzes Brautkleid. Nach der Hochzeit blieb jedoch etwas in ihr trotz eigener und gut überlegter Kleiderwahl zutiefst unzufrieden. Sie nahm sogar Therapiestunden, weil dieses Gefühl sie nicht mehr losließ. Hier zeigte sich die tiefe Verwurzelung dieser Sehnsucht nach Größe,

Glanz und Glamour in ihrem Inneren, die sie als Spross einer intellektuellen Familie abgetan hatte. Erst mit dem Kauf eines üppigen Brautkleides nach der Hochzeit und einem glanzvollen Auftritt auf dem Brautkleiderball wurde das Bedürfnis gestillt. Nun war alles gut – und gleichzeitig war ihr klargeworden, dass ihr Bedürfnis nach Größe und Glanz wichtig für ihre innere Zufriedenheit ist, weshalb sie dem Thema „finanzieller Erfolg" mehr Raum in ihrem bis dahin eher bescheidenen Leben einräumte. Tatsächlich stellte sich dieser finanzielle Erfolg auch ein. Die Seele setzt sich immer durch.

Ein anderes Beispiel: Eine Frau wirkt äußerlich wie ein Engel. Sie kommt in Therapie, weil sie unter starken Ängsten leidet. In der Therapie tauchen verschiedene, sexuelle Traumata auf, die jedoch nicht etwa durch äußere Gewalt entstanden, sondern weil die Frau nicht nein zu sagen wagte. Schon als junges Mädchen ließ sie sich von vielen Männern anal penetrieren – einfach, um diese nicht vor den Kopf zu stoßen. Als ich ihr in der Therapie ihre engelsgleiche Erscheinung zurückmeldete, wurde ihr deutlich, dass dies ein ganz wesentliches Anliegen in ihrem Inneren war: Sie wollte das Gute auf die Welt bringen. Das erschien ihr zunächst komisch, ja lächerlich. Als ich sie einlud, einfach dabei zu bleiben, es zu erlauben und genau zu erspüren, entdeckte sie immer mehr, wie stimmig sich dies in ihrem Inneren anfühlte. Ja, sie hatte damals und später oft nicht nein gesagt, weil sie das Gute wollte, weil sie Freude bereiten wollte, weil sie nicht frustrieren wollte. Jetzt konnte sie sich auch in diesem Handeln selbst achten.

Indem wir erarbeiteten, dass Liebe ja bedeutet, sich selbst wie seinen Nächsten zu lieben, lernte sie, sich abzugrenzen und verlor auch ihre Ängste. Sie wurde zusehends selbstbewusster und veränderte ihre sozialen Beziehungen, so dass sie zufriedener wurde und ihr engelsgleiches Strahlen noch stärker in die Welt floss.

Oder aber ein Mann, der schon immer die schlichte Einfachheit liebte und in der heutigen Zeit aus dem tiefsten Inneren heraus am liebsten ohne jegliche Technik leben wollte - im Gegensatz zu seiner Frau, die ein bequemes Haus mit Heizung und Spülmaschine bevorzugte. Sein Leben lang hat er sich übernommen mit seinen Pflichten als Vater einer kinderreichen Familie, als Pfarrer und als Ehemann. Sein Selbst-Rettungsversuch war der Rückzug in Phantasien, vor allem sexueller Natur. Hier konnte er ausruhen, hier fand er Halt und Ausdruck seiner inneren Bedürfnisse. Doch leider brachte das Paar seine widersprüchlich erscheinenden Bedürfnisse nicht „unter einen Hut", zumal die Frau dazu neigte, sich strukturlos in vielen Kleinigkeiten zu verlieren. Er begrenzte sie nicht und sie begrenzte ihn nicht – und beide blieben halbherzig im Umsetzen ihrer Seelenanliegen. Sie waren überzeugt davon, dass es keinen anderen Weg gibt. So sei das Leben. Eine Therapie lehnten sie sowohl einzeln als auch als Paar ab. So erkrankten beide und verloren mehr und mehr Lebenskraft für ihre Alltagspflichten. Dabei wäre ein anderer Weg möglich gewesen– nur ihr Denken, ihre Konzepte von sich und dem Leben gaukelte ihnen vor, dass es keine Lösung gibt.

Diese drei Beispiele zeigen: Die Entdeckung und Erfüllung der eigenen Bedürfnisse führen zu innerer Fülle und Sinnhaftigkeit, denn Bedürfnisse sind oft viel tiefer verwurzelt als sie zunächst erscheinen mögen. Den Unterschied zwischen einem normalen Bedürfnis, wie z.B. jetzt schlafen und einem Seelen-Anliegen entdecke ich, indem ich mich darauf einlasse.

Wie komme ich an meine Bedürfnisse ran?

Ich erlaube mir von meiner inneren Einstellung her generell zu dürfen. Wenn ich etwas möchte, Sehnsucht fühle, etwas Bestimmtes tun oder erleben möchte, oder auch etwas Bestimmtes besitzen möchte - was auch immer -, nehme ich meine Bedürfnisse ernst. Zuerst spüre ich sie. Dann fühle ich nach, ob sie sich umsetzen lassen, ob es mir wirklich wichtig ist. Verstandesargumente neigen schnell dazu, sie mir auszureden. Der Verstand geht mehr in Richtung Bedürfnislosigkeit, mehr in Richtung Kalkül, Sachlichkeit, Verzicht. Oder zumindest akzeptiert er nur bestimmte Bedürfnisse und lehnt andere als dumm, kindlich, unrealistisch etc. ab. Meine früheren Erfahrungen oder diffuse Ängste können als Spaßbremse fungieren. Noch einmal: Ich erlaube mir, zu dürfen - und erforsche dann im Erleben, was genau ein Seelen-Anliegen ist, was ein aktuell wichtiges Bedürfnis und was nur ein vorübergehender Wunsch war.

Denken Sie daran, die unsterbliche Seele sucht ihre mitgebrachten Aufgaben zu erfüllen. Bedürfnisse zu befriedigen sind der Weg dazu, sie zu entdecken und sie zu leben - oder zu erkennen, das war es doch nicht. Es führt dazu, den ureigenen Weg im Leben zu finden. Dazu gehört es, auszuprobieren und nochmals auszuprobieren - und daraus zu lernen.

Bedürfnisse aufschieben

Bedürfnisaufschub heißt warten lernen. Für Erfolg im Leben braucht es oftmals einen „langen Atem" wie beim Bauer, der erst sät und dann warten muss, wie viel von seiner Saat aufgeht, dann auf das Gedeihen wartet und Monate später erntet. Bedürfnisse zu haben ist das eine, sie umzusetzen ist das andere, und ihre Wirkung zu erleben ein Drittes.

Was gewinne ich durch Bedürfnisaufschub?
In diesem Warten – aufschieben - lerne ich, mit mir selbst zu sein, ohne zu „haben", was ich wollte. So gewinne ich mehr Standfestigkeit in mir und für mein Leben. Es wächst das „ich bin", statt dem Haben-Wollen hinterher zu rennen. Es wächst sowohl das Aushalten-Lernen als auch das Vertrauen, dass aus meinen Taten etwas erwachsen kann. Das nennt man psychologisch „Selbst-Wirksamkeit". Zusätzlich wird oft durch das Warten erst klar, ob es sich wirklich um ein Bedürfnis handelt oder nur um einen flüchtigen Wunsch, der bald vergessen ist wie eine Schnapspraline. Würden wir jedem kleinen „Gelust" nachgeben, würden wir nie die tieferen Bedürfnisse hinter dem „Gelust" entdecken, die wesentlich für unser Lebensglück sind. Warten können stärkt die seelische Resilienz. Ein gesunder Baum genießt die Herausforderung durch Hagel, Hitze, Sturm. Er verankert sich stärker, lernt biegsam zu bleiben, entwickelt mehr Widerstandskraft. Er wächst mit den Herausforderungen und ist zugleich als gesunder Baum für seine Nachbarbäume Stütze und Hilfe. Er gibt aus dem reichen Schatz seiner Stärke an andere das ab, was diese gerade benötigen. So gibt auch der Mensch in seinem sozialen Geflecht, wenn er seine Bedürfnisse eine Weile aufschieben kann, ohne sich deswegen mit den eigenen Bedürfnissen aufzugeben: Er gibt aus der Fülle des eigenen Befriedigtseins heraus.

Essen nach den Körpersignalen

Hierzu habe ich im Buch „Psycho-Diät" von Pearson & Pearson sehr hilfreiche Anregungen gefunden: Die Autoren sprechen hier sehr nett vom „Winken" und „Summen" der Nahrungsmittel.

Das „Winken" eines Lebensmittels kann man sich so vorstellen: Das Lebensmittel winkt mir deutlich zu und sagt laut „iss mich". Schwups, wäre dann die Tafel Schokolade in mir verschwunden, obwohl ich keinen Hunger gehabt habe. Höre ich aber auf meine Körpersignale, lässt sich mit dem Winken klüger umgehen: jetzt nicht oder vielleicht später oder weniger...
Oder ich bin eingeladen. Der Gastgeber fährt sein Menü auf und signalisiert damit, „iss das", woraus ein Höflichkeitskonflikt entstehen kann, wenn ich dem heftigen Winken des Angebotes auf meine (summende) Weise entgegnen will. Hier könnte ich mir den Freiraum nehmen, diese Lebensmittel entsprechend meiner inneren Bedürfnisse auszuwählen: „Ich finde Deinen Nachtisch klasse. Wäre es in Ordnung, wenn ich die Suppe weglasse und dafür mehr vom Nachtisch nehme?" oder Panade und Sauce weglasse, wenn sie mir zu fett erscheinen. Ich bin der, der gestalten kann!

„Summen" dagegen meint, mein inneres Bauch-Brust-Raum-Gefühl etwas ganz bestimmtes: ein bestimmtes Lebensmittel oder etwas ganz anderes. Will ich in diesem Augenblick etwas in den Mund tun, will ich es kauen, will ich es schlucken, will ich süß oder lieber salzig etc.? Oder will ich gar nichts in meinen Mund tun, sondern lieber etwas auf meiner Haut oder meinem Rücken (z.B. Stütze, eine warme Decke) oder im Raum (z. B. meine Ruhe) haben?

Der Körper sendet Signale, was genau er an Lebensmitteln braucht. Diese Körperklugheit kann bei heranschleichender Erkältung signalisieren, „esse frisches Obst" (Vitamine!) und nach Ruhe verlangen.

Oder: Ein verkaterter Mensch hat womöglich Lust auf Rollmöpse (entzogenes Wasser und Salze werden durch den Fisch wieder aufgefüllt). Es ist hilfreich, diese Signale nicht durch diverse Theorien, was man essen muss oder was vernünftig ist zu essen, zu überdecken. Dieses Lernen, nach den Körpersignalen zu essen, braucht Zeit und Übung.

Allerdings: Zu Beginn des Übens hört man meistens nix!!! Dann gilt es, weiter interessiert und liebevoll nach innen zu lauschen, bis der Körper beginnt, die lange unterdrückten Signale zu senden.
Das ist in etwa vergleichbar mit einem verstockten Kind, das erst einmal bockt und eine Weile braucht, bis es wieder aus seiner Ecke hervorkommt.

Sinnesgenuss – Essen zur Entfaltung der Sinne

Komisch: In Frankreich essen die Menschen immer mehrere Gänge abends, wo es doch besonders „ansetzt", und bleiben trotzdem schlank.

Gibt es dafür eine Erklärung?
Ja. In Frankreich ist es Sitte, dass man den Geschmack des Essens genießt und sich während des Essens darüber unterhält. Also: Was schmeckt wie? Wie anders schmeckt gekochter Blumenkohl als mit Käse überbackener und wie anders als Salat. Warum ist dieses Gewürz bei diesem Fleisch für mich besonders lustvoll und für Dich nicht so sehr? Usw.

Was geschieht dabei: Man isst mit allen Körpersinnen. Das ist gelebte Achtsamkeit. Und es befriedigt die Sinne.

Auch das Wie des Essens ist wichtig: schöne Atmosphäre, nettes Miteinander – wiederum Genuss. Das befriedigt. Tagesprobleme, Erziehungsprobleme, Probleme jeder Art zu besprechen sind während der Mahlzeit tabu.

Außerdem gilt es als unschick, Massen in sich hinein zu stopfen und fett zu werden. Also genießt man in kleinen Portionen und lernt, sich selbst zu disziplinieren.
Beides zusammen, Genießen mit allen Sinnen UND „contenance", die vornehme Zurückhaltung, ergeben eine schlanke Linie UND Lustbefriedigung.

Durch diese Kombination entsteht eine Übereinstimmung aller inneren Bedürfnisse und damit für längere Zeitdauer ein Glücksgefühl, das auch Ihnen zu mehr Erfülltheit im Leben verhelfen kann. Auch Sie können auf diese Weise erleben, wie Sie sich selbst rundum lieben und mit dem zeigen, was Sie jetzt in Ihrem Inneren brauchen.
Die Übereinstimmung der Sinne, der disziplinierte Sinnesgenuss, macht uns erfüllt UND authentisch.

Mein Aussehen wirkt

Wir deutschen Denkermenschen scheinen unsere Lebensart in vieler Hinsicht von der Natur entfernt zu haben. Wir neigen dazu, das, was ist und dadurch auf andere wirkt, umzuinterpretieren.

Sprüche wie „Geld ist nicht wichtig", „auf das Aussehen kommt es nicht an" und „innere Werte zählen" sprechen für dieses Umkehrdenken.
Im konkreten Alltagsleben aber geht ohne Geld nichts, und Aussehen zählt ebenso, denn es wirkt. Man kann zwar sagen, das

Aussehen ist relativ oder die Einkünfte bzw. Ausgaben sind relativ – ja, bezogen auf einen bestimmten Punkt. Generell aber braucht es Geld zum Leben, und generell hat jedes Aussehen Außenwirkung und damit Konsequenzen.

Wenn z.B. ein Mann sich nicht richtig wäscht und stinkt, wirkt das auf eine Frau. Es wirkt abstoßend und widerlich. Die Frau kann sich beim Sex infizieren, wenn er seinen Penis nicht entsprechend auch hinter der Vorhaut wäscht. Seine mangelnde Pflege belastet die Partnerschaft. Das ist nicht sinnvoll. Hier braucht es eine Disziplin für die Liebe.
Ebenso steht mangelnde Hygiene einem WIR entgegen. In diesem Fall zieht sich die Frau innerlich und äußerlich zurück, und es bleibt bei einem „hier bist Du – und da bin ich" – statt, dass es zu einem WIR-denken kommt.

Als Therapeutin fällt mir auf, dass körperlich ungepflegte, vergammelt wirkende Menschen zumeist größere psychische Probleme haben. Es ist ihnen egal geworden, wie sie auf ihre Umgebung wirken. Sie haben die Selbstdisziplin für die Liebe aufgegeben und suhlen sich in ihren eigenen, von den Mitmenschen entfernten Theorien über das Leben.

Wenn wir erlauben, dass ein Mensch in diesem Zustand solches Verhalten als „das ist doch nur äußerlich" rechtfertigt, fördern wir sein Symptom und seine Realitätsferne. Hier fehlt meines Erachtens der gesunde Menschenverstand, der sich vom Toleranzgedanken einnebeln lässt.

Das intellektuelle Aufweichen dessen, was <u>wirkt</u> im Leben, macht unser Verhalten beliebig – und damit schädigen wir uns und unsere Mitmenschen. Es braucht Regeln und geltende Werte. Ohne sie verliert man den Halt, den wohltuenden, haltgebenden Boden unter den Füßen. Man weiß nicht mehr, was gilt und zählt, und wird von flüchtigen Impulsen umher geweht wie ein Blatt im Wind. Und dies wiederum ist am Aussehen ablesbar. Der Mensch verliert an Strahlkraft, an Standkraft und an klarem Blick.

Doch zurück zum Aussehen:
Unser Aussehen wirkt nach außen, auf unsere Mitmenschen und auf uns selbst. Deshalb sollten wir es wichtig nehmen, uns pflegen und es genießen. – Es darf guttun.

Und guttut, was authentisch ist. Gutes Aussehen ist nicht „jung" und „schlank" zu sein um jeden Preis, ist nicht Auftakeln, ist nicht sich zurecht stutzen etc., sondern einfach liebevoll und achtsam mit dem eigenen Körper und dem eigenen Inneren umgehen. Das bedeutet: Ich stehe zu mir, zu meinem Alter, meiner Körperform, zu meiner speziellen Ausprägung, und ich unterscheide mich von all den anderen Menschen durch meine innere und äußere Individualität. Das gefällt mir, denn so bin nur ich!
Wie heißt es so schön: „Kleider machen Leute, aber keine Persönlichkeiten".

Lust gehört zum Leben

Lust ist das eine, Spaß etwas Anderes. Wir sind in unserem Kulturkreis lustfern geworden, obwohl es viel um Spaß haben geht.

Sinnesgenuss ist nicht Spaß, sondern Lust.
Sinnesgenuss tut wohl, kommt aus dem eigenen Inneren, und bedeutet nicht etwa, sich „zuzudröhnen", sondern im Jetzt zu genießen, was im Augenblick da ist.
Spaßhaben ist wie das laute „Winken" beim Essen. Es kommt von außen daher und braucht ständig mehr an Aktion.

Lust hingegen, das Genießen, braucht wenig. Es braucht Achtsamkeit sich selbst gegenüber.

Manches Seltsame lässt sich hierzulande entdecken. Eine Klientin mit den Diagnosen „sexuelle Lustlosigkeit" und „Orgasmus-Störung" wurde von der Krankenkasse zur dortigen Psychologin zum Gespräch gebeten, da es sich um einen Kostenerstattungsantrag handelte. Die Psychologin erklärte der Klientin in rüdem Ton und ohne sich für deren Probleme zu interessieren, die aus dieser Symptomatik resultieren, dass dies doch keine Erkrankung sei und sie deshalb auf keinen Fall auf eine bezahlte Therapie hoffen könne. Beide Diagnosen sind aber sehr wohl im Deutschen Diagnose-Katalog, dem ICD 10, enthalten und damit Diagnosen von Krankheitswert, bei deren Vorliegen die Kasse eine Therapie bezahlen muss.
Was ist hier passiert?
Die Meinungen von Menschen in unserem Land vermehren sich zunehmend, dass Sexualität nicht wichtig ist, dass vor allem die geschlechtliche Vereinigung nicht wesentlich ist und ebenso ein Orgasmus ohne Bedeutung sei.
Zum Vergleich dazu gilt in Frankreich jemand ohne Lust auf Sex oder ohne Orgasmus eindeutig als krank.

Wenn man bedenkt, dass das Ineinandersein eines Paares die größtmögliche Nähe darstellt, haben wir uns mit unseren vielen, guten intellektuellen Argumenten erheblich weit von der Natur entfernt. Beim Ineinandersein mit gemeinsamer Bewegung und tiefer Atmung ist es körpertherapeutisch so, als würden die psychischen „Schlacken", die sich bei einem Paar im Lebensalltag aufbauen, weggespült. Oft kommt es bei einer Frau zum Weinen, besonders nach dem Orgasmus – was wiederum die Bedeutung des Orgasmus beim Ineinander sein belegt: Es ist ein völliges Sich-Loslassen und Hingeben im Miteinander. Beim Mann ist es ein tiefes Gefühl von Aufgehobensein im „Nest" der Frau, das für ihn oftmals der einzige Zugang zu einer tieferen, spirituellen Erfahrung darstellt. Es ist das Einswerden mit dem Kosmos über den Körper der geliebten Frau, in der sein Samen die geliebten Kinder hervorbringt. Es ist ein „diesen heiligen Raum der Frau betreten", wenn die Frau hier zu ihrem heiligen Innenraum steht. Darüber reden Männer nicht. Meist fehlen ihnen die Worte dazu. Aber es ist das, was viele von ihnen fühlen, wenn sie in einem sicheren Raum über Sex reden und sich gehört wissen. –

Nur: Wo hören wir Frauen unseren Männern heute noch zu außer bei Arbeitsthemen??? Wir Frauen können wieder viel mehr von der inneren Tiefe unserer Männer sehen und hören lernen, wenn wir nicht mehr erwarten, dass Männer sich über Gefühle mit präzisen Worten ausdrücken, wie wir Frauen dies können. Männer verlieren über Gefühle ungern viele Worte. Sie handeln lieber.

Ihre Gefühle können wir entdecken, wenn wir uns auf unsere Männer in Liebe einlassen und sie in uns aufnehmen – psychisch wie körperlich beim Sex, ohne Leistungsdruck, einfach als Akt der Liebe.

Das Schlafen der Kinder als wichtige freie Zeit für die Eltern

Wenn die Eltern keine freie Zeit für sich haben, leidet die Ehe, die Lebensqualität und die Arbeitsfähigkeit der Eltern. Das geht nicht, denn die Eltern müssen die Familie ernähren und das Familiensystem „am Laufen" halten. Es geht nicht, dass sie durch Launen der Kinder, Nicht-Schlafen etc. um ihre kostbaren Ruhepausen gebracht werden.

Ausnahmen sind natürlich, wenn Kinder erkranken oder andere Schwierigkeiten haben – aber es gilt generell, diesen Wert im Alltag zu vertreten mit Liebe und Achtsamkeit, fühlend über die Körpersinne.

Eltern müssen wieder führen und das mit Liebe, statt sich von den Launen der Kinder beherrschen zu lassen. Die Kinder finden das gut: Klare Ansagen entspannen sie und geben ihnen Sicherheit. Und vor allem haben sie dann keine Schuldgefühle, dass die Eltern unter ihnen leiden. Kinder wollen das Glück der Familie.

Beispiel: Als ich alleinerziehend war, brauchte ich unbedingt nachmittags und abends meine Ruhepausen. Damals waren die Kinder drei und vier Jahre alt. Ich sagte ihnen, dass sie um 19 Uhr im Bett sein sollen und mir meine Ruhe lassen, auch wenn sie nicht schlafen. Das sei meine „Mama-Zeit", damit ich morgen wieder gut für sie da sein könne. Das haben sie nicht nur verstanden, sondern standen beim Gute-Nacht-Sagen oft fröhlich krähend in ihren Gitterbettchen und verabschiedeten mich mit den Rufen: „Mama-Zeit!"

Klare Vorstellungen

Wie kommen Franzosen auf eine derartige Lebensführung, die wir in Teilen genauer betrachtet haben? Pamela Druckermann hat das sehr heiter ausgeführt:
Warum wissen französische Mütter immer genau, was „ne pas possible", also nicht möglich ist, und was o.k. ist?
Sie haben ein inneres Regelwerk, über das man sich in der französischen Kultur einig ist. Das nennen sie „cadre". Es erleichtert ihnen sowohl das Eheleben als auch die Kindererziehung. Dadurch müssen sie im Alltag nicht jede Kleinigkeit neu entscheiden und diskutieren.
Man zerredet nicht alles mit dem Argument, es sei doch alles relativ (wie wir das gut kennen), sondern tut, was zu aller Wohl wichtig ist und erprobt funktioniert: vom Lebensgenuss über regelmäßigen Sex in der Ehe bis zum Begrenzen der Kinder.

Fast all diese Aspekte sind auch jene, die ich über die Jahre meiner therapeutischen Tätigkeit und Forschung als Säulen für ein gesundes und erfülltes Leben der Eltern sowie der Kinder feststellen konnte.

Was wir in der Therapie lernen – wenn der Therapeut nicht etwa auf dem Standpunkt der Relativität steht -, ist für die Franzosen selbstverständliche Lebensnormalität.

Die Freiheit, Toleranz und Emanzipation, die wir propagieren, haben uns wohl das Gefühl für die nötigen Grenzen genommen. Der Mensch scheint es fundamental zu brauchen, sich in einen gesunden Rahmen einzufügen und Bedürfniserfüllung aufschieben zu lernen, damit es allen langfristig gut geht.

C. Aus der Psychosomatik

Das Ineinandergreifen von Körper und Psyche anhand eines praktischen Beispiels

Seit über 20 Jahren arbeite ich intensiv mit forschenden Ärzten, Krankengymnasten und Heilpraktikern zusammen und kann folgenden Ablauf bei chronischen Erkrankungen beobachten:

- Zuerst – häufig schon in der Kindheit - liegt eine *Schwäche in einem Körperbereich* vor, entweder aufgrund des psychosomatischen Umgangs mit sich selbst (z.b. Kieferverspannung) und/oder aufgrund eines somatischen Themas (z.b. verfaulter Milchzahn beim Kind, der Bakterien im Kiefer verursachte).
- Dann kommt ein *stark eingreifendes Ereignis* dazu, z.b. ein Unfall (wie Sturz vom Fahrrad auf den Kiefer) oder ein ärztlicher Eingriff (z.B. Weisheitszahn-Operation), wodurch die Selbstregulationsfähigkeiten des Menschen nicht mehr funktionieren.
- *Es eskaliert:* eine Entzündung folgt,
- woraus ein *Störfeld* entsteht, das „eingekapselt" wird ähnlich wie einem Trauma im psychologischen Bereich.
- *Selbstregulationsversuche des Organismus setzen ein*: Kompensationen durch Spannung in dieser und anderen Körperregionen (z.B. Zwerchfell, Schultern hochziehen, Augenspannung durch Zusammenziehen der inneren Bänder).
- *Schulmedizinische, naturheilkundliche etc. Heilungsversuche* ohne Erkennen der Ursache führen zu kurzzeitiger Linderung, aber nicht zur Heilung – oft

belasten schulmedizinische Medikamente oder invasive Methoden den Organismus zusätzlich
- *Chronische Erkrankung folgt* (z.B. chronische Nebenhöhlenentzündungen, Magen- und Leberprobleme durch dauerhafte Zwerchfellverspannung)

Ein konkretes Beispiel:
- Das Kind kommt mit einem Seelenthema auf die Welt und wird in eine Umgebung hineingeboren, die mit diesem Seelenthema nicht zurechtkommt: z.B. reagiert es anders auf Umgebungsreize. Die überforderte Mutter ist zusätzlich überfordert, so dass sie mit Wut auf das Kind reagiert bzw. sich ihre Wut nicht anmerken lassen will, das Kind es jedoch unterschwellig spürt ....
- Massive, für das Kind nicht lösbare, psychische Belastung wegen der ungelösten Spannungen zwischen den Eltern führen zu einer Verspannung im Organ der unteren Mitte des Körpers (z.B. der Blase) und der Oberbauchregion durch Anspannen des Zwerchfells. Die Familiensituation möchte das Kind unbewusst nicht zusätzlich belasten durch seine starken Gefühlsimpulse. Es unterdrückt. Das Kind möchte sich passend machen ...
- Blasenentzündung des Kindes beim Hinzukommen eines weiteren Stressfaktors: z.B. Infektion im Urlaub, Schulstress.
- Selbstregulationsversuch des Körpers: Zusammenziehen des unteren Rückens, Fehlstellung des Beckens, Energie-Blockade, die hinunter in die Knie zieht.
- Heilungsversuche ohne Erkennen der eigentlichen Ursache lindern kurzzeitig, verursachen jedoch langfristig

weitere Belastung (z.B. Belastung der Leber durch starke Medikamente).
- Schmerzreaktion in den beteiligten Körperregionen: Knie-Schmerzen werden chronisch.
- Entwicklung einer Arthritis, später einer Arthrose in den Knien.
- Wiederaufleben der nicht völlig ausgeheilten Blasenentzündung bei Stress des inzwischen Erwachsenen in der eigenen Ehe.

So schließt sich der Kreis der psychosomatischen Wechselwirkungen.

Die Wut im Bauch

Viele psychosomatische Probleme im Magen- und Bauchbereich haben meiner Erfahrung nach mit Wut zu tun.

Wut ist in unserer Kultur ein schwieriges Gefühl, da wir von uns erwarten, unsere Anliegen adäquat, mit entsprechenden Worten und in entsprechendem Ton „rüberzubringen". Wer überreagiert, wird schnell als nicht souverän empfunden.

Doch wer sich andererseits immer im Griff hat, verliert das Spontane, das Unkontrollierte und die tiefere Wahrheit in den unkontrollierten Gefühlen.
Gerade der Ober- und der Unterbauch als psychosomatische Widerspiegelung des Unbewussten zeigen uns deutlich, wo und wie wir verdrängen und was wir wirklich fühlen. Ist der Bauch hervorgewölbt, will sich das Unbewusste mehr Raum schaffen. Ist der Bauch unter Druck, ist unser Inneres unter Druck. Blähungen

schaffen sich einen stinkenden Weg nach draußen. Unser Inneres möchte sich sprichwörtlich Luft machen.

Wie lässt sich hier ein guter Weg finden?
Spiritualität hilft in diesem Fall nicht weiter, da sie „eine Ebene zu hoch" ansetzt.
Es geht darum, unser Menschsein auch mit diesem menschlichen Basis-Gefühl und dessen ganzer Wildheit wieder anzunehmen, ohne in den Ich-muss-alles-ausdrücken-Wahnsinn der Selbsterfahrungswelle der 80er und 90er Jahre zu verfallen.
Der einfachste Weg ist, mir erst einmal meine Wut zu erlauben und sie mit allen Körpersinnen zu erspüren. Was geschieht genau in mir?

Wut scheint uns mit unseren tiefsten Seelen-Themen in Verbindung zu bringen, weshalb sie ein faszinierendes Vehikel zur Selbsterkenntnis ist. Es ist hilfreich, sie nicht vorschnell in irgendwelche psychologischen Konzepte zu pressen oder Aggression als störend abzuwerten.

Aggression ist Selbsterhaltungstrieb. Mit Aggression versuchen wir, unsere Seelenimpulse in dieser Welt umzusetzen – auch gegen den Widerstand der anderen. Und – unsere Seelenimpulse wollen wichtig genommen werden. Aber auch der andere will wichtig genommen werden. Was also sollen wir tun? Hier liegt das tiefste menschliche Dilemma. Es ist nie von der Wurzel her lösbar, solange wir als Menschen auf dieser Erde sind. Deshalb will es geachtet und in seiner schwerwiegenden Bedeutung erkannt werden.

Manche Menschen haben nur wenige Seelenimpulse, die dem Großteil der Bedürfnisse der Menschen widersprechen. Andere – besonders Vorreiter neuer Themen oder Erinnerer früheren

Wissens - widersprechen aus ihrem tiefsten Inneren dem Mainstream und erleben deshalb tagtäglich im menschlichen Miteinander die Reibung einander widersprechender Seelenimpulse. Das ist sehr anstrengend. Da hilft nicht Liebe und nicht Spiritualität. Das will gelebt werden, erlebt mit allen Sinnen, durchlebt mit jeder Faser des menschlichen Seins.
Was wirklich ein gangbarer Weg ist, ist Liebe in die Wut hineinzubringen, indem man sich diese erlaubt, sich mitten hinein entspannt und die Wut mit allen Körpersinnen erspürt. Atmen, der Wut Raum geben im Körperinneren, hilft, den Druck zu reduzieren und den Seelenimpuls in der Wut begreifen zu lernen. Ganz nebenbei wird die immense Überlebenskraft in der Wut deutlich. Wenn das geschieht, ist es wunderbar: In der Wut kann man die Kraft des „Ich will leben, ich will meinen Weg hier gehen!" spüren.

In der Gestalttherapie heißt es: Eindruck ohne Ausdruck bedrückt. Depression wird als Folge verdrängter Aggression verstanden. Viele psychosomatische Reaktionen im Bereich von Druck, Verspannung und Enge sind Versuche, die eigene Aggression zurückzuhalten. Man schluckt sie hinunter. ...

Das Beispiel Alkohol

„Alkohol ... ist der Retter in der Not". So oder so ähnlich lautete ein Liedtext.
Seit vielen Jahren ist Suchttherapie einer meiner Arbeitsschwerpunkte. Der suchthafte Umgang mit Alkohol wird in unserer Gesellschaft zum einen verharmlost und zum anderen auch noch unterstützt.

Was kann helfen?
Zu erforschen, was die Sehnsucht hinter der Sucht genau ist!

Alkohol hat sehr viele Gesichter nach außen hin.
Erstens: Alkohol entgrenzt. D.h. im Alkoholkonsum versucht die Seele, sich zu befreien und ihre Bedürfnisse ans Leben ins Bewusstsein zu bringen. Leider sind ihre Anliegen gleichzeitig durch die Droge Alkohol nicht mehr klar wahrnehmbar. Deshalb braucht sie Unterstützung, um zu ihrer Erfüllung zu finden.
Hier ist körperorientierte Psychotherapie auf der Basis des Archetypen-Konzepts sehr effektiv (doch nur dort, wo der/die Therapeut(in) umfassende Selbsterfahrung und viel Handwerkszeug besitzt).
Zweitens: Alkohol zeigt die Sehnsucht nach Erfüllung in diesem Leben. Deshalb ist es eine hilfreiche Erkrankung – genauso wie Esssüchte, Depressionen und psychosomatische Erkrankungen. Wir können durch diese Erkrankungen lernen, wohin unsere Seele will.
Drittens: Liebe heilt. Die Heilung auch der Sucht geschieht über Angst-Konfrontation und die Bereitschaft, wirklich (sich selbst) in seinen tief-inneren Anliegen erkennen und lieben zu lernen. Das ist das höchste Ziel – und das heilt.
Geben Sie sich nicht mit weniger zufrieden!

Erlauben Sie dem Alkohol, Ihnen zu zeigen, wonach Ihr Inneres all die Jahre strebt. Erlauben Sie sich, hilflos zu sein, loszulassen und in der Tiefe zu begreifen, was Ihre Seele in diesem Leben noch erfahren will, bevor Sie gehen. Nehmen Sie die Chance an, herauszufinden, was Ihre Seele als einzigartigen Auftrag auf die Erde mitgebracht hat.

Resümee/Zusammenfassung

Wir stellen eine gute Beziehung zu uns selbst her, indem wir auf den Körper als quasi Messgerät für die Seelen-Anliegen betrachten.

Auf diese Weise bringen wir unseren Körper und unsere Seele zusammen: die Kopf-Körper-Spaltung hört auf und Erfüllung wird lebbar.

Kapitel 5:
Die Beziehungen IN sich selbst

A. Die Entwicklung des ARCHEMAH-Modells der sieben Dimensionen des Menschen

Gute Therapie ist wie ein Puzzle

Während meines Psychologiestudiums profitierte ich sehr von den Vorlesungen und Seminaren zur Psychotherapielehre und zur Psychotherapie-Evaluation (Erfolgsforschung, Qualitätssicherung). Hier fiel mir auf, dass die vielen verschiedenen Theorien der Psychotherapie einander in ihren Aussagen widersprechen und doch jede für sich Erfolge zeigt – aber nicht bei allen KlientInnen. Auch therapiefähige und motivierte KlientInnen konnten bei verschiedenen Therapeuten mit derselben Methode keinen Erfolg haben, mit einer anderen Methode kurzzeitigen Erfolg und dann wieder zu einem Stillstand gelangen.

Warum half die Therapie dem einen Menschen und dem anderen nicht? Was heilt Wen Wann Wirklich? Diese **5 Ws** verfolgte ich weiter, als ich in den folgenden Jahren in mehrjährigen Ausbildungen mit Theorie, Praxis und Selbsterfahrung verschiedene Therapiemethoden von Grund auf erlernte.

Ich studierte die Wirkung jeder Methode an meinem eigenen Therapieprozess, am Entwicklungsprozess meiner KollegInnen und auch der Lehrer.

Und ich erkannte: Jede Methode hat ihre Möglichkeiten, ihre Grenzen und ihre Gefahren – und vor allem spricht jede Methode eine oder mehrere Ebenen im Menschen an.

Also muss man für effektive Psychotherapie herausfinden, auf welchen Ebenen des Menschen sein Problem liegt, welche Methoden dafür hilfreich sind, aber auch, für welche Methoden dieser Mensch jetzt und generell ansprechbar ist. Nicht jeder kommt mit Rollenspielen zurecht, nicht jeder lässt sich hypnotisieren und viele Menschen haben eine gering ausgeprägte Selbstwahrnehmung.

Ein Puzzle aus sieben Teilen

Aus diesen Forschungen entwickelte ich ein Modell aus zunächst fünf Dimensionen des Menschen (KÖRPER, PSYCHE, GEIST, SYSTEM, PAARDYNAMIK), auf welchen seine Potenziale wie auch seine Probleme und die zugehörigen Therapieverfahren angesiedelt sind. Im Zuge der Forschungen zu meiner Doktorarbeit habe ich dieses Modell um zwei weitere Dimensionen ergänzt, nämlich die der SEELE und die des ENERGIEKÖRPERS.

Jetzt konnte ich die Widersprüche zwischen den einzelnen Therapieverfahren verstehen, genauso wie die fehlende Wirkung der Therapie bei vielen therapiefähigen und therapiemotivierten KlientInnen. Und ich konnte die erlernten Therapiemethoden genauer den Bedürfnissen meiner KlientInnen zuordnen, wodurch meine therapeutische Arbeit präziser, ökonomischer und heilsamer wurde.

Aber ich musste auch erkennen, dass, je schneller ich „auf den Punkt" kam, sich ebenso schnell zwei Gruppierungen unter meinen KlientInnen zeigten: Die einen waren bereit, die Verantwortung für ihre Probleme bei sich zu suchen und zu bearbeiten. Diese kamen zügiger und leichter vorwärts.

Andere hingegen, die sich in jeder Sitzung neu „ausschimpfen, ausjammern" etc. wollten und an der Vergangenheit trotz verschiedenster angebotener Interventionen festhielten, waren erbost, wenn ich vom Zuhören zur Intervention überging und aufzeigte, wie sie selbst an ihren leidbringenden Konzepten festhielten. Hier konnte ich trotz all des Erlernten und trotz aller Klärung meiner Person nicht weiterhelfen.

Ich begriff, dass hierin der wesentliche Kernpunkt unserer Existenz liegt. Ohne „Freud und Leid" geht Leben nicht. Wir alle sind dem Leid der menschlichen Existenz ausgesetzt. Dieses Leid soll auch nicht weggemacht, weghypnotisiert, „aufgelöst" werden.

Anscheinend sind wir auf der Erde, um zu lernen und um die Wahl zu treffen: Resignieren wir angesichts des Leids und bleiben im Jammern hängen oder erstarken wir daran und erkennen, dass wir selbst immer die Wahl haben. Wir können unser Leid interpretieren: als Stab, der über uns gebrochen wird, als ungerecht zugefügtes Leid, an dem wir zerbrechen oder als Lernchance, als Entwicklungsherausforderung zu größerer innerer Freiheit und Liebesfähigkeit. Hier beginnt der Bereich des Geistestrainings, der Philosophie und vor allem der Glücksforschung, der für mich über die Jahre zu einem zentralen Standbein einer ressourcenorientierten Psychotherapie wurde.

Im Folgenden werden die sieben Dimensionen des Menschen dargestellt, die wichtig sind, um zu erkennen, sowohl welche Therapieformen beim aktuellen Lernthema eines Menschen effektiv helfen können als auch, wie man die Potenziale eines Menschen entfalten kann.

B. Die Beschreibung der sieben Dimensionen des Menschen

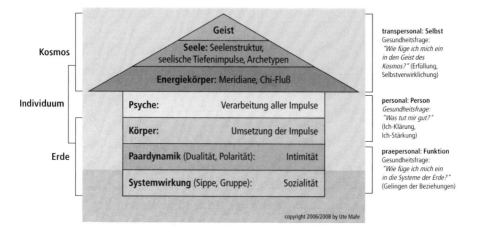

Der Aufbau des ARCHEMAH-Modells

Die drei unteren *ERDEN-DIMENSIONEN* zeigen sehr klare und fixe Mechanismen, z.B. es blutet, wenn wir uns tief schneiden.

Die drei oberen *KOSMOS-DIMENSIONEN* auf dem „Dach des Hauses" sind sehr flexibel und frei nach dem Motto „der Geist ist frei".

Der GEIST „arbeitet" ungehindert, ungebremst, uneingeschränkt, und wir Menschen können ihn niemals gänzlich ausschöpfen. Wir ahnen ihn, wenn wir daran denken, was uns die Geisteswissenschaften über alle Zeiten hinweg für Erkenntnisse hinterlassen haben. Oder wir staunen über die Aussage, unser Verstand, der mit dem Geisteseinfluss verbunden ist, würde nur zu zehn Prozent genutzt – was wäre alles möglich?!

Die Struktur der SEELE hingegen ist geformt von den Archetypen, ist sehr fein und nur mit viel Training spürbar. Sie ist höchst einzigartig und gleichzeitig an das Unendliche angebunden. Wieder geht es darum , diese einzigartigen Seelenimpulse, die häufig im Gegensatz zu weltlichen Vorstellungen stehen können, auf der Erde umzusetzen. Wenn das geschieht, erlebt der Mensch seine Selbstverwirklichung. Es erfüllt ihn, macht ihn glücklich, fordert ihn heraus - und beschert andererseits viel Leid, wenn es nicht gelingt.

Der ENERGIEKÖRPER (Akupunktur-Meridiane, Aura) ist mit heutigen Methoden elektronisch mess- und nachweisbar. Hier können Spannungen und Schmerzen fixiert sein, die zu körperlichen Erkrankungen führen können oder nicht zu ergründende Schmerzen erzeugen. Das Gute ist, eine kranke Aura lässt sich mit entsprechenden Maßnahmen „reinigen", sodass ihre Farben wieder relativ rein strahlen. Über die Akupunktur-Meridiane können Spannungen und Schmerzen aufgelöst werden.

Die *in der Mitte angesiedelten* **Dimensionen der PSYCHE** (Persönlichkeit, Charakter, Bewältigungsfähigkeiten) **und des KÖRPERS** sind eindeutig *individuell*.

Die Dimensionen PAARDYNAMIK und SYSTEMWIRKUNG (Familien-, Gesellschafts- und Gruppen-/Firmensysteme) sind *präpersonal*, d.h. wir unterliegen als Individuen den stärkeren Prinzipien des sozialen Systems, in dem wir leben, womit das Überleben auf der ERDE garantiert wird. Hier gilt es, dass wir in Einklang kommen mit diesen „Ordnungen der NATUR", sonst scheitern wir an der ständigen Reibung mit einer Kraft, die größer ist als unsere individuellen Wünsche.

Die *transpersonalen* Ebenen von GEIST, SEELE und ENERGIE-KÖRPER führen ebenfalls über das individuelle Ich hinaus, doch im Sinne der Einbindung in den KOSMOS: Hier geht es um Sinn in der Erfüllung der tieferen Seelenimpulse (höheres Selbst), aber auch um energetische Fragen wie z.B. der Abgrenzung gegenüber negativen Energien. Hierdurch wird Glück möglich – auch unter den widrigsten Lebensumständen, wie die moderne Forschung zur Salutogenese und Resilienz belegt.

Was ist das Wesentliche und Neue an diesem Konzept?

Das Wesentliche am Menschen im Unterschied zum Tier scheint seine aufrechte Körperhaltung verbunden mit einer enormen Lern- und Liebesfähigkeit zu sein.

Als Körperpsychotherapeutin betrachte ich den Körper als „Gefäß der Seele". Der aufrechte Gang zeigt körpertherapeutisch das wesentliche Lebensthema des Menschen: Er verbindet die Impulse der materiefernen, wertfreien Ebene der Seele mit den materienahen und wertenden Ebenen des Körpers, der sozialen Systeme und der Paardynamik.

Diese Spannung macht das menschliche Leben aus. Wir haben Impulse in uns, die uns in schlimme Situationen bringen können, und doch kann es für die Seele wichtig sein, ihnen zu folgen. Unser Geist kann immer neue wertvolle Zugänge zu den Seelenimpulsen kreieren.
Oder anders gesagt: Auf der Erde hat unser Handeln Konsequenzen. Der Mensch fühlt Schmerz und Leid sehr deutlich und sehnt sich danach, das Leid zu reduzieren. Die Seele jedoch kennt keine Moral und fühlt keinen Schmerz, denn sie kommt aus einer unendlichen, körperlosen Dimension. Sie will ihre Erfahrungen machen und lernen.

Das heißt aber auch, dass unsere Gesundheit und unser Lebensglück wesentlich davon abhängen, in wieweit wir

- die Impulse der Seele wahrnehmen und zulassen lernen – denn die Seele kennt weder Wertung noch Moral, da sie auch keinen Schmerz kennt;
- die Wirkmechanismen auf der Erde begreifen und bejahen lernen – denn als Menschen auf der Erde bedeutet Leben vor allem auch das Streben nach Glück, Gesundheit und nach der Verringerung von Schmerz und Leid, da der menschliche Körper verletzlich ist und nichts das Leben so sehr belastet wie Schmerzen, psychisches Leiden und Existenzängste;
- diese Seelenimpulse mit den Wirkmechanismen der Erde in Einklang bringen lernen – denn beides hat seine Berechtigung und ist wesentlich für unser Glück.

Andere Sichtweisen

Hier haben verschiedene Kulturen und verschiedene Religionen verschiedene Ansätze, doch bislang sehe ich keinen Weg, der diese Spannung präzise beschreibt und hilft, sie kreativ zu bewältigen:

- Die einen Kulturen werten sehr stark, stellen soziale Regeln für das Miteinander auf und ächten Menschen, die dagegen verstoßen. Alte Kulturen hatten hier eher soziale Werte (z.B. Moral), die neuen Kulturen eher egoistische (z.B. Aussehen, Geld), aber beiden gemeinsam ist, dass die Impulse der Seele nicht thematisiert werden.

- Vor allem moderne Kulturen propagieren das (Be)Werten zu unterlassen im Sinne der Selbstverwirklichung, was leider die Wirkmechanismen der Materie unberücksichtigt lässt. Dadurch geraten die Menschen häufig in schlimme

Lebens- und vor allem Beziehungssituationen. Oft nimmt die Entwicklung eines Menschen eine ungute Richtung, weil Krankes nicht als krank und angst-verursacht erkannt und damit nicht in Richtung Minderung der Angst sowie Förderung von Kraft und Gesundheit gearbeitet wird. Man erkennt dies häufig daran, dass die Menschen sich in schlimmen Situationen befinden, sichtbar leiden, aber die Situation mit einem verklärten Lächeln beschreiben nach dem Motto „Das macht mir gar nichts aus".

- Das Konzept der Transaktionsanalyse (d.h. Innere Kind-Arbeit im Dialog mit dem Inneren Erwachsenen und dem Eltern-Ich) versucht hier, an der Integration zu arbeiten, doch es unterscheidet nicht zwischen Kind-Ich und Seelen-Impulsen. Das Kind-Ich ist sicherlich näher an den Seelenimpulsen als die anderen Ich-Anteile, und doch gehört das ganze Konzept zur Ebene der PERSÖNLICHKEIT. Die SEELENIMPULSE (Archetypen) sind jedoch – wie weiter oben schon beschrieben - nicht direkt erfahrbar. Wir können sie eher indirekt über das, was von selbst aus uns emporkommt, über Bilder und über Trancearbeit erkennen. Ein sehr guter Zugang zur Seele ist das Archetypen-Konzept von Hasselmann&Schmolke u.a., das ich in meinem Buch „Handbuch Archetypen-Therapie" beschrieben habe.

Worauf es ankommt

Das Umsetzen dieser sieben Ebenen bedeutet:
- *Werten, wo werten wichtig ist*, z.B. Angst als Angst erkennen und Krankheit als Krankheit, Vermeidung (z.B.

von Nähe, Bindung, vom Durchstehen schlimmer Streite, bis das Paar zu einer neuen Ebene der Liebe kommt) als Vermeidung und nicht etwa als „moderne Form der Beziehungsgestaltung" zu propagieren.

- Und *Nicht-Werten, sondern interessiertes Erforschen und Zulassen-Lernen, wo Nicht-Werten wichtig ist*, nämlich auf der Ebene der Seele. Und den Geist zu trainieren und zu disziplinieren, damit er hilft, die Seelenimpulse in Einklang mit den Wirkmechanismen der Materie zu bringen, statt uns illusionäre Bilder vorzugeben, die uns schwächen und an der konstruktiven Entwicklung hindern.

Warum das wichtig ist

Die Seele als körperloses Etwas aus einer körperlosen Existenz kommt in diesem Leben in einem Körper auf eine Erde, die den Prinzipien der Materie unterliegt. Das ist nicht immer schön und oftmals unbefriedigend für die Seele, die keine Grenzen kennt und frustriert ist von den Grenzen, die ihr hier gesetzt werden. Doch gleichzeitig will die Seele Erfahrungen machen, die es in der körperlosen Existenz nicht gibt.

Der klare gute Blick ist gefragt, um die Spannung zwischen der grenzenlosen Freiheit von Seele und Geist und den Grenzen, Regeln und Mechanismen auf der Erde zu erkennen. Und dann braucht es das Bejahen und Anerkennen, um im Jetzt den jeweils ureigenen Weg zu finden.

Je mehr wir diese Mechanismen und Grenzen erkennen und in Liebe bejahen lernen, umso mehr können wir entdecken, wofür unser Inneres, unsere Seele und unsere Psyche diese Lernerfahrung benötigen und können uns gemeinsam weiterentwickeln.

Dieses Anerkennen gilt ganz besonders für das Anerkennen der beziehungs- und bindungsschädigenden Wirkung des Vermeidens regelmäßiger Sexualität in Form von liebevollem Ineinandersein inkl. Orgasmus. Es gilt anzuerkennen, dass die Partner durch das Vermeiden von solchem Sex die größtmögliche Nähe der gemeinsamen Seele-Körper-Verbindung vermeiden und damit auch weniger intensive Bindung leben, was es erschwert über die trennenden Aspekte hinaus und zum Partner hin zu wachsen.

Hier machen wir uns etwas vor, wenn wir behaupten, dass der Geschlechtsakt, dass das Eindringen an sich oder das völlige Loslassen im Orgasmus doch nicht so wesentlich sei, dass doch die seelische Verbindung viel wesentlicher sei etc.

Wahrheit ist Wahrheit

Das gilt genauso für den Lernprozess des einzelnen Partners: In unsere Gesellschaft z.B. wollen wir Mannsein nicht mit sexueller Potenz gleichsetzen. Wir plädieren dafür, dass auch ein Mann mit Potenzstörungen ein richtiger Mann bleibt, alles andere wäre abwertend. Das wird sehr schön ausgedrückt in dem bekannten Gedicht: „Es ist, wie es ist, sagt die Liebe." Es ist leider aber auch Tatsache, dass ein impotenter Mann in einem Geschlechtsakt kein Kind zeugen kann, d.h. ein Teil seiner natürlichen „Potenz" ist eingeschränkt. Dies gilt es, als Einschränkung, als Blockierung anzuerkennen.

Und ebenso: Wenn eine Frau Sexualität nicht interessiert und sie daraus macht: „Das bedeutet nichts, deshalb bin ich ja nach wie vor eine vollwertige Frau", dann vergisst sie, dass hier ein Teil des Frauseins blockiert ist. Sie verleugnet, was sie damit ihrem Mann zumutet, der um die intensivste Körper-Seele-Nähe eines Paares kämpfen, betteln oder darauf ganz verzichten muss.

Bejahen sie/er diese Tatsache jedoch in Liebe, ohne sich dafür abzuwerten, dann beginnt ein Lernprozess, in welchem sie/er die verdrängten Ursachen ihrer sexuellen Einschränkungen erforschen und ihr sexuelles Potenzial entfalten können. „Anerkennen, was ist, heilt" heißt treffend ein bekannter Buchtitel.

Einfach gesagt: Was ein Mensch auch an Krankheitssymptomen hat, er bleibt als Mensch immer wertvoll. Doch wenn man sich scheut, in der Therapie Krankheit und angstverursachtes Verhalten krank zu nennen – und natürlich auch anders herum – wenn man tiefe Seelenimpulse als krank bewertet, obwohl sie Ausdruck des Potenzials eines Menschen sind, um dessen Umsetzung er in dieser Welt ringt - , dann geht Psychotherapie schief. Deshalb braucht es für gute Psychotherapie eine umfassende Ausbildung des Therapeuten in Methodik, Psychologie und Philosophie und vor allem auch umfassende Selbsterfahrung, um krank als krank und Seelenimpuls als Seelenimpuls zu erkennen. Es braucht Wahrheit und es braucht Liebe, um zu heilen. Das Streben und der Mut zur Wahrheit helfen uns zu sehen, was wirklich ist. Die Liebe hilft uns, die Brücke zu schlagen zwischen Seelenimpulsen und Erdenregeln.

Das gibt's?

Vielleicht erleben Sie dies als harte Worte. Andererseits erlebe ich in meiner Praxis jeden Tag Menschen, die aufgrund solcher Falsch-Interpretationen, weil die Mechanismen der materienahen Ebenen nicht geachtet werden, in ihrem Leben über Jahre in sehr ungesunde Richtungen gehen. Ein „nettes" Beispiel für die schädliche Wirkung von geistiger Freiheit ohne Achtung der Wirkmechanismen der Erde las ich 2009 in der Nürnberger Zeitung: Eine Frau wurde im Winter bei Dunkelheit mit ihrem

Fahrrad von der Polizei angehalten. Auf dem Rücksitz saß ein kleines Kind. Das Kind war nackt. Es war einige Grade unter Null. Der Polizist fragte die Frau, warum sie denn dem Kind nichts anziehe und diese erwiderte, das Kind wollte sich nichts anziehen lassen. Sie sei Anwältin und wisse um das Recht der Willensfreiheit. Das habe sie bei dem Kind respektiert.

C. Vertiefung
zu den sieben Dimensionen des Menschen

Bevor wir weiter in die Beziehung zwischen den verschiedenen Dimensionen in uns eintauchen, lassen Sie uns diese im Einzelnen genauer betrachten und greifbar werden.

(1) Der materielle KÖRPER

Fangen wir dabei mit dem an, was am greifbarsten ist, unserem Körper.
Unser **Körper** ist materiell, fest, hat ein Gewicht, das ihn „am Boden" hält – und doch sind es auch nur Atome, die einfach nah beieinander sind, wohingegen bei gasförmiger Materie die Atome etwas weiter voneinander entfernt stehen. Also, so „fest" ist unser Körper gar nicht.

Immer wieder beobachte ich, wie leicht sich der Körper mitverändert, wenn der Mensch seine innere Haltung verändert. Dann kann der Körper sehr schnell heilen. Es besteht also eine Beziehung von Psyche und Geist zum Körper.
Andererseits leidet der Mensch auch psychisch, wenn der Körper leidet: Es besteht eine Beziehung vom Körper zur Psyche, die sich ganz deutlich zeigt.

Auch innerhalb des Körpers gibt es verschiedenste Systeme, die ebenfalls miteinander in intensiver Beziehung stehen und sich über einander sozusagen „ausdrücken". So kann man Krankheiten in den Organen z.B. an den Fußreflexzonen ablesen, in der Iris des Auges, auf den Reflexzonen des Rückens, an den Meridiantestpunkten und an den Akupunkturpunkten am Ohr.

Als Gefäß der Seele dient der Körper der Umsetzung der Seelenimpulse auf der Erde, er ist gewissermaßen das „Gefährt", „das Auto", das „Werkzeug" der Seele, mit dem wir unsere innersten Anliegen auf Erden umsetzen – oder eben nicht umsetzen.

Das bedeutet zugleich, dass er schnell unter Spannung gerät zwischen dem inneren Wollen und den äußeren Möglichkeiten: Wir ringen und reiben uns – und der Körper verspannt sich, wenn wir keinen Weg zur Umsetzung unserer Seelenimpulse finden.

Deshalb ist der Körper meiner Erfahrung nach das präziseste Medium und sogar Messinstrument für die Selbsterkenntnis und Psychotherapie. In ihm wird „greifbar", wo „es hängt", wo unser Problem sitzt, wie genau wir festhalten und wie wir es lösen können.

(2) Die nicht-materielle SEELE

Die **Seele** hingegen ist nicht-materiell. Wir können sie als unsterbliche Energie beschreiben, die aus der Unendlichkeit kommt, aus einem großen Ganzen und einen überwältigenden Entwicklungsdrang hat. Dieses „Große Ganze" will Erfahrungen sammeln und hat sich deshalb aufgeteilt in viele kleinere Teile, die jeder einen ganz bestimmten Fokus haben, bestimmte Teilaufgaben, um Erfahrungen zu sammeln – und das sind unsere Seelen. Es ist ein bisschen wie bei einem Heer, das ausschwärmt mit verschiedensten Aufgaben.

Nach intensiver Auseinandersetzung mit der Reinkarnationstherapie glaube ich nicht mehr, dass all unsere Seelen aus einem einzigen „Großen Ganzen" stammen, dazu ist die Unterschiedlichkeit der menschlichen Seelen zu groß. Es scheint mir eher so zu sein, dass es mehrere „Große Ganze" gibt, aus denen sich die Einzelseelen herauslösen mit ihren individuellen Aufgaben.

Doch jede Seele „weiß, wohin sie gehört", bleibt in Verbindung mit all den Seelen, die zu ihrem „Großen Ganzen" gehören, deshalb fühlen wir uns manchen Menschen sehr nah, ohne irgendeine äußere oder innere Ähnlichkeit.

Die Anbindung der Seele an die Erde geschieht über das Miteinander der Menschen: Die Menschheit muss überleben, um gemeinsam auf der Erde Erfahrungen zu machen. Das heißt, um das Anliegen der menschlichen Seelen zu erfüllen, muss der Fortbestand der Menschheit gesichert sein, denn sonst wären keine Erfahrungen möglich. Hierzu dient der Geschlechtstrieb.

Die Seele ist also ein immaterielles und unsterbliches, formgebendes Prinzip mit überwältigendem Entwicklungsdrang. Sie ist eine Art Impulsgeber. Für jedes Leben wählt sie sich spezielle Lernaufgaben in einer speziellen Struktur, und das ist die Archetypen-Struktur, die ich in meinem Buch „Handbuch Archetypen-Therapie" beschrieben habe. Dieses Konzept der seelischen Archetypen-Struktur ist mich zu einem der hilfreichsten Mittel geworden ist, um das Potenzial eines Menschen entfalten zu helfen.

Während wir im Alltagssprachgebrauch mit Seele und Psyche, dem altgriechischen Wort für Seele, dasselbe meinen, unterscheide ich seit meinem Lernen am Archetypen-Konzept zwischen beiden.

(3) Die vergängliche PSYCHE

Denn, während die Seele eine Art unvergänglicher Impulsgeber ist, ist die *Psyche* eher so etwas wie ein vergänglicher „Verdauungsapparat", denn sie ist an den Körper gebunden, entsteht mit diesem und vergeht mit diesem. Sie ist quasi der Vermittler zwischen Seele und Körper. Man könnte sie definieren als vergängliches, nichtsichtbares, aber an den Körper gebundenes „Organ", eine Art mit dem Gehirn korrespondierender Bewältigungsapparat für Innen- und Außeneinflüsse und vor allem für Angst. Und deshalb ist sie – ähnlich wie der Darm - auch nie ganz gesund.

Die Seele drückt sich über den Vermittler Psyche im Körper aus. Während die Seele an sich keine Angst hat und unverletzlich ist, „spürt" die Psyche deutlich die Gefahren eines Lebens auf der Erde, ringt mit diesen Gefahren, erlebt die Bedrohlichkeit – und hat Angst. Je mehr Angst sie hat, desto verkrampfter wird sie – und mit ihr der Körper –, und umso negativer geprägt wird ihre Umsetzung der Seelenimpulse.

Deshalb kann Psychotherapie über Angstreduktion und Erarbeitung von Bewältigungsmechanismen wunderbar diesen Ausdruck der Seele über die Psyche fördern und damit zu Glück und Zufriedenheit beitragen.

Ein weiteres: Da die Seele unsterblich ist und lernen will, inkarniert sie sich immer wieder neu auf der Erde und entwickelt sich von Leben zu Leben hin zu größerer Liebesfähigkeit, denn ihr Erfahrungsschatz wächst mit jedem Leben. Sie wird immer souveräner, löst sich von Ängsten. Doch sie wird nicht etwa souverän im Sinne von „ich kann alles", sondern es ist etwas komplexer – dazu mehr beim Thema „Seelenalter".

(4) Der umfassende ENERGIE-KÖRPER

Zwischen der Seele und dem Körper vermittelt neben der Psyche noch eine andere Dimension. Das ist der *Energiekörper*. Er umfasst alle energetischen Aspekte, die zwar mit dem Körper in Verbindung stehen, aber ebenfalls nicht-materiell sind. Anders als die Psyche ist er kein Verarbeitungs- oder Verdauungsapparat, sondern dient dem Energiefluss von der Seele in den Körper. Hier werden die Seelenimpulse materialisiert, verdichtet. Er ist wie die Psyche vergänglich. (Ich spreche hier nur von dem energetischen Aspekt, der die Seele mit dem Körper verbindet. Daneben gibt es noch viele weitere energetische Aspekte des Menschen, doch dies würde hier zu weit führen.)

(5) Der begreifende GEIST

Eine weitere wichtige Dimension unseres Inneren ist der *Geist*. Ich würde den Geist am einfachsten und präzisesten als Bewusstseins- und Erkenntnisfähigkeit definieren, als Wahrnehmungsfähigkeit, die unabhängig von unseren Sinnesorganen ist und auch unabhängig vom Körper, und gleichzeitig die Fähigkeit hat, zu begreifen. Er ist enorm anpassungsfähig, kann die Position eines anderen Menschen, aber auch eine andere Position (z.B. in diesem Zimmer) einnehmen und uns hierdurch Inhalte und Erkenntnisse vermitteln sowie die Unterschiede zwischen Menschen überbrücken. Der Geist ist trainierbar durch die Beschäftigung mit Philosophie und Psychologie und durch das Kennenlernen der Vielfalt des menschlichen Seins. Und – der Geist ist lernfähig, so dass mit seiner Hilfe der Mensch entscheiden lernen kann, aus welchem Aspekt seiner seelischen Struktur heraus er handeln will.

Hier hilft die Psychotherapie vor allem durch Bearbeitung destruktiver und beengender Gedankenmuster und den Austausch mit einem Menschen, der freier denkt. Hier ist der Bereich der Achtsamkeitsarbeit angesiedelt.

(6) und (7) PAAR-SYSTEM und SOZIAL-SYSTEM

Damit kommen wir zu zwei weiteren Dimensionen unseres menschlichen Seins: dem **Paarsystem** und dem **Sozialsystem**.
Im Paarsystem ist der einzelne Mensch „einer von zweien" und im Sozialsystem ist er „einer von vielen". Er braucht den Umgang mit Menschen und ist mit diesen in einer Wechselwirkung, in welcher er eine bestimmte Position hat. Diese Position kann an sich angenehm oder unangenehm sein. Sie kann seinen Seelenimpulsen entsprechen oder nicht, was es wiederum angenehm oder unangenehm gestaltet.

Deshalb sind wir hier im Bereich der Paar- und Familientherapie, aber auch der systemischen Arbeit mit Firmen, Vereinen, Gruppen und Völkern. Inzwischen hat die Psychotherapie-Forschung Gott sei Dank eine Fülle von effektiven Methoden entwickelt, um auch mit diesen Aspekten des Menschseins heilsam zu arbeiten.

Wichtig und zugleich schwer zu akzeptieren ist die Tatsache, dass die Wirkmechanismen in uns einfacher werden, je näher sie an der Materie sind. Da die Dimensionen Paar- und Sozialsystem am stärksten materiell geprägt sind, sind ihre Wirkmechanismen auch am einfachsten und eben nicht so komplex und differenziert wie diejenigen der Seele oder des Geistes. Das heißt, ob es uns passt oder nicht: Auch wir modernen, freidenkenden, emanzipierten und kultivierten Menschen unterliegen z.B. dem Geschlechtstrieb und seinen Wirkkräften (vgl. hierzu mein Buch PAAREVOLUTION). Im Paarsystem geht es um das Miteinander der beiden Pole Männlich und Weiblich, um die Überbrückung der Gegensätze zwischen beiden durch die Liebe (s. Kap 1 B, 3.). Wir unterliegen aber auch der Systemwirkung eines Familiensystems. Unsere Kinder brauchen einen klaren Rahmen, in dem sie sich entwickeln können, damit sie nicht eskalieren und sich „aufplustern" zu Besserwissern, Selbstüberschätzern, Prinzen und Prinzessinnen etc.

Die ANGST – der zentrale Umschalthebel zwischen Drama und Glück

Das Leben ist nicht immer schön, doch wir haben es in der Hand, ob aus einem schlimmen Erlebnis ein Drama wird, das zu immer weiterem Leid führt, oder ob wir das schlimme Erlebnis annehmen und daraus eine gute Lernerfahrung machen, die uns im Leben weiter bringt.
Die eigene Angst genau kennenzulernen bedeutet, den zentralen Umschalthebel zwischen Drama und Glück in die Hand zu nehmen und steuern zu lernen.

Fangen wir langsam an, uns in dieses wesentliche Thema einzuarbeiten. Es scheint zwei grundlegende Richtungen im Leben zu geben: die Richtung der Angst oder die Richtung der Liebe. Beides ist einander entgegengesetzt.

Angst macht eng (wie schon gesagt: lateinisch „angustinus" = eng), verengt den Blickwinkel, spannt an, lässt den Atem anhalten und die Schultern hochziehen. Unser Handlungsspielraum wird eng, eindimensionaler und aggressiver.

Liebe macht uns weit, leicht, frei und entspannt. In dieser Entspannung haben wir all unser Potenzial zur Verfügung, sind frei in der Auswahl unserer Handlungsalternativen. So können wir bestmöglich handeln unter Berücksichtigung der meist-möglichen Aspekte.

Und – beides steckt an, beides breitet sich aus. Angst steckt an. Sie kennen dies vielleicht vom Umgang mit Tieren. Pferde, Hunde, Katzen - alle reagieren auf Anspannung des Menschen. Aber auch wir Menschen reagieren aufeinander. Wir spüren die Stimmung im Raum. Wir gehen gerne zu Menschen, die Liebe ausstrahlen und ziehen uns zurück von Menschen, die verspannt, aggressiv und eng wirken.

So ergibt sich eine Kettenreaktion – entweder in Richtung Angst oder in Richtung Liebe:

Wenn ich Angst habe und angstvoll handle, dann handle ich mit engerem Blickwinkel, habe meine Möglichkeiten nicht frei zur Verfügung, reagiere rudimentärer, stecke andere mit meiner Angst an. Es kommt zu gegenseitigen Angriffen usw.

Genauso mit der Liebe: Fühle ich in mir Liebe und handle mit Liebe, dann fühle ich mich weiter, freier, habe mehr Bewältigungsfähigkeiten zur Verfügung, strahle mehr Liebe aus, stecke andere mit meiner liebevollen Haltung an – und mein Leben läuft leichter, glücklicher und erfolgreicher.

Raffiniert

Nun kommt es ein bisschen komplizierter:
Die Angst könnte man als künstlerische Energie beschreiben: Sie ist kreativ, hat viele Gestalten – und sie ist eitel.

Sie ist ein bisschen wie das Schlossgespenst Hui Buh. Es ist kreativ in der Auswahl seiner Gestalten. Mal kommt es als Henker, dann wieder als Totengräber, als Ritter, als Gehenkter usw. Und es will gesehen werden von den Menschen, will, dass sie sich erschrecken und Angst vor ihm haben.

Wegen dieser Aspekte ist der Heilungsweg im Umgang mit der Angst, sie interessiert anzuschauen, ja zu bestaunen nach dem Motto „Hast du heute ein interessantes Gewandt an! Mann, kannst Du mir heute Angst einjagen, das ist echt beeindruckend!" Es hilft, der Angst direkt ins Gesicht zu schauen, wie die Kinder, die unbekümmert Kontakt aufnehmen mit Hui Buh.
Es ist tatsächlich der effektivste Weg, Angst zu einem Potenzial werden zu lassen: wenn wir ihr direkt ins Gesicht schauen lernen.

Eine Kindergeschichte von Michael Ende illustriert das wunderbar in „Jim Knopf und der Scheinriese":
Lukas, der Lokomotivführer und der kleine Junge Jim Knopf sind mit der Lokomotive Emma durch viele fremde Länder gereist. Zuletzt haben sie eine Wüste durchquert. Ihre Vorräte sind alle längst aufgebraucht. Sie lechzen nach Nahrung und frischem Wasser. In dieser großen Not entdecken sie weit, weit hinten am Horizont einen gewaltigen, furchteinflößenden Riesen, neben dem selbst die allergrößten Berge wie Streichholzschachteln aussehen würden. Jim Knopf wird ganz bang. Ihn überfällt eine schreckliche Angst. Das muss ein fürchterliches Ungeheuer sein!!! Doch Lukas winkt den Riesen heran. Tatsächlich, er nähert sich. Und siehe da, je näher er kommt, desto mehr schrumpft er, und desto glücklicher wirkt er. Doch Jim Knopf ist starr vor Angst. Als der Scheinriese endlich vor ihnen steht, ist er ganz, ganz klein, sogar einen Kopf kleiner als Jim Knopf, und entpuppt sich als furchtbar netter Herr. Herzlich und gastfreundlich lädt er sie alle zu sich ans „Ende der

Welt" ein zu Fladenbroten mit Streichkäse und ganz viel Wasser für Emma.

Die Angst in der Geschichte verwandelt sich, je mehr ihr neugierig entgegengeblickt wird, zu etwas Heilbringendem und Nahrhaften: Stärkung für Leib und Seele, und neue Kraft für weitere Schritte auf dem Lebensweg.

Oftmals erkennen wir Angst nicht als Angst, weil sie sich in kreativen Verkleidungen versteckt. Hier hilft das Archetypen-Konzept (mit den Archetypen Helfer, Künstler, Krieger, Gelehrter, Weiser, Priester, König) mit seiner Beschreibung der sieben Grundängste, aber auch mit seiner Beschreibung des liebevollen und des angsterfüllten Pols jedes Archetyps. Mit diesem Handwerkszeug kann man die Angst hinter ihren verschiedenen „Gewändern" erkennen und damit besser von dem unterscheiden, was uns Menschen wirklich guttut. Wir lernen, uns weniger vorzumachen.

Schauen wir uns zunächst die sieben Grundängste an und gehen wir dann weiter zum seelischen Potenzial. (Wenn Sie noch tiefer in das Thema der seelischen Archetypen einsteigen wollen, finden Sie alles in meinem „Handbuch Archetypen-Therapie".)

Und weil die Angst der zentrale Umschalthebel ist und in unserem Zentrum lauert, ist ihr ein eigenes ausführliches Kapitel gewidmet.

Kapitel 6:
Die naturgegebenen Ängste des Menschen und wie sie seine Beziehungen prägen

Die Angst stellt die größten Barrieren, die unbewussten Hemmnisse, die heimlichsten Schwierigkeiten eines Menschen dar.
Man kommt der Angst am besten „auf die Schliche" durch Fragen wie: *„Was erzeugt am meisten Widerwillen?" „Was bringt den größten Ärger, die größte Verachtung?" „Was will man um jeden Preis vermeiden?" „Was ist am allerpeinlichsten?"*
Das, was Angst macht, will vermieden werden. Deshalb gehört zu jeder Angst die entsprechende Vermeidungs-Strategie. Diese Strategie lässt sich wie eine Art Maske vorstellen vor der dahinter gut versteckten Angst (Hasselmann, 1999:25).

In jedem Menschen sind zwei grundlegende Ängste in seiner Seelenstruktur verborgen: Die Haupt- und die Nebenangst.
Die Hauptangst kommt in allen Aspekten des Lebens vor und ist kaum bewusst, obwohl sie den meisten Widerwillen und die meiste Abwehr hervorruft.
Dagegen ist die Nebenangst fassbarer und bewusster. Sie zeigt sich deutlich im Kontakt mit anderen Menschen und mit sich selbst auf dem Gebiet von Nähe zulassen oder lieber Abstand halten und wenn ja, wie viel davon. Wenn die Hauptangst das Leben eines Menschen vorrangig bestimmt, bringt sie auch alle anderen Facetten seiner Seelenstruktur in ein Minus (Hasselmann, 1999:24, 108-117).

Gesundheitstipps:
Dieses Angstkonzept fußt auf der Idee, dass jeder Mensch zwei zunächst inhaltslose Ängste für jedes Leben wählt, um mit deren Hilfe seine Wachstumserfahrungen zu machen. Deshalb zieht er im Laufe des Lebens Situationen an, die seine Ängste entsprechend „bedienen", Inhalte liefern, Strategien fördern und weiteres „Angstfutter" anbieten.

Sinn der Angst ist also der Ansporn für lebenslanges Lernen. Wenn dies dem Menschen klar wird, wirkt es auf ihn entspannend. Dann kann er beginnen, seine Ängste liebevoll zu entdecken und zu betrachten statt gegen sie zu sein. Seine Selbststeuerung kann bewusster werden.

Die Angst selbst lässt sich auch in ihrer Wirkung gut mit einem Gespenst vergleichen: Sie erschreckt, aber sie kann uns nichts tun, denn sie ist nicht Realität. Wir entmachten sie, indem wir nicht ihrem Vermeidungsdrang nachgeben, sondern die Angst als Angst erkennen und trotzdem unser Potenzial leben.
Lassen wir uns jedoch von ihr hypnotisieren und folgen unserem angstbesetzten Vermeidungsdrang, dann erstarren wir und engen uns immer mehr ein, statt uns weiter zu entwickeln.

(1) Selbstherabsetzung (Selbstverleugnung)

Angst vor Inkompetenz: Diese Angstform vermitteln das Gefühl, mit anderen Menschen in vielen Situationen eher auf der nicht kompetenten Seite zu stehen. Sich ungenügend im Vergleich zu anderen zu fühlen führt dazu, viele Situationen zu vermeiden aus der Angst heraus, etwas nicht zu können. Diese Erfahrung nährt sich häufig aus dem Glauben, dass sich bei ihnen niemand erinnert, wenn etwas gut gelang – jedoch, dass niemand vergisst, wenn etwas misslang. (Stevens, 1990:195-211)

Demutsfreundlichkeit: Ein Erkennungsmerkmal dieser Angst ist häufig eine Art höfliches Demutslächeln bei einem eher harten Gesichtsausdruck. Oft wirken sie übertrieben nett und sind aber zu sich selbst gerne hart.

Übertriebene Anstrengung: Die Angst „Selbstherabsetzung" lässt die Menschen fleißig und ehrgeizig sein, bescheiden im Hintergrund bleiben, oder aber sie strotzen vor Selbstbewusstsein und haben den Drang, sich immer wieder unter Beweis zu stellen. Sie leugnen eigene Bedürfnisse, betonen aber die der Mitmenschen. Und weil sie sich klein und unscheinbar machen, werden die anderen umso größer und bedeutender. Bei Prüfungen lernen sie mehr als andere und mehr als nötig aus der Angst heraus, zu versagen (Hasselmann, 1999: 118-124).

Weil sie sich selbst unter Druck setzen, leiden sie häufig unter Druckkrankheiten wie Bluthochdruck, Kopfdruck, Drücken in den Beinen und ähnlichem.

Selbstverleugnung: Im Gruppengeschehen werden Menschen mit Selbstherabsetzung häufig überhört. Noch während sie sprechen, wird ihnen die Aufmerksamkeit entzogen. Bei Angst versagt ihnen schnell die Stimme, die Kehle wird als zugeschnürt erlebt. Sie geben sich auf Fotos unvorteilhafter als sie aussehen und Lob von anderen ist ihnen peinlich. Kritik dagegen speist ihr Vorurteil sich selbst gegenüber. Übersteigertes Kompetenzgehabe und verborgene Größenfantasien im Sinne von „ich kann es besser als die anderen" können ebenso vertreten sein. Besonders schwer fällt es ihnen, etwas anzunehmen. Wenn doch, möchten sie sofort etwas wieder zurückgeben, um eine vermeintliche Unausgewogenheit auszugleichen, da sonst ihre Schuldgefühle verstärkt würden.

Die am **Pluspol** gelebte Selbstherabsetzung zeigt sich in Demut, Bescheidenheit, Verstehen der eigenen sozialen Stellung in

Beziehung zu den anderen. Wer dagegen vermehrt am **Minuspol** agiert, fühlt sich wertlos und achtet weder physisch noch emotional auf sich (Stevens, 1990:196).

Ursache:
Die Selbstherabsetzung entwickelt sich in der Regel bei recht tüchtigen Kindern, deren Eltern sie nicht ertragen. Häufig wird dieselbe Angst eines Elternteiles gelebt. Diese Kinder erleben häufig eine Eltern- oder Geschwisterfigur als überlegen oder gar übermächtig und entwickeln auf diese Weise das Gefühl von Zweitklassigkeit, weil sie sich im Schatten eines anderes wähnen. Dieses Gefühl bleibt prägend.

Gesundheitstipps:
Die Therapie beginnt mit der Einsicht, dass mit dieser übertriebenen Bescheidenheit das Beste, was ein Mensch zu geben hat, verleugnet wird, und dass diese Pseudo-Bescheidenheit keine „Zier" ist.
Wenn die Klienten lernen, Vertrauen in die eigenen Fähigkeiten zu entwickeln, wird die Angst Selbstverleugnung gelindert. Dabei hilft es, sich innerlich schmunzelnd zuzuraunen „aber das glaube ich nur von mir", wenn die Versagensängste wieder eine schlechte Meinung von sich implizieren (Hasselmann 1990:124).
Hilfreich ist dabei zu üben, auf die eigenen Bedürfnisse zu hören.
Zur Quelle des Selbstvertrauens kann das Ergründen und Akzeptieren des eigenen Potenzials werden. Eine wichtige Quelle dazu bieten die Seelen-Rolle und das Seelen-Alter. Oft können Menschen das, was sie angeblich nicht können, in der Realität besonders gut. Auch können äußere Statussymbole helfen, den eigenen Wert deutlich vor Augen führen. Generell hilft es, wenn sich ein Mensch mit der Angst Selbstverleugnung pflegt und gut versorgt, da er zur Vernachlässigung neigt. Die Bedürfnisse anderer sind ihm vorrangiger.

Das Potenzial bei Angstlinderung entfaltet sich, wenn Bewältigungsfähigkeiten für diese Angst erarbeitet werden: KOMPETENZ wird erreicht, und zwar vor allem im Bereich der Seelen-Rolle bzw. Seelen-Aufgabe.

(2) Selbstschädigung (Selbstsabotage)

Kompliziertheit in der Lebensführung: Diese Angst zeigt sich in einer Umständlichkeit und Störanfälligkeit in der Lebensführung (Künstler-Energie): Die Menschen machen einfache Dinge hochkompliziert und sich selbst das Leben schwer.
Sabotage durch den anderen: Eine beliebte Projektion ist es natürlich, anderen Menschen die Sabotage des eigenen Lebens zuzuschreiben und sich geradezu Menschen zu suchen, die auf die eigenen Lebensziele sabotierend wirken.
Entscheidungsschwäche: Bei dieser Angst denkt man sehr viel nach über alle Aspekte und Möglichkeiten einer Entscheidung, weshalb man oft nicht zum eigentlichen Leben kommt, da spontane Situationen schon vorbei sind, bis man sich endlich dazu durchgerungen hat.
Zwei Typen bzw. Ausdrucksformen: Entweder man hat gar keine Probleme, dann ist man ganz im Pol der Selbstaufopferung – oder man neigt im Pol der Selbstzerstörung zum Dauerjammern, dann ist mal wieder „alles schlecht".
Angst vor plötzlichem, unvorhersehbarem Verlust von Freude: Ein häufiges, auch dem Partner immer wieder vorgeworfenes Thema ist, dass plötzlich schöne Situationen zerstört, abgesagt etc. werden. Auch in Träumen ist es ein häufiges Thema, dass plötzlich alles schiefgeht, sobald etwas sehr Schönes geschieht. Zu viel Freude macht so viel Angst, dass der Mensch sie zerstören muss – und diese Zerstörung projiziert er unbewusst nach außen.

Auch Kritik wird als Entzug von Freude verstanden.

Kontrolle: Nur Kontrolle scheint vor dem Erleben der Zerstörung weiterer Freude zu schützen. Deshalb nehmen Menschen mit diesem Angstmerkmal hohe Risiken auf sich, um sich zu beweisen, dass sie die Kontrolle in extremen Situationen haben. In Schlachten sind es oft Menschen, die immer und immer wieder überleben, während die anderen um sie herum getötet werden. Diese Menschen riskieren immer mehr, bis sie irgendwann dann doch getötet werden. Sie können in die Gier schlittern, wenn ihnen etwas begegnet, was das Leben wirklich lebenswert macht, z.B. verliebt sein und gar nicht genug vom andern bekommen. (Stevens, 1990:198-210) Sobald das Verlieren der Kontrolle Angst macht, ziehen es diese Menschen vor, die Gegebenheiten zu zerstören. Sie versuchen damit, ihre eigene Lebendigkeit nicht überschäumen zu lassen, denn das wäre zu bedrohlich. Sie zerstören Liebesbeziehungen eher, als dass sie das Verlieren der Kontrolle aushalten. Sie beenden eine Karriere eher selbst, als dass sie aushalten, nicht mehr alle Fäden in der Hand zu haben. Sie werden lieber krank, als dass sie zulassen, den eigenen Körper nicht völlig unter Kontrolle zu haben. (Hasselmann, 1999:125-133) „Die Angst vor totalem Kontrollverlust führt zu Kontrollverlust. Das sind Kranke, die ihren Körper nicht mehr beherrschen wollen, ... die es aufgeben, ihre Umwelt zu tyrannisieren oder im Gegenteil, noch einen allerletzten Versuch machen, alles bestimmen zu wollen und zwanghafte Regeln aufstellen, damit sie überleben können. Wenn sie auch diese Kontrolle noch aufgeben, bleibt ihnen nichts anderes übrig, als sich das Leben zu nehmen als einen letzten Kontrollversuch über das einzige, was ihnen noch geblieben ist, nämlich ihre eigene Existenz." (Skript 110991.2)

Kombination mit anderen Ängsten: Bei **Selbstherabsetzung** in der Kombination mit Selbstschädigung als Nebenangst macht man ständig die Erfahrung, dass es nicht genug ist, was man leistet.

Solche Menschen sind sehr fleißig, aber sie schaffen keine Ergebnisse. Der Preis ist immer doppelt so hoch wie der Einsatz. Sie können nichts, aber sie könnten alles. Menschen mit **Selbsterhöhung** als Hauptangst und Selbstschädigung als Nebenangst straucheln immer wieder bei extrem riskanten Unternehmungen oder sie schützen sich so umfassend, dass gar keine Nähe mehr zustande kommt.

Wird das Angstmerkmal Selbstschädigung am **Pluspol** gelebt, wird oft etwas Wertvolles aufgegeben für etwas Größeres. Man opfert sich oder bringt sich in große Gefahr für die Rettung eines anderen. Bei Selbstschädigung am **Minuspol** sind die Menschen selbstmörderisch, selbstsabotierend, masochistisch, sadistisch oder rücksichtslos und unbarmherzig; als Eltern neigen sie zu Internalisierung (Über-Ich). Aus Selbsthass nehmen sie zu viel Essen, Alkohol, Drogen, Kaffee, Zigaretten, usw. zu sich oder engagieren sich in gefährlichen Aktivitäten. Diese Handlungen basieren auf der Angst, dass ihr Leben keinen Wert für sie hat und nicht lebenswert ist. (Stevens, 1990:199-200)

Ursache:
Ursache der Angst Selbstschädigung ist zumeist ein häusliches Klima, das darauf angelegt war, kleine Freuden und Vergnügungen zu missgönnen oder gar zu zerstören, z.B. bei Eltern, die aus eigener Angst die naive, kindliche Freude oder Vorfreude ihres Sprösslings nicht ertragen können, und die glauben, das Kind warnen zu müssen vor allzu bedenkenloser Vorfreude – oder die ihr Kind realistisch auf die Widrigkeiten des Lebens vorbereiten wollen nach dem Motto „Freu dich nicht zu früh", „Gute Zeiten dauern nicht ewig, schlechte vielleicht schon." Traumatisierend ist dieses Dauer-Familienklima – einzelne, traumatisierende Ereignisse gibt es meistens kaum in der Kindheit.

Gesundheitstipps:
Durch ein Training darin, sich immer häufiger „kleine" Freuden zu gönnen und diese bewusst zu genießen (Sinneswahrnehmungstraining), wird Freude und Lebensgenuss integrierbar.
Beobachten und sich darin üben, die Freude ein kleines bisschen mehr zu ertragen und zu schauen, was passiert, wenn man diese zulässt.
Häufig scheint nichts zu helfen. Dann ist es gut, anzubieten, das Geld zurückzugeben, wenn es wirklich nicht guttat. Das wird normalerweise nur angenommen, wenn es wirklich nichts brachte – ansonsten wird es drastisch abgelehnt.
Bei jedem Freudeentzug wird das Muster losgetreten, dass doch alles nichts hilft, dass doch alles freudlos ist – mit einer entsprechenden, tief-freudlosen Stimmung, die das Gegenüber mit „zu verschlucken" scheint. Hier benötigt der Therapeut wie der liebende Angehörige einen fest-verwurzelten Zugang zur eigenen Freude, um hier hilfreich und entspannt dabeibleiben zu können, ohne den Selbstsaboteur für seine Freudlosigkeit zu verurteilen.

Potenzial bei Angstlinderung – bzw. warum es so wertvoll ist, Bewältigungsfähigkeiten für diese Angst zu erarbeiten:
FREUDE und zwar vor allem im Bereich der Seelen-Rolle bzw. Seelen-Aufgabe.

(3) Märtyrertum (Opferhaltung)

Kampf um den eigenen Wert: Bei dieser Angst glauben die Menschen, um den eigenen Wert kämpfen zu müssen und erleben gleichzeitig furchtbare Schuldgefühle, dass es wieder einmal nicht genug war, dass sie noch mehr tun müssen, um ihren Wert zu beweisen. Deshalb können sie es schwer aushalten, nichts zu tun, und kennen zumeist nur Leistung, um ihren Wert zu beweisen.

Vom Opfer zum Täter: Wenn sie glauben, diesen Kampf nicht mehr gewinnen zu können, reagieren sie zumeist in aggressiven, abwertenden Vorwürfen gegen die anderen Menschen, die so undankbar oder unfähig sind – und entziehen somit den anderen Menschen deren Wert, um den eigenen zu erhöhen.
Opferhaltung mit unwahrscheinlicher Leidensfähigkeit: Bei der Angst Märtyrertum machen sich die Menschen zum Opfer der anderen und haben gleichzeitig Angst, Opfer der anderen bzw. der Umstände zu sein. Häufig erleben sie sich als gefangen in dem, was sie zu sein oder zu tun haben und fürchten, dass sie aus diesem Zwang nicht mehr herauskommen. Diese Menschen bringen sich selbst in unnötiges Leiden und fühlen sich als Opfer der Situation, die außerhalb ihrer Kontrolle liegt und wofür sie nichts können. Dabei spüren sie ihren eigenen Schmerz kaum, können es aber nicht ertragen, jemand anderen leiden zu sehen, ohne sofort zu handeln. Menschen mit dieser Angst meinen oft: „Wenn XY nicht wäre, wäre ich glücklich!" Sie wollen über die Maßen geschätzt werden für ihr Tun. (Stevens, 1990:203-211)
Diese Menschen neigen dazu, sich nicht zu wehren. Sie gefallen sich darin, sich kränken zu lassen. Sie sind für ihre Mitwelt ein wandelnder Vorwurf und klagen aggressiv und vorwurfsvoll-abwertend, wodurch sie ihren Mitmenschen massive Schuldgefühle bereiten. Dadurch passiert diesen Menschen eher das, was sie eigentlich vermeiden wollten: nämlich verlassen zu werden. (Hasselmann, 1999:133-142)
Schuldgefühl: Sie leiden unter dem Grundgefühl, dass sie allein durch ihre Geburt Schuld auf sich geladen haben und empfinden ihre Geburt als eine Zumutung für ihre Mutter.
Unfähigkeit, anzunehmen/Zwang zu geben: Etwas von einem anderen Menschen annehmen zu können, fällt sehr schwer und muss durch Betonung der eigenen Leistung für den anderen gerechtfertigt werden. So drängen Menschen mit Märtyrertum ihre

Hilfe häufig auf, setzen andere so moralisch unter Druck und sind dann entsetzt, wenn diese sich nicht darüber freuen.

Heiligenschein: Aus den beschriebenen Angstsymptomen heraus versuchen Menschen mit dieser Angst sich besonders unanfechtbar edel zu verhalten. Dies erleben die Mitmenschen jedoch als gar nicht angenehm, da es sich um eine subtile Form der Kontrolle und des moralischen Druckes handelt.

Bei Märtyrertum empfindet man **Kritik als Beweis der eigenen Wertlosigkeit**.

Kombinationen mit anderen Ängsten: Menschen mit Märtyrertum als Hauptangst und **Selbstschädigung** als Nebenangst haben um alles zu kämpfen, was den Wert beweisen kann. Sie decken sich mit edlen und selbstlosen Aktionen zu, bei denen sie prinzipiell nicht nur leer ausgehen, sondern sich dabei sogar schädigen. Bei Märtyrertum als Hauptangst und **Gier** als Nebenangst wollen Menschen viel geben und viel haben. Aber sie trauen sich nicht, Ansprüche zu stellen. Stattdessen wächst die Gier, immer mehr edel zu sein und immer besser helfen zu wollen.

Menschen mit Opferhaltung am **Pluspol** haben das Ideal Selbstlosigkeit wie die frühen Christen, nämlich anderen zu geben, anstatt an sich selbst zu denken. Mit Märtyrertum am **Minuspol** macht man sich gerne zum Sündenbock, erniedrigt sich, wird demütig, nimmt eine Körperhaltung an, die aussieht, als trüge man die Welt auf den Schultern. (Stevens, 1990:204)

Anmerkung: Wenn jemand relativ frei über Opfersein und Schuld sprechen kann, hat er normalerweise keine Angst vor der Opferhaltung. Die Kombination Priester-Seele mit der Angst Opferhaltung scheint diese Angst ins Unermessliche zu verstärken, so dass sie in großem Maße abgewehrt wird.

Ursache:
Die Ursachen liegen häufig in deutlichen, dramatisch-traumatisierenden Erlebnissen in der Kindheit wie Misshandlungen, aber vor allem in einer umfassenden Erfahrung, nicht erwünscht und eine Last für die eigenen Eltern zu sein.

Das Grundgefühl ist deshalb: „Ich bin nicht erwünscht, deshalb muss ich ganz viel tun, ganz toll lieb sein und, und, und ..." und „je mehr ich mich quäle, desto höher werde ich belohnt". „Allein dadurch, dass ich geboren wurde, habe ich Schuld auf mich geladen, ich bin eine schreckliche Last für meine Familie". In der Anamnese finden sich häufig Sätze der Eltern, wie „weil ich mit Dir schwanger war, konnte ich nicht zu Ende studieren!" „Du bist mein Sargnagel!" und ähnliches mehr.

Gesundheitstipps:
Auch die Therapie ist normalerweise mit großen Schmerzen verbunden – wie auch schon das Leben selbst: Es geht darum, zu erkennen, bei wem oder in was man übermäßig viel investiert hat, ohne dafür entsprechend etwas zurückzuerhalten, und danach einzusehen, dass man sich für den anderen aufgeopfert hat – und dass diese Strategie fehlschlug. Das bedeutet zumeist ein „tiefes Tal der Tränen", da das ganze Leben auf diese Kontrollstrategie aufgebaut worden war.

Dann geht es darum, zu erforschen, was man wirklich geben möchte, und zu unterscheiden, was man nur gibt, um den eigenen Wert zu erhöhen. Hier sind Bezugspersonen, die anregen, nicht zu viel zu geben, eine wertvolle Hilfe.

Die für Menschen mit einer anderen Angst selbstverständliche Grundgesetz-Passage: „Die Würde des Menschen ist unantastbar" kann für Menschen mit der Angst Märtyrertum eine ganz neue und befreiende Bedeutung gewinnen, wenn sie in der Tiefe zu verstehen beginnen, dass tatsächlich ihr Wert als Mensch

unantastbar und völlig unabhängig von ihrer Leistung ist. Dies ist die Tür zu einem neuen, freieren Lebensstil.
Einfach nur „Nein-Sagen-Lernen" ist hier weit untertrieben, da jedes Nein von massiven Schuldgefühlen gefolgt ist. Häufig hilft hier eine spezielle traumatherapeutische Methode, das Nein-Sagen zu entspannen.
Zumeist sind viele schmerzhafte Trennungen von Menschen zu bearbeiten, die einen nur benutzt haben bzw. die man infolge der Angst Märtyrertum dazu angeregt hatte, einen zu benutzen und die nicht zu einer ausgewogeneren Beziehung bereit sind.

Potenzial bei Angstlinderung – bzw. warum es so wertvoll ist, Bewältigungsfähigkeiten für diese Angst zu erarbeiten:
WERT (für andere Menschen und an Selbstwert) und zwar vor allem im Bereich der Seelen-Rolle bzw. Seelen-Aufgabe.

(4) Starrsinn (Festhalten)

Unauffälliges Erleben dieser Angst: Dieses Angstmerkmal wird am wenigsten emotional erlebt, sondern als eine Art Instinkt, der sicher, funktional und emotional kühl macht. Er stört die Lebensbewältigung normalerweise nicht, da er Tüchtigkeit, Entschlossenheit und das Funktionieren unterstützt.
Umfassende Kontrolle in der Lebensführung: Diese Angst verursacht im Menschen umfassende Impulse, das eigene Leben selbst kontrollieren zu wollen nach dem Motto „Na warte, ich setze die Regeln: Mit meinem Willen werde ich alles, was mir unangenehm ist, vermeiden", „Ich bestimme mein Schicksal". Sie lassen sich nicht von einem einmal gefassten Beschluss abbringen. Auch nicht, wenn sie falsch liegen. (Stevens, 1990:207-211) Hieraus resultiert häufig eine Tendenz, für sich selbst unnötigerweise harte Situationen zu kreieren.

Wenn Veränderungen unumgänglich sind, dann „springt man kurzentschlossen hinein" in einer Art **„wilder Entschlossenheit"**, wird sie aber nicht langsam an sich herankommen lassen. Eine häufige Abwehrstrategie ist es, besonders viel Veränderung selbst zu produzieren, quasi als „Vorbeugungszauber". Als Vorbeugung, verlassen zu werden, wird man versuchen, selbst zu gehen.
Aus diesem Grund wird auch die Abhängigkeit vom anderen Menschen als unangenehm empfunden und übertrieben nach **Autonomie und Sicherheit in Beziehungen aufgrund großer Verlustängste** gestrebt nach dem Motto: „Ich mache alles alleine, ich brauche niemanden, dann kann mich auch niemand verlassen". Eifersucht kennt man nicht.
Ordnung und Rituale geben Geborgenheit: Für Menschen mit Starrsinn als Angst ist das Einhalten von Ordnung wichtig, weil sie Angst vor der Unberechenbarkeit des Chaos haben. Ihr Bedürfnis nach Geborgenheit und Sicherheit ist groß, weshalb sie sich gerne gegen alle Eventualitäten absichern. Solange sie den Ablauf von Veränderungen selbst bestimmen können, sind sie sehr veränderungswillig und streben sogar nach Veränderungen. Sobald aber eine Veränderung von außen diktiert wird, werden sie stur und unflexibel. (Hasselmann, 1999:143-151)
Sich-Absichern und Probleme loszulassen: Die größte Bedrohung ist, dass irgendetwas Schlimmes plötzlich und unerwartet passiert – besonders in irgendeiner Form verlassen zu werden. Das kann Menschen mit diesem Angstmerkmal in eine Depression stürzen. Aus diesem Grund ist man immer auf der Hut, sichert sich ab und kann kaum loslassen. Wenn festgefahrene Erwartungen gegenüber der Welt beibehalten werden, gepaart mit Halsstarrigkeit, kann ein Mensch mit diesem Angstmerkmal in katastrophale Folgen geraten (z.B. Schulden, weil er von einem verlustbringenden Projekt nicht loslassen will).
Bei dieser Angst versteht man **Kritik als existenzielle Verunsicherung**, da sie als Entzug von Geborgenheit erlebt wird.

Anmerkung: Die vielen in der Literatur gefundenen Beispiele für körperliche Verspannungssymptome und Festhaltereaktionen bei dieser Angst konnten jedoch auch bei Menschen mit anderen Seelen-Archetypen gefunden werden (z.b. Gelehrte, aber auch Menschen ohne jegliche 4er Energie in der Seelenstruktur, weshalb auf diese hier nicht weiter eingegangen wird.)

Kombinationen von Ängsten: Die Kombination von Starrsinn als Haupt- und **Selbstschädigung** als Nebenangst wirkt, als würde alles, was man anpackt, schiefgehen. Man verliebt sich immer in Leute, von denen man keine Geborgenheit bekommt. Aus Angst vor dem Misslingen traut man sich immer weniger zu – bis man lernt, diese Verhaltensimpulse als Angst zu entlarven und sich von ihnen zu distanzieren. Bei Starrsinn als Hauptangst und **Gier** als Nebenangst treibt der Impuls zur Gier dazu, sich sein Leben autonom zu gestalten durch Sicherheiten (z.b. viel im Keller, viel auf der Bank, Versicherungen, emotionale Sicherheit). Die Gier betrifft auch den Wunsch nach Beständigkeit (man hängt z.B. an der Großfamilie als Schutz vor Verlassen sein, man ist sehr klammernd und eifersüchtig).

Am **Pluspol** gelebt bringt Starrsinn Entschlossenheit und Resolutheit. Diese Angst ist hilfreich für Menschen, die mit großer Willenskraft und starker Absicht ihre Vorhaben durchzustehen haben, egal welche Hindernisse dabei zu überwinden sind. Am **Minuspol** gelebt wird man halsstarrig, sturköpfig und blind für die Aspekte, die dem getroffenen Entschluss entgegenstehen. Dann neigt man dazu, an etwas festzuhalten, auch wenn dies einem schadet. (Stevens, 1990:207-208)

Ursache:
Die Angst Starrsinn wird ausgelöst bei Kindern, die mit Unberechenbarem zu einer Zeit konfrontiert werden, in welcher sie diese Konfrontation noch nicht verkraften können. Es geht um Umzüge, Entwurzelungen, Verluste von äußerer und innerer Sicherheit, die meist nicht dramatisch imponieren. Jedoch hat der plötzliche Verlust von Geborgenheit eine immense Lücke hinterlassen. Da der Trotz dieser Kinder besonders heftig ist, wird er von den Eltern nicht gestattet, wodurch das Kind seiner Handlungsmöglichkeiten beraubt wird. Dies möchte das Kind als Erwachsener nie wieder erleben und bleibt deshalb mit aller Gewalt bei seinem Willen.

Gesundheitstipps:
Diese Angst muss aufgrund ihrer sozialen Akzeptanz zumeist wenig abgewehrt werden und kann in der Deutung sehr gut angenommen werden. Da man glaubt, mit dieser Angst gut leben zu können, übersieht man häufig, auf wie viel an Lebendigkeit man verzichtet, indem man sich angstvoll am Funktionieren festklammert.
Hier ist ein philosophisches Hinterfragen des eigenen Lebensstils wichtig und heilsam. Eine gute Hilfe ist das Buch „Die Weisheit des ungesicherten Lebens" des amerikanischen Philosophen Alan Watts. (Watts, 1985)
Klienten mit diesem Angstmerkmal benötigen viel Sicherheit, konkret und emotional. Hier hilft ein Therapeut, der diese Sicherheit zu gewährleisten vermag und so dem Klienten als „gutes Eltern-Ich" zeigt, dass sein Sicherheitsbedürfnis geachtet wird und wie er selbst auf seine Verwundbarkeit Rücksicht nehmen kann. Auf dieser Basis kann eine Bearbeitung der zwangsläufigen Unsicherheiten in einer Psychotherapie geschehen, wie z.B. ein kurzfristiger, krankheitsbedingter Ausfall des Therapeuten.

Traumarbeit hilft, die unberechenbaren und überfordernden Erfahrungen in der Kindheit zu verarbeiten.
Körperkontakt, Massage, Gehalten-Werden sind bei dieser Angst effektive Methoden, den Gesamtorganismus zu entspannen und Urvertrauen zu implementieren. Es hilft auch, den Klienten zu animieren, sich selbst in Angst-Situationen liebevoll zu halten bzw. zu berühren.
Arbeit mit dem inneren Kind hilft, zu lernen, sich selbst ein guter Elternteil zu werden.

Potenzial bei Angstlinderung – bzw. warum es so wertvoll ist, Bewältigungsfähigkeiten für diese Angst zu erarbeiten:
GEBORGENHEIT und zwar vor allem im Bereich der Seelen-Rolle bzw. Seelen-Aufgabe.

(5) Gier (Mehrwollen)

Gier oder Askese: Schamvoll verborgen liegt im Inneren des Menschen das Grundgefühl „Ich kriege nicht genug …" und/oder dessen Vermeidungshaltung der Askese: „Ich brauche gar nichts". Häufig erzählen diese Menschen von einer großen Angst, sich versehentlich zu viel (heraus) zu nehmen. Ohne Therapie jedoch wird diese Angst im offenen Verhaltensausdruck aufgrund ihrer sozialen Unerwünschtheit sorgsam unterdrückt.
Formen von Gier: Die Gier kann sich im Körper manifestieren als ein unstillbares Verlangen nach Essen, Trinken, Sex und Drogen. Gier kann sich aber auch emotional manifestieren als unstillbares Verlangen nach Erfahrungen, Beziehungen, Liebe, Gütern und Gewinnen. (Stevens, 1990:200-211) Bei höherem Seelenalter orientiert sich die Gier zunehmend weg von materiellen Dingen und hin zu spirituellen.

Druck auf die Mitmenschen: Die Gier gibt den Impuls, die Mitmenschen nicht hektisch, sondern drängend durch das eigene Haben-Wollen unter Druck zu setzen, denn sie müssen sich entscheiden, ob sie der Gier nachgeben und sie erfüllen oder sich ihr entgegenstellen. Man macht den Mitmenschen auch gerne Vorwürfe, diese seien zu gierig.

Selbstgefälligkeit bei Durchsetzung der Gier-Erfüllung: Wenn man den Mangel durchsetzen kann, wirkt man selbstgefällig und fast triumphierend.

Enorme narzisstische Wünsche und Geltungssucht (Weisen-Energie): Menschen mit dieser Angst glauben, nie genug zu bekommen von dem, was sie möchten, und sie erleben sich hier im Zentrum der Situation.

Illusionärer Mangel, der nicht befriedigt werden kann: Man wird seine Ziele immer so stecken, dass sie möglichst unerreichbar bleiben, denn nur dann kann die eigene Gier aufrechterhalten werden.

Kritik als Entzug von Fülle: Bei der Angst Gier erlebt man Kritik als höchst schmerzhaft: Ein Mangel wird aufgezeigt.

Für die Gier gibt es **zwei Kompensations-Strategien**: Entweder richtet man seine Gier auf sozial anerkannte Objekte (z.B. Erfolg, materielle Güter) oder verbirgt seine Gier unter einer entsagungsvollen Haltung. Diejenigen, die in freiwilliger Askese leben, führen den Mangel lieber selber herbei, als dass sie ihre Gier anschauen und sich mit ihrer Angst auseinandersetzen (Bulimie, Magersucht). (Hasselmann, 1999:152-158)

Kombinationen mit anderen Ängsten: Bei Gier als Hauptangst und **Selbstschädigung** als Nebenangst nimmt man sich ganz viel, um sich zu befriedigen – aber man wird nie befriedigt; es ist immer ein Reinfall. Ist **Selbstherabsetzung** die Hauptangst und Gier die Nebenangst, so leisten die Betreffenden sehr viel, weil sie glauben, es sowieso nicht zu können. Beziehungen mit ihnen sind schwierig, da sie einerseits das Gefühl haben, nicht beziehungsfähig zu sein, aber andererseits die Beziehung brauchen. Liegt als Hauptangst **Selbstschädigung** vor und als Nebenangst Gier, so dominiert Freudlosigkeit, was zu einer ausgesprochenen Askese-Haltung führt in Form eines selbst-auferlegten, unnötigen Mangels. Bei **Selbsterhöhung** als Hauptangst und Gier als Nebenangst besteht Gier nach Schutz, nach Unverletzbarkeit und nach Situationen, bei denen möglichst nichts passieren kann.

Menschen, welche die Gier am **Pluspol** leben, haben unstillbaren Appetit auf alles, was das Leben anzubieten hat. Bei Gier am **Minuspol** werden die Menschen von Unersättlichkeit und ewiger Unzufriedenheit geplagt.

Ursache:
Die Angst Gier entsteht durch erlebten Mangel an Fülle in der Kindheit, z.B. durch Armut, Diätmaßnahmen der Eltern o.ä. (Stevens, 1990:200-211), vor allem aber durch massive emotionale Ausbeutung des Kindes. Häufig wird von den Klienten massive Respektlosigkeit oder Gier der Eltern beschrieben, wodurch es zu einer extremen Verletzung der Grenzen des Kindes und vor allem seiner Würde kommt. Die emotional missbrauchten Kinder haben früh gelernt, für die Eltern „Großes" zu leisten.

Gesundheitstipps:
Aufgrund der ausgeprägten sozialen Ablehnung dieser Angst ist ein sanfter liebevoller Zugang hierzu wichtig. Zu schnelle Konfrontation mit dem Thema wird heftige Abwehr erzeugen. Eine große Hilfe hierzu liegt darin, den Zugang zum Potenzial der Fülle unter der Angst herauszuarbeiten.
Das Nicht-Genug-Bekommen zu identifizieren, hilft die Besessenheit einzugrenzen und handzuhaben. („Wo genau spüre ich Mangel und was bedeutet das für mich?")

Zunächst geht es darum, sich ruhig einmal das Viel-Haben-Wollen zu gönnen und dies ganz bewusst zu tun - ohne Scham oder Schuldgefühle. („Sei ruhig gierig, aber tu es genussvoll und bewusst.")
Im nächsten Schritt kann man darauf hinarbeiten, sich wirklich Fülle – die ganze Breite des Seins - zu gestatten. Es geht darum, das innere Wissen zu vertiefen, dass man seine Wünsche erfüllen darf, wenn man möchte, und gleichzeitig genauer wahrnehmen zu lernen, was man wirklich möchte und was nur Ersatzbefriedigungen sind. (Dies ähnelt der Arbeit mit dem inneren Kind und der Entwicklung eines guten Eltern-Ichs.)
Im dritten Schritt geht es um die Dis-Identifikation mit der Gier: Die Gier als Angst wahrzunehmen, ohne ihr immer folgen zu müssen. Hier hilft die Erfahrung, dass man selbst mehr ist als seine Angst, die durch Achtsamkeitstraining und Meditation vertieft werden kann.

Potenzial bei Angstlinderung – bzw. warum es so wertvoll ist, Bewältigungsfähigkeiten für diese Angst zu erarbeiten:
FÜLLE und zwar vor allem im Bereich der Seelen-Rolle bzw. Seelen-Aufgabe.

(6) Selbsterhöhung (Hochmut)

Große Verletzlichkeit: Menschen, die diese Angst für ihr Leben gewählt haben, haben durch sie „eine zartere, dünnere, empfindlichere Membran ... als andere" (Hasselmann 1999:164). Ihr größter Wunsch ist, unverletzlich zu sein. Kritik verletzt sie, weil sie sich dann nicht geliebt fühlen, weil sie sich ohnehin nicht vorstellen können, bedingungslos geliebt zu sein. Ihre geheime Furcht ist, immer wieder verletzt, übergangen oder ausgestoßen zu werden. Aber weil sie sich so sehr wünschen, unverletzlich zu sein, können sie diese geheime Angst kaum wahrnehmen. Lieber trennen sie sich und fühlen sich unverstanden, weil bedingungslose Liebe für sie nicht vorstellbar ist.

Hohe Sensibilität: Menschen mit Selbsterhöhung sind wegen ihrer unendlichen Verletzbarkeit zutiefst schüchtern und scheu. „Wenn es darum geht, Heuchelei, falsche Töne und allgemeine Unwahrheiten aufzuzeigen" (Hasselmann, 1999:163), sind sie sensibler als alle anderen Menschen. Sie fürchten, dass die anderen sie schwach erleben und deshalb verlachen und nicht mögen. Das Schlimmste für sie wäre, wenn andere über sie richten und sie dabei durchfallen könnten, wo sie sich doch als die „Größten" empfinden. (Stevens, 1990:196-211)

Einmauerung: Die große Verletzlichkeit ist äußerlich normalerweise nicht sichtbar. Im Gegenteil gibt man sich bei Selbsterhöhung humorvoll souverän, „cool" und herablassend. Dahinter jedoch baut sich die Aggression auf, die sich dann oft viel später in scharfen, zielsicher verletzenden Spitzen äußert. Meistens merkt man selbst nicht, wenn man verletzt wurde, sondern erlebt dann nur noch die eigenen scharfen Angriffe auf den anderen Menschen. Aus Angst, verlassen zu werden, umgibt man sich normalerweise mit vielen Kontakten mit wenig Nähe, da so am meisten eigene Sicherheit bei geringster Verletzungsgefahr gewährleistet ist.

Narzisstische Komponente: Das Gegenüber leistet normalerweise erst einmal sehr viel Vorarbeit. Es muss auch bereit sein, „Abfuhren und Abwertungen einzustecken", ehe der Klient bereit ist, sich einzulassen. Dies ist lohnenswert, da die Klienten sich, wenn sie sich aus ihrem selbstgewählten Gefängnis herausgewagt haben, überraschend schnell öffnen und weiterentwickeln.

Es gibt **zwei Typen** von Menschen mit der Angst Selbsterhöhung: Während die einen „mutig und kontaktfähig genug" sind, um ganz offen ihre Mitmenschen herabzusetzen, sind die anderen gehemmt und schüchtern, sodass sie ihr Gefühl der eigenen Überlegenheit verbergen und nur sanft über die anderen lächeln. Während die erste Gruppe ihre Schüchternheit überspielt, sieht die zweite keine Möglichkeit mehr, „durch große Worte oder herablassende Bemerkungen die trennenden Mauern zu durchbrechen" (Hasselmann, 1999:163). Bei den meisten Menschen mit der Angst Selbsterhöhung ist ein sanftes, nach innen gewandtes Lächeln um die Lippen zu sehen.

Die Selbsterhöhung am **Pluspol** gelebt zeichnet sich aus durch Stolz auf den Wert der eigenen Arbeit. Selbsterhöhung am **Minuspol** äußert sich in Eitelkeit, Überlegenheit, Reserviertheit. Solche Menschen „spielen gern den Herren"; sie glauben oft, besser als andere zu sein.

Ursache:
In der Regel wird Selbsterhöhung ausgelöst bei sehr sensiblen, bereits auf Kleinigkeiten verletzt reagierenden Kindern, die von ihren Eltern besonders streng, ironisch usw. zur „Abhärtung" erzogen werden. Solche Kinder entwickeln dann Abwehrmaßnahmen gegen weitere Verletzungen, entwickeln eine „pf-Haltung" („Du kannst mir gar nichts anhaben!") und machen sich unerreichbar, was wiederum die anderen zutiefst reizt, sie zu provozieren.

Gesundheitstipps:
Diese Angst trägt ausgeprägte narzisstische Züge, weshalb der Therapeut zunächst selbst eine Haltung der bedingungslosen Liebe erlernen muss und die Fähigkeit, sich nicht von abfälligen und herablassenden Äußerungen verletzen zu lassen.
Auf dieser Basis kann er eine „behutsame, nicht fordernde, geduldige, abwartende Haltung" einnehmen, die dem Klienten „die Möglichkeit einräumt, sich langsam aus seiner unbewussten

Isolationsfolter heraus zu wagen und zu erkennen, dass die Türen, die er von innen verschlossen hatte, sich leicht öffnen lassen, und dass er sie jederzeit wieder versperren kann, wenn seine Angst es gebietet. Beständigkeit, Loyalität und immer neue, aber unaufdringliche Liebesbeweise sind die wirksamste Befreiung aus dem Gefängnis der Angst" (Hasselmann 1999:165)
Lob oder Anerkennung sind oft wenig sinnvoll. Besser ist ein Hauch von Anerkennung auf verdeckt ausgedrückte Art, da dies besser angenommen werden kann.
Kritik ist ein großes Problem. Sie können es leichter annehmen, wenn man sich einfach verärgert zurückzieht und so zu verstehen gibt, dass man mit ihrem Verhalten nicht einverstanden ist, als sie direkt zu kritisieren.
Wenn dieser Klient die Äußerungen seines Hochmuts und seine hilflose Herablassung als Ausdrucksform seiner Angst vor verletzt werden erkannt und akzeptiert hat, kann er lernen, sich selbst mit seiner Verletzlichkeit bedingungslos zu lieben und gerade in dieser Verletzlichkeit sein Potential an Sensibilität zu entdecken, die er zuvor abwehren musste. Damit vermindert sich sein Schutzbedürfnis – je mehr er lernt, bedingungslos zu lieben.
Als TherapeutIn ist es hilfreich, sich anzufreunden, dass der Klient kaum etwas zugibt oder eine Deutung mit einem „Ja" annimmt: Er wird still, eventuell bleich, wenn er sich erkannt fühlt und es annehmen kann – und sagt nichts dazu.

Potenzial bei Angstlinderung – bzw. warum es so wertvoll ist, Bewältigungsfähigkeiten für diese Angst zu erarbeiten:
Bedingungslose LIEBE und zwar vor allem im Bereich der Seelen-Rolle bzw. Seelen-Aufgabe.

(7) Ungeduld (Vorantreiben)

Viel-Wollen: Bei dieser Angstform leidet der Mensch eher weniger unter Selbstzweifel, sondern vielmehr unter dem Anspruch, die Welt schulde ihm etwas. Die Angst Ungeduld lässt die Menschen viel bewirken wollen und lässt sie auf die Dauer zumeist sehr effektiv werden – solange die Angst nicht derart überhandnimmt, dass sie zum Erschöpfungssyndrom führt. Andere Menschen werden eher als störend und bremsend bei den eigenen Plänen erlebt. Der Anspruch an sich selbst ist hoch – aber auch der Anspruch an die anderen Menschen.

Gehetzt-Sein: Bei dieser Angst befürchten Menschen, für ihre Ziele zu wenig Zeit zu haben. Erst recht haben sie keine Zeit zu warten. Ständig müssen sie sich und andere antreiben. Sie sind immer am Planen und Ausführen. Das gehetzte Erledigen führt oft zu Pannen und Unfällen. (Stevens, 1990:205-206) Langsamkeit und Warten-Müssen machen nahezu wahnsinnig, weshalb sich die Menschen zumeist Strategien aneignen, um z.B. das Warten in Warteschlangen sinnvoll zu nutzen.

Unzufriedenheit: Die Angst Ungeduld suggeriert, dass es anders sein muss, als es gerade ist. Damit nimmt sie die Chance, zufrieden zu sein und legt nahe, dass Zufriedenheit mit Langeweile gleichzusetzen sei. Damit erschwert sie es, sich am Erreichten zu freuen und auszuruhen, wodurch die Gefahr eines Burnouts immer am Horizont schwebt.

Kritik wird **als Versäumnis** verstanden.

Kombinationen mit anderen Ängsten: Menschen mit Ungeduld als Hauptangst und **Selbstschädigung** als Nebenangst verletzten sich häufig, z.B. vor einem Urlaub, so dass das erwünschte Freudvolle durch die Hektik nicht zustande kommt. Bei Ungeduld als Hauptangst und **Gier** als Nebenangst möchte man möglichst schnell möglichst viel. Man ist gierig darauf, bloß nichts zu versäumen. Liegt statt Gier **Selbsterhöhung** als Nebenangst vor, so macht man Druck und wenn der andere das Verlangte nicht sofort tut, wird man ausfällig. Bei **Selbstherabsetzung** als Hauptangst und Ungeduld als Nebenangst gibt es Entscheidungsprobleme durch Vorwärtsdrängen und gleichzeitigem Zaudern.

Menschen, die das Angstmerkmal Ungeduld am **Pluspol** leben, zeichnen sich aus durch Kühnheit, Spontaneität und Wagnis. Durch mutiges, verwegenes und spontanes Handeln verfolgen sie erfolgreich ihre Ziele.
Mit Ungeduld am **Minuspol** sind die Menschen intolerant, verurteilend und frustriert. Intoleranz ist das Ergebnis einer schweren Frustration und der Unfähigkeit, Dinge in der geplanten Zeit zu erreichen. (Stevens, 1990:206)

Ursache:
Das Angstmerkmal Ungeduld entsteht durch Mangel an Zeit – aber auch durch die Angst, etwas zu versäumen.
Häufig berichten die Klienten in der Zeit nach der Entbindung über eine Trennungssituation von der Mutter, eventuell aufgrund deren Erkrankung, auf welche sie mit Hospitalisierungssymptomen reagiert hatten. Auch im späteren Leben berichten sie gerne von Situationen, in welchen sie nur durch ihre Schnelligkeit gerettet wurden und sehr konkret erleben konnten, dass die Lebensspanne begrenzt ist. Zusätzlich können sie häufig einen Elternteil beschreiben, der sich selbst sehr stark von der Angst Ungeduld unter Druck setzen lässt und so quasi als Vorbild wirkt für die Grundeinstellung „Mach´ es sofort, denn du hast keine Zeit!"

Gesundheitstipps:
Die Destruktivität dieser Angst muss trotz ihrer allgemeinen sozialen Akzeptanz erkannt werden.
Wesentlich ist, sich selbst zu Zeit schenken zu lernen – gerade angesichts von Zeitdruck.
Achtsamkeitsarbeit und Meditation können gute Wege sein, um zu lernen, mehr im Jetzt zu sein.
Tiefergehende praktische Lebensphilosophie kann das Verständnis dafür fördern, dass schneller nicht einfach besser ist, sondern dass die Dinge ihre Zeit brauchen, um reif zu werden. Mit der Zeit kann ein Empfinden für den „richtigen Zeitpunkt" entstehen, welche eine optimale Zeitnutzung gewährleistet und so das Potenzial in dieser Angst zu entfalten hilft.
Hierzu ist vor allem das Konzept des Loslassens der östlichen, vor allem der buddhistischen Philosophie von Nutzen: das Nicht-Anhaften bringt die Erfahrung, dass einem vieles geschenkt wird, wenn man immer wieder loslässt, statt es mit Druck erzwingen zu wollen.

Potenzial bei Angstlinderung – bzw. warum es so wertvoll ist, Bewältigungsfähigkeiten für diese Angst zu erarbeiten:
(Optimale) ZEITverwendung) und zwar vor allem im Bereich der Seelen-Rolle bzw. Seelen-Aufgabe.

Vertiefung:
Hinter der Angst geht´s weiter ...

Wir können ihr ausweichen, doch nur für kurze Zeit.
Wir können sie vermeiden, doch der Preis ist hoch.
Wir können sie bewundern – und werden ihr volles Potenzial entdecken: die künstlerische Angst, ein Potenzial mit vielen Gesichtern.

Lasst uns das Leben zum Abenteuer machen, indem wir unseren Ängsten ins Auge schauen zu lernen – und dadurch frei werden.
Hier zeige ich Ihnen einige hilfreiche Fragen, um aus Ihren Ängsten Ihr Potenzial zu entfalten:

Heilungsfragen

<u>Selbstherabsetzung</u>
Heilungsfragen: Und, wenn dieses Problem **kein Fehler** ist? Was ist es, wenn ich es mir zu erleben erlaube? Was geschieht, wenn ich mich mitten hinein in dieses Problem entspanne? Und, wenn ich es wage, mich auf dieses Leben einzulassen?

<u>Selbsterhöhung</u>
Heilungsfragen: Und, wenn dieses Problem **kein verletzt werden und kein Mangel an bedingungsloser Liebe** in meinem Leben ist? Was ist, wenn ich es mir zu leben erlaube? Was geschieht, wenn ich mich mitten hinein in dieses Problem entspanne? Und wenn ich es wage, <u>mich</u> auf dieses Leben einzulassen?

Selbstschädigung
Heilungsfragen: Und, wenn dieses Problem **kein Mangel an Freude** in meinem Leben ist? Was ist es, wenn ich es mir zu erleben erlaube? Was geschieht, wenn ich mich mitten hinein in dieses Problem entspanne? Und, wenn ich es wage, mich auf dieses Leben einzulassen?

Gier
Heilungsfragen: Und, wenn dieses Problem **kein Mangel** in meinem Leben ist? Was ist es, wenn ich es mir zu erleben erlaube? Was geschieht, wenn ich mich mitten in dieses Problem hinein entspanne? Und, wenn ich es wage, mich auf dieses Leben einzulassen?

Märtyrertum
Heilungsfragen: Und, wenn dieses Problem **kein Mangel an Wert** in meinem Leben ist? Was ist es, wenn ich es mir zu erleben erlaube?
Was geschieht, wenn ich mich mitten hinein in dieses Problem entspanne? Und, wenn ich es wage, mich auf dieses Leben einzulassen?

Ungeduld
Heilungsfragen: Und, wenn dieses Problem kein Mangel an **kein Versäumnis und kein Mangel an Zeit** in meinem Leben ist? Was ist es, wenn ich es mir zu erleben erlaube? Was geschieht, wenn ich mich mitten hinein in dieses Problem entspanne? Und, wenn ich es wage, mich auf dieses Leben einzulassen?

Starrsinn
Heilungsfragen: Und, wenn dieses Problem **kein Mangel an Geborgenheit** in meinem Leben ist? Was ist es, wenn ich es mir zu erleben erlaube? Was geschieht, wenn ich mich mitten hinein in

dieses Problem entspanne? Und, wenn ich es wage, mich auf dieses Leben einzulassen?

Warum wir aus der Angst heraus anderen etwas antun ...

Wenn Menschen einem anderen etwas antun, wenn sie sich achtlos dem anderen gegenüber verhalten, konnte ich immer eine der folgenden Ursachen beobachten:

1) Angst im Sinne von „momentan nicht wahrnehmen, was man Schlimmes tut": Ich spüre gerade gar nicht richtig, was ich tue, aber eigentlich tut es mir total leid. Normalerweise tut keiner absichtlich einer Fliege etwas zu Leide.

2) Angst im Sinne von „verzerrt wahrnehmen" in der Kombination mit intellektueller Rechtfertigung des eigenen negativen Handelns: Ich spüre gerade gar nicht richtig, was ich tue, habe kein hilfreiches und tragfähiges Wertesystem, aber nach dem, wie ich mir die Welt zurecht gebaut habe, muss ich mich unbedingt so verhalten. Dies kommt vor allem in Kulturen vor, die kein tragfähiges Wertesystem mehr haben, sich weniger auf den gesunden Menschenverstand als vielmehr auf ihren Kopf verlassen und sich im Alltagsleben weit von der Lebensrealität entfernt haben – so wie wir in Deutschland.

Bei beidem erschrecken die Menschen, wenn ihnen klar wird, was sie schlimmes getan haben und bereuen es zutiefst. Oft jedoch vermeiden sie diese Erkenntnis, weil sie ihrem Lebensentwurf entgegenstehen, zu viele Schuldgefühle erzeugen würde und vieles mehr.

3) „Mangelnde psychische Fähigkeiten", um die Situation besser zu lösen im Sinne von: Da ist ein eigentlich auch im psychischen

Bereich kompetenter und beziehungsfähiger Mensch, aber in der Situation X ist er einfach überfordert, weil ihm für diese Situation die Bewältigungsfähigkeiten fehlen.

Hier ist Psychotherapie enorm effektiv, denn man braucht nur dieses „missing link" zu vermitteln. Der Mensch findet zu mehr Lebensglück und Gesundheit, weil er ja ansonsten sehr kompetent ist.
Oder – und das ist etwas vollkommen anderes:

4) „Generell mangelnde psychische Fähigkeiten", die sich auch mit Training und Psychotherapie nicht entwickeln lassen. Der Mensch greift an, benutzt, verletzt, weil er keinen anderen Weg sieht, um seine Lebensziele zu erreichen, um seine Seelenimpulse umzusetzen und um einfach gut zu leben. Z.B. ich stehle, um zu bekommen, weil ich nicht weiß, wie ich es sonst bekommen kann. Dieser Mensch lernt trotz angebotener Hilfe nicht dazu.
Hier wird es in unserer Kultur schwer erklärbar. Ich suchte lange nach Erklärungsmöglichkeiten. Was ich beobachten konnte: Solche Menschen nehmen zwar den Input auf, sie entwickeln sich jedoch nicht in Richtung eines liebevolleren Miteinanders. Sie konnten einfach mit dem Input nichts anfangen. Dies lag nicht an einem der oberen drei Aspekten oder einem Trauma, sondern sie waren einfach so. Erst als ich mit dem Archetypen-Konzept in Kontakt kam und mit dem Aspekt des Seelenalters zu arbeiten begann, hatte ich plötzlich eine funktionierende Arbeitshypothese hierfür: Es waren junge oder Kind-Seelen.

Hierzu das folgende Kapitel:

Kapitel 7:
Die verschiedenen Seelenalter der Menschen und ihre Beziehungen

Viele Inkarnationen

Als mir auch nach 20jährigem therapeutischen Lernen in den verschiedensten Therapieverfahren und laufender Supervision vieles im menschlichen Erleben und Verhalten weder überzeugend erklärbar und noch effektiv behandelbar geblieben war, suchte ich nach anderen Zugängen zur Erklärung und Heilung menschlichen Verhaltens. Das Konzept eines Seelenalters mit verschiedenen Seelenaltersstufen eröffnet weitere Erklärungsmöglichkeiten, die einer näheren Überprüfung bedürfen.

Nach dem Archetypenkonzept durchlaufen nicht nur der Körper, die Psyche und der Geist des Menschen eine natürliche und beschreibbare Entwicklung, sondern auch die Seele. „Nur entwickelt sich die Seele in etwa achtzig bis hundert Einzelinkarnationen über mehr als achttausend Jahre hinweg in immer neuen Körpern, neuen Psychen und neuen Dimensionen von Geist. Dies bedeutet, dass seelische Entwicklung erst wahrnehmbar ist, wenn mehrere Leben einer Seele ins kognitive Bewusstsein treten ... Dabei ist wichtig, dass psychische und seelische Entwicklung getrennt wahrgenommen und dann in ihrem Zusammenspiel verstanden werden" (Hasselmann 2002:9f).

Folgt man dieser Annahme, dann müssten Menschen mit verschieden vielen hinter ihnen liegenden Inkarnationen auf der Erde leben, die durch ihren verschiedenen Erfahrungshintergrund auch verschiedene Bedürfnisse an das Leben auf der Erde haben.

Somit beschreibt das Seelenalter die Wünsche eines Menschen an Beziehungen und Alleinsein, „seine Empfindungen von Fremdheit, Sehnsucht nach kosmischer Verbundenheit" und seine Bedürfnisse auf dieser Welt (Hasselmann, 1999:29). Mit zunehmendem Seelenalter treten seelische Bedürfnisse mehr in den Vordergrund und die Sensitivität für Schadstoffe und nichtmaterielle Wahrnehmung steigt, wohingegen der biologische Körper weniger benötigt und deshalb labiler wird.

Die fünf Phasen des Seelenalters

Die fünf Phasen des Seelenalters, in denen eine Seele in einem Körper inkarniert ist, gleichen der psychischen Entwicklung eines Menschen: Säugling-Seele, Kind-Seele, Junge Seele, Reife Seele und Alte Seele (Hasselmann, 1999:372-374). Und ähnlich wie in der psychischen Entwicklung geht es im Säuglingsalter zunächst einmal um das Überleben auf diesem Planeten, im Kindesalter um das neugierige und spielerische Ausprobieren der Möglichkeiten, im Jugendalter um Unabhängigkeit und „Eroberung der Welt", im Erwachsenenalter oder Reifen Alter um tiefe zwischenmenschliche Beziehungen und im Seniorenalter, dem Alt-Seelen-Zyklus, um das Loslassen vom Vergänglichen und die Entwicklung inneren Friedens.

Die Leitfragen zum Herausfinden des Seelenalters sind: *„Wie groß sind meine Empfindungen von Fremdheit, meine Sehnsucht nach kosmischer Verbundenheit? Wie gestalten sich meine Probleme und Konflikte? Welche Wünsche habe ich an Beziehungen und Alleinsein? Welche Krankheiten plagen mich? Was brauche ich am meisten?"* (Hasselmann, 1999:29)

Die Herausforderungen werden mit fortschreitender Reife immer komplexer, subtiler und kunstvoller, weshalb sie auch mehr Vorbereitung und Erfahrung erfordern.

In einem Zeitalter, in welchem „Esoterik" in Mode gekommen ist, scheint es angebracht, zu erwähnen, dass das Seelenalter kein Verdienst ist - ähnlich wie es auch kein Verdienst ist, ein Erwachsener zu sein.
(Hasselmann, 1999:372-377)

(1) Säugling-Seele

Säugling-Seelen sind die ersten Inkarnationen in einem menschlichen Körper und ähneln in ihrem Fühlen und Handeln Säuglingen. Sie sind normalerweise ein ganzes Leben lang **abhängig und auf Hilfe angewiesen**; zum Teil sind sie **körperlich und geistig behindert**. Ihre Angst und Hilflosigkeit drücken sich oft in weit geöffneten oder zusammengekniffenen Augen aus. Diese Menschen **meiden Augenkontakt** und benötigen viel Schlaf, um nicht vom Leben überfordert zu sein. Politik interessiert sie nicht. **Sie leben nur für ihre eigenen Bedürfnisse. Für andere sorgen sie wenig**, aber umgekehrt erwarten sie ständig Hilfe von ihren Mitmenschen. (Hasselmann, 1999:378-386)

Menschen mit Säugling-Seele sind meist **wahrnehmungsschwach und ungeschickt**, weshalb sie gern einfache Lebensumstände wählen. Ihr Erleben ist **extrem angstbesetzt**. Deshalb fühlen sie sich durch Alltagssituationen schnell bedroht, worauf sie anfänglich mit Rückzug in die eigene Welt reagieren und im Verlauf des Lebens häufiger mit Aggression. Sie sind **fundamental auf die Gruppe bzw. Familie angewiesen** - alleine schlafen erleben sie als bedrohlich. Essen dient für sie nur zum Überleben. (Stevens, 1990:223)

Leitfaden: **SCHUTZLOSIGKEIT,**
   Angewiesen sein auf Geborgenheit.
Motto: „Tu es nicht!" (Stevens, 1990:69).
Wahrnehmungsperspektive: **Ich und Nicht-Ich** (Stevens, 1990:56).

(2) Kind-Seele

Die Kind-Seele wird geplagt einerseits vom abhängig sein und andererseits vom selbstständig sein wollen. „Alle Leben in diesem Zyklus der Kind-Seele dienen dem Experiment, **Ablösung unter gleichzeitiger Inanspruchnahme der noch wichtigen Rückversicherung in der Geborgenheit zu erproben**" (Hasselmann, 1999:387-388). Menschen mit Kind-Seele **können noch keine Verantwortung übernehmen**. Für sie haben immer „die anderen" oder „die da oben" Schuld an misslichen Umständen (Hasselmann, 1999:390). Sie probieren gerne ohne großes Risiko etwas aus. Diese Menschen sind in der Regel von **robuster und stabiler körperlicher Gesundheit** (Hasselmann, 1999:393). Ihre Augen zeigen meist eine „charakteristische Arglosigkeit und oft auch eine Verletzlichkeit, die mit der ... unbewussten Opferhaltung in Verbindung stehen" (Hasselmann, 1999:394).

Menschen mit Kind-Seele betrachten ihre eigene Sexualität mit Unbehagen. Sie **schämen sich ihrer Sexualität** und geraten in Verlegenheit, wenn „aufrichtige Sexualität offen gezeigt wird". Oftmals neigen sie dazu, „in übertriebener Weise die Gerichte zu beanspruchen, wenn ihr Gerechtigkeitssinn stark beleidigt wurde" (Stevens, 1990:70-71).

Genauso wie Kinder **suchen sie sich Menschen, die ihnen sagen,** wohin sie gehören, wo sie hineinpassen und **was sie tun sollen.** Sie tendieren dazu, **unerschütterlich in ihren Glaubenssätzen** zu sein und werden **verwirrt und feindselig, wenn sie mit einem anderen Blickwinkel konfrontiert** werden.

Für ihre Glaubenssätze können sie kämpfen und töten, wenn ihnen beigebracht wird, dass in ihrer Gesellschaft so etwas akzeptiert wird. Beispiele hierfür stellen die Kreuzzüge, die Inquisition, religiöse Verfolgung sowie missionarische Arbeit dar. Essen ist für Menschen mit Kind-Seele etwas Funktionales und sie **essen gerne** gewohnheitsmäßig **immer dasselbe. In das eigene Leben haben sie wenig Einsicht,** denn sie nehmen nicht wahr, dass ihre eigenen Gedanken, Gefühle und Einstellungen psychologische Probleme verursachen. Sie tendieren zu äußerster Sauberkeit. (Stevens, 1990:36f)

Während die Säugling-Seele keinerlei Einfluss nimmt, artikuliert sich die Kind-Seele durch **Klagen und Aufbegehren ohne dabei etwas verändern zu wollen.** (Hasselmann, 1999:390-394)

Leitfaden: **Konflikt zwischen ABHÄNGIGKEIT und SELBSTÄNDIGKEIT.**
Motto: „Mach es richtig, sonst lass es bleiben!" (Steves, 1990:70).
Wahrnehmungsperspektive: **Ich und andere Ichs** (Stevens, 1990:56).

(3) Junge Seele

Menschen mit Junger Seele streben nach Reichtum und Macht (das Streben nach nur Wohlstand und Einfluss kommt erst bei Menschen mit Reifer Seele vor). Die Menschen mit junger Seele sind **unersättlich in ihrer Gier nach Reichtum und Macht**. Es unterlaufen ihnen dabei unabsichtlich schlimmste Fehler aus mangelnder Erfahrung, Gelassenheit und Weisheit. Diese Fehler können sie sich nicht verzeihen, weshalb sie es auch nicht ertragen, von anderen Menschen auf diese Fehler angesprochen zu werden. Hierdurch kommt es häufig zu einem **Doppelleben**, das nach außen den schönen Schein zeigt und nach innen, in der Familie wie im innerseelischen Bereich, den abgewehrten Schattenanteil. (Hasselmann, 1999:395-403; Stevens, 1990:71-85)

Sie **brauchen den Applaus** der anderen Menschen für ihre Leistungen, da sie aus der Stärke des Applauses ihren Selbstwert beziehen. Dennoch wollen sie von niemandem abhängig sein. Ständig streben sie **vorwärts in Richtung auf Erfolg**, Aufstieg und Verbesserung ihrer Lage. Auch in der Sexualität und in sexuellen Eroberungen können sie nicht genug bekommen, denn sie **brauchen sehr viele sexuelle Kontakte mit vielen verschiedenen Partnern**. Ihre Ruhelosigkeit spiegelt sich häufig in lebhaften Augenbewegungen. (Hasselmann, 1999:395-403; Stevens, 1990:71-85)

Menschen mit Junger Seele verfolgen nicht immer, was sie im Leben möchten, sondern das, wovon sie glauben, dass es Erfolg produzieren wird. Hierfür können sie unglaubliche Strapazen auf sich nehmen. Die **äußere Erscheinung ist ihnen äußerst wichtig** und sie unternehmen extrem viel für die Erhaltung ihrer Fitness und für jugendlich frisches Aussehen. Sie bauen ein Image auf, wie sie gesehen werden wollen. Häufig gehen sie zu berühmten

Universitäten, damit sie einen Grad an Prominenz erreichen können. Die wohlbekannten Seifenopern über die Reichen und Berühmten sind Karikaturen der Lebensart und Wahrnehmung der Menschen mit Junger Seele. (Stevens, 1990:40f,71-85)

Für Psychotherapie sind Junge Seelen zumeist nicht aufgeschlossen. Wenn sie es doch nützen, dann nur wegen massiver und nicht anders lösbarer Probleme. Psychotherapie mit Jungen Seelen zeichnet sich dadurch aus, dass man als Psychotherapeut/in Input gibt und die KlientInnen wenig dazu sagen, aber es dennoch in ihnen wirkt und zur Heilung führt. Es hat die Form eines „Tankens" der KlientInnen von achtsameren und liebevolleren Umgangsweisen mit dem eigenen Körper und der eigenen Psyche. „Während die Säugling- und Kind-Seele mit Vorliebe Naturreligionen oder schamanischen Kultformen mit Beschwörungsritualen und Tieropfern, mit Tanzbewegungen und Rauchzeremonien, körperlichen Ekstasen und einer Vielzahl von Gottheiten huldigen, die sehr deutlich in böse oder gut, als heil- oder unheilbringend zu unterscheiden sind, neigt die Junge Seele aus Sicherheitsgründen zu **monotheistischen Religionen**" (Hasselmann, 1999:404).

„Die Junge Seele ist kein ‚Kind' mehr. Sie ist auch noch nicht gereift. Wohl aber wird sie während des Jungen Zyklus erwachsen" (Hasselmann, 1999:395).

Leitfaden: **Zieht hinaus in die Welt, um ERFAHRUNGEN zu SAMMELN und zu GEWINNEN.**
Motto: „Tu es auf meine Weise!" (Stevens, 1990:71).
Wahrnehmungsperspektive: **Ich gegen Dich** (Stevens, 1990:56)

(4) Reife Seele

Menschen mit Reifer Seele entdecken Probleme, wo vorher noch keine waren, während Menschen mit Junger Seele Probleme entweder leugnen oder übergehen und deshalb alles als machbar empfanden. Reife Seelen **erkunden gerne andersartige, für sie befruchtende Menschen**. Ebenso erforschend betätigen sie sich in der Welt der Physik, Chemie, Biologie oder Geologie und streben immer nach höherer Bildung, wobei der Erfolg nicht im Zentrum ihrer Bemühungen steht. Sie wählen oft Tätigkeiten, die sie zusammenbringen mit Armen, Kranken, Unglücklichen und Verzweifelten. Für Reife Seelen steht immer **Befriedigung und Erfülltheit** mit eigener Wertschätzung des Vollbrachten im Vordergrund.

Durch ihre **Bereitschaft, Verantwortung zu übernehmen**, gelangen diese Menschen häufig in Wohlstand und Einfluss verleihende Positionen und führen ein öffentliches Leben. Sie erleben bewusst und zutiefst dankbar ein glücklich sein – gerne im Kreise ihrer Familie und Freunde. Als vielseitig geeignet für alle Berufe sind sie in allen Sparten zu finden.

Ihre **häufigen Krankheiten, Behinderungen und Unfälle** sehen sie als eine lebensbewältigende Herausforderung an, bei der sie aber häufig leichtfertig zu Medikamenten und gar Drogen zur Veränderung des Bewusstseins greifen. Reife Seelen sind **ideale Familienpartner**: Sie lieben innig, dauerhaft, verlässlich und treu. (Hasselmann, 1999:408-421; Stevens, 1990:73-99)

Sie genießen gerne Feinschmecker-Mahlzeiten und sind wahre Meister in der **streng rezeptgetreuen Essenszubereitung** (Stevens, 1990:73-99).

Ihre Augen sind oft suchend in die Ferne gerichtet (Hasselmann, 1999:421) und Blickkontakt kann oft nur kurz ertragen werden. Die Wahrnehmung Reifer Seelen unterscheidet sich oft von der Wahrnehmung der Mehrheit, weshalb sie **sich von vielen traditionellen Fesseln lösen können** (Stevens, 1990:73-99), **nicht aber von zwischenmenschlichen Verstrickungen**, denn sie tauchen tief ein in Beziehungs-Aufgaben. Die Grenzen, die Menschen trennen, beginnen zu fallen. Reife Seelen **erfahren die andere Person so, wie die andere Person sich selbst erfährt**. Viele berühmte Schauspieler haben eine Reife Seele, weil sie tun, was sie am besten können, nämlich emotionale Intensität erzeugen: z.B. Richard Burton, Clint Eastwood, Christopher Reeves. (Stevens, 1990:43f)

In diesem Seelenalter wird der Organismus zunehmend empfindungsfähiger. Die Erkenntnis der Selbstverursachung von Problemen entsteht, woraus die **Hinwendung zu naturheilkundlichen Heilweisen und zur Psychotherapie** resultiert. In der Psychotherapie suchen Reife Seelen intensiven Kontakt mit regelmäßigen Sitzungen und **bearbeiten lange Phasen tiefen, zwischenmenschlichen Leidens**. Häufig machen sie sich regelrecht abhängig vom Psychotherapeuten oder berichten, dass sie selbst zum Gesprächspartner für die Sorgen ihres Psychotherapeuten wurden. Spiritualität und Esoterik werden eher als Reizthema erlebt, woraus entweder eine völlige Ablehnung, eine distanzierte Forscherhaltung diesem Bereich gegenüber oder eine besonders intensive und auch intensiv kommunizierte Hinwendung resultiert.

Leitfaden: **ENTDECKUNG der INNEREN WELT, wobei das Du im Vordergrund steht.**
Motto: „Mach es überall, nur nicht hier!" (Stevens, 1990:73).
Wahrnehmungsperspektive: **Ich und Du** (Stevens, 1990:56).

(5) Alte Seele

Menschen mit Alter Seele sind in ihrer Umgebung oft die einzigen mit diesem Seelenalter, weshalb **sie laufend Unverständnis, Fremdheit, Distanzierung und sehr viel Einsamkeit erfahren.** Während der **Körper krankheitsanfälliger und schwächlicher wird, öffnet sich ihr Geist für telepathische, visionäre und spirituelle Fähigkeiten.** Die Erledigungen der täglichen Aufgaben sind diesen Menschen eher lästig, da ihr **zentrales Anliegen die Innenschau ist.** Körperliche, sinnliche Freuden sind ihnen nicht mehr selbstverständlich zugänglich – wenn auch gerade in diesem Seelenalter sehr wichtig, um die Seele zu erden. Alte Seelen **fühlen sich verpflichtet, alles zu hinterfragen**, weshalb sie Schwierigkeiten haben mit Autoritäten und Vorschriften, die ihre Individualität einengen. **Für ihre innere Entwicklung brauchen sie viel Freiraum**, weshalb sie nicht mehr unbedingt eine Partnerschaft brauchen und wenn doch, dann muss diese ein hohes Maß an persönlicher Freiheit und Entfaltungsmöglichkeit bieten. Alte Seelen **leiden mehr als andere unter den Strapazen für ihr Immunsystem durch Schmutz, Lärm und schlechten Gerüchen.** (Hasselmann, 1999:422-438)

Alte Seelen können sich aufgrund ihrer im Laufe der Inkarnationen angesammelten Bewältigungsfähigkeiten und ausgeprägter Innenwahrnehmung **in vielen Bereichen selbst heilen oder benötigen nur einen kleinen Anstoß**. In der Psychotherapie zeigt sich dies insofern, dass Alte Seelen nach einer zumeist schwierigen Phase des Beziehungsaufbaues – aufgrund des tief verinnerlichten Erlebens von „mich versteht sowieso keiner" in nur wenigen Sitzungen ihre ganz eigenen Lösungen entwickeln, ohne dass man als Psychotherapeut/in sehr aktiv werden muss. Man ist als Psychotherapeut nicht so wichtig, sondern eher austauschbarer

Partner für die Selbstfindung. Die Gefahr einer Abhängigkeit vom Psychotherapeuten ist somit kaum gegeben. Spiritualität ist für sie so selbstverständlich, dass sie kein großes Aufhebens darum machen. Naturheilkundliche oder feinstoffliche Heilweisen kommen der Empfindsamkeit des Organismus Alter Seelen am nächsten.

Wenn diese Menschen das ängstliche Misstrauen gegenüber den Alltagsunbilden abgelegt haben, strahlt aus ihren Augen eine ihre Mitmenschen ansprechende Herzlichkeit und Weisheit. Sie möchten nur noch die eigene Liebesfähigkeit leben; **etwas Liebloses zu tun, beginnt ihnen wehzutun.** Alte Seelen sind zumeist vielseitig talentiert. Sie fühlen sich vertraut im Umgang mit Lebendigem, z.B. als Weinbauer oder Gärtner und finden leicht Zutrauen bei Tieren, oft sogar bei wilden Tieren. Und – **sie können sich mehr und mehr auf das Leben einlassen und von der falschen Persönlichkeit loslassen.** (Stevens, 1990:68-90)

Alten Seelen nehmen sich **selbst und andere als Teil eines großen Ganzen** wahr. Sie realisieren die große gegenseitige Abhängigkeit und Verbundenheit zwischen allen Menschen und Dingen. Sie haben ein feineres Gespür für das Erkennen von Wahrheit als Mitmenschen anderer Seelenalter (Stevens, 1990:47f)

Angesichts der Tatsache, dass Esoterik in Mode gekommen ist und spirituelle Erfahrungen neue Abenteuer sind, erscheint es wichtig zu erwähnen, dass das Seelenalter keinen Verdienst darstellt – genauso wenig wie das körperliche Alter. Ein hohes Seelenalter bedeutet auch nicht einfach ein generelles Reifer- oder Besser-Sein, sondern einfach nur ein Mehr an Erfahrungen hinsichtlich der Inkarnationen im menschlichen Körper als ein Aspekt des Menschseins neben vielen anderen Aspekten.

Also auch hier gilt: „Alter schützt vor Torheit nicht". Eine Alte Seele kann eine sehr wenig entwickelte Psyche besitzen und von ihren Ängsten völlig eingenommen sein. Zudem scheint es noch viele weitere Aspekte des Menschseins zu geben, von denen viele erst noch erforscht werden.

Leitfaden: **Leben aus der INNEREN WELT: Einsamkeit und Verbundenheit – Rückerinnerung.**
Motto: „Du machst, was Du willst, und ich werde tun, was ich will" (Stevens, 1990:75).
Wahrnehmungsperspektive: **Du und ich sind wir** (Stevens, 1990:56).

„Warum Menschen einander etwas antun…" – geprägt durch ihr Seelenalter

Diese Beobachtung hat mich herum gebeutelt. Kam ich doch vom humanistischen Gymnasium und war mit der humanistischen Psychotherapie groß geworden. „Jeder Mensch ist gut", hatte ich gelernt. Es läge nur an der Kindheit, an den Traumata… Doch so war es nicht. Je länger ich mit Menschen arbeitete und je mehr ich im praktischen Leben studierte, wie Leid entsteht und wie Glück gelingt, desto mehr sah ich, dass es den einen Menschen ein inneres Ziel ist, Liebe zu leben, an dem sie arbeiten, bis sie es können – und wo sie es nicht schaffen, schädigen sie lieber sich selbst als den anderen. Die anderen Menschen nehmen sich, was sie glauben zu brauchen, auch auf Kosten der anderen Menschen.

Bei einer **Kind-Seele** ist es klar: Der Mensch will haben, will versorgt werden. Und wenn er die Chance sieht auf viel bekommen reagiert er wie ein verwöhntes Kind: Er setzt sich hin, schreit, manipuliert oder wird gewalttätig, bis er bekommt, was er will.

Dass er andere damit verletzt, nimmt er nicht wahr, erscheint ihm auch nicht wichtig. Er ist ganz in der Egozentrik eines Kleinkinds gefangen, auch wenn er oder sie ein erwachsener Mensch ist. – Und das kann man ihm oder ihr auch nicht beibringen.

Da der Mensch in diesem Seelenalter sehr am Kollektiv hängt, gibt es für ihn nur eines, was ihn über seine kindliche Haben-Wollen-Haltung hinaushilft: die Meinung des Kollektivs zu dem er gehört. Hier will er „der Tolle" sein, hier geht es um Ehre – um jeden Preis, auch Mord. D.h. in diesem Seelenalter wird auch Mord innerlich gerechtfertigt als „Ehrenmord" aber auch das Töten anderer Menschen „für Gott" Ein Beispielland hierfür wäre der Islamische Staat und jede Form des aggressiven religiösen Fundamentalismus.

Bei den **Jungen Seelen** verhält es sich so, dass sie auch haben wollen. Sie kämpfen dafür, wachsen dafür über sich selbst hinaus nach dem Motto „Denke nach und werde reich!". Sie treten schon ein für ihr Glück, haben klare Werte – und eine ausgeprägte Doppelmoral. Sie wollen gut sein, nur schaffen sie es nicht, verbergen es. Das sind die großzügigen Gönner in der Außenwelt, die zuhause ihre Frauen schlagen und ihre Kinder quälen. Das sind die „tollen Frauen", die zuhause despotisch sind oder alles schleifen lassen.

Auch in diesem Seelenalter ist die Meinung des Kollektivs wichtig, doch mehr, um den eigenen Wert zu bezeugen. Der Mensch will Statussymbole, will äußeren Erfolg und Macht, will Glück – und wenn ihm jemand etwas antut, dann „darf" er auch töten. Das ist gerecht. Junge Seelen töten nicht von sich aus, hier haben sie ein klares Wertesystem. Sie töten, „weil" ihnen jemand etwas angetan hat – und an diesem Punkt können sie so manipulieren, dass es so aussieht, als hätte jemand ihnen etwas angetan.

Ein Beispielland hierfür wären die USA. Wir sehen das in Filmen wie „Navi CIS" und positiv im sogenannten „amerikanischen

Traum" vom freien, gerechten Leben, in welchem die Bösen bestraft werden und die Guten siegen.

Reife Seelen machen sich frei von sozialen Konventionen und entdecken ihr eigenes Innere – und damit, was sie alles falsch machen. Sie sind vollauf beschäftigt, all ihre Fehler einzugestehen und für ein gutes, menschliches und soziales Miteinander einzutreten. Doch durch dieses innere beschäftigt sein können reife Seelen nicht genau sehen, wie anders der andere Mensch wirklich ist. Sie hoffen mehr als sie sehen, wenn sie den anderen positiv sehen. Und sie projizieren mehr ihre Ängste, wenn sie den anderen negativ sehen. Da ihnen dies einigermaßen bewusst ist, machen sie am liebsten nichts, halten „an ihrem Stühlchen fest" und schauen wieder zurück auf die eigenen Fehler. Das ist, wie sich ein Großteil der Deutschen verhält und was sich so schön in der neuen Wortprägung „Merkeln" für die Politik von Frau Angela Merkel ausdrückt. Gelebte Liebe jedoch ist BE-Ziehung und nicht etwa ein einseitiges Immer-auf-die-eigenen-Fehler-Gucken.
Mord und Gewalt ist hier ein klares „no go", so wie es in der deutschen Verfassung niedergeschrieben und für den Großteil der Deutschen auch stimmig ist. Zu dieser Entwicklung gehörte auch die Negativ-Erfahrung des Dritten Reiches als eine Jung-Seelen-Erfahrung, in deren Folge sich die Menschen in einem Ausmaß zum Frieden entwickelt haben, wie es noch nie zuvor der Fall gewesen ist. Die sonst eher vor lauter Innenbeschäftigung „alles erduldenden" reifen Seelen Deutschlands haben sich dadurch aufgerafft, aktiv gegen extreme Strömungen vorzugehen.

Auch die Flüchtlingsthematik könnte dazu dienen, sich hier weiter in Richtung Liebe zu entwickeln – und zwar nicht im Sinne eines „Wir haben uns alle lieb" und „jeder Mensch ist gut", sondern im Sinne eines genauen Hinschauens, wer warum kommt, ob es ein wirklicher Flüchtling ist, der dankbar für jeden Platz ist, an dem er nicht getötet wird und nicht hungert, oder ob es eher ein „Auswanderer" ist, der unbedingt nach Deutschland will, um den dortigen höheren Lebensstandard zu genießen, hierfür aber weder umgehend die Sprache lernt, noch eine für Unterstützung entsprechend dankbare Haltung einnimmt und die deutsche Verfassung sowie die Deutschen achtsam behandelt.

Alte Seelen sind frei von sozialen Konventionen, sind in mehr oder weniger gutem Kontakt mit ihrem eigenen Inneren und drücken ihr Inneres im Alltag aus. Liebe zu leben, ist etwas, was sie innerlich brauchen und kein äußerer Wert mehr. Doch auch sie schwimmen oftmals, wie das genau geht. Sie fühlen so sehr mit dem anderen, dass sie oftmals versucht sind, ihre Bedürfnisse für die des anderen zurückzunehmen. Wenn sie Angst bekommen oder mangelnde Bewältigungsfähigkeiten haben, werden auch sie dem andern Leid zufügen. Aber sie spüren, was passiert, es ist ihnen arg, sie ringen und suchen …

EXKURS

Die religiöse Ebene

Hier einige Kapitel für alle, die Lust haben, die Aussagen der Bibel in Bezug auf Mann, Frau und Paarbeziehung auf unübliche Weise kennen zu lernen.
Vorsicht: die folgenden Aussagen können Ihr bisheriges Verständnis von Paarbeziehung umkrempeln und Ihnen gleichzeitig verborgene Potenziale Ihres Frauseins/Mannseins erlebbar machen und einige Aha-Erlebnisse provozieren.

1. Hatten die alten Moralvorstellungen doch ihren Sinn?

Auf meiner Suche nach dem, was Paarbeziehung wirklich heilt, begann ich mich mit den alten Moralvorstellungen auseinander zu setzen und sie auf ihren Wirkungsgehalt zu überprüfen:
Was hat heilende Kraft für das Miteinander eines Paares? Was engt uns nur ein? Was wertet Frauen ab und worin liegt eine tiefere Weisheit?
Ich sah viele Aspekte, die uns Frauen wohltun, die uns schützen, sexuell erregen, die die weibliche Kraft fördern, und viele Aspekte, die die Männer stärken und sexuell anziehend machen.
Und ich sah auch seltsam Formuliertes – zum Teil mir unverständlich erscheinend, zum Teil antiquiert.

So studierte ich die Bibel in den Originaltexten. Meine humanistische Ausbildung in Altgriechisch und Latein leistete gute Dienste, denn ich konnte den Wortbedeutungen auf den Grund gehen, ohne mich in den zahlreichen hoch-intellektuellen

Bibelkommentaren und Interpretationen zu verlieren. (Leider kann ich kein Hebräisch – hier half mir ein guter Freund und Theologe, dem ich hiermit nochmals herzlich danke.)

Die Bibel erscheint mir persönlich als ein sehr eigenartiges Buch, in welchem ein tiefes Völkerwissen über das Funktionieren menschlicher Beziehungen zusammenfließt mit Interpretationen der Überlieferer, die oft strafenden, drohenden und frauenfeindlichen Charakter haben. Es klingt in meinen Ohren, als wären viele Teile von Männern niedergeschrieben worden, die unmutig waren über die Macht der Frauen in Bezug auf die Fortpflanzung und die Paarbeziehung und dem entgegenwirken wollten.
Ich versuche im Folgenden, hinter diese frauenfeindlichen Äußerungen zu blicken und Aspekte eines von alters her verankerten Völkerwissens herauszuarbeiten, welche uns als moderne Paare hilfreich sein können.

Die folgenden Bibelstellen haben meine bisherige paartherapeutische Arbeit besonders in Frage gestellt, mich zum Widerspruch herausgefordert und im Ringen mit ihren Inhalten meine Paartherapien erfolgreicher gemacht.

WICHTIG: Wenn ich mich hier einem „heißen Eisen" wie der Geschlechterrollenverteilung in der Bibel und deren Relevanz für die heutige Paartherapie annähere, möchte ich vorab nochmals klarstellen:
Ich bin nicht etwa dafür, Frauen „zurück an den Herd" zu beordern! (Ich bin selbst immer berufstätig gewesen und möchte diese Möglichkeit auch für meine Kinder und Kindeskinder erhalten – als Möglichkeit, nicht als Zwang.)
Sondern: Ich möchte das Potenzial in Menschen entfalten. Und Frauen und Männer haben unterschiedliche Hirnstrukturen, weshalb auch ihre Potenziale unterschiedlich sind. Diese möchte

ich herausarbeiten zum Wohle aller. Es geht hier um Fortschritt im Sinne einer **Integration aller sieben Ebenen des Menschen: Die Integration der Polaritäten von weiblich und männlich in unsere gereifte Menschheit,** welche im Zuge der Industrialisierung in Vergessenheit geriet und zuvor stark frauenfeindliche Züge angenommen hatte.

2. Die Bindung zwischen Mann und Frau

Anmerkungen zum Umgang mit Originaltexten und Übersetzungen:
Die Originaltexte werden im Folgenden im Altgriechischen wiedergegeben,
die theologische Übersetzung in der Schrift „Arial".
Meine Alternativ-Übersetzungen zu den üblichen, theologischen Übersetzungen sind in der Schrift „Times Roman" kursiv gesetzt.

1 Mo 1,27 (Genesis 1,27)
27 καὶ ἐποίησεν ὁ θεὸς τὸν ἄνθρωπον, κατ' εἰκόνα θεοῦ ἐποίησεν αὐτόν, ἄρσεν καὶ θῆλυ ἐποίησεν αὐτούς.
Rahlfs, Alfred (Hrsg.); Hanhart, Robert (Hrsg.): Septuaginta: SESB Edition. Stuttgart : Deutsche Bibelgesellschaft, 2006, S. Gen 1,27.

27 Und Gott schuf den Menschen nach seinem Bild, nach dem Bild Gottes schuf er ihn; als Mann und Frau schuf er sie.
Die Bibel. Elberfelder Übersetzung, Revidierte Fassung. R. Brockhaus Verlag, 1985, S. Gen 1,27.

Interpretation:
Der Mensch als die Vereinigung von Mann und Frau – in dieser Vereinigung ist der Mensch gottgleich, während Mann und Frau für sich allein jeweils noch nicht gottgleich sind. Erst durch die Vereinigung erreichen beide also spirituelle Erleuchtung.

Das enthält viel Wahrheit:
Als Einzelindividuum sich auf den spirituellen Weg zu machen ist schwer genug – nicht selten „versteigen" sich Menschen auf diesem Weg, wie man bei den Suchenden im Bereich der Esoterik und Meditation sehen kann. Viele geraten in größere Neurosen und erkranken reell an einer Depression, anstatt Heilung zu erfahren. Hier ist der Weg des Paares zwar härter, aber auch sicherer heilend, denn jede falsch eingeschlagene Richtung macht sich sofort bemerkbar in einem Kräfteverlust der eigenen Person oder der des Partners, ohne dass man sich gegenseitig etwas vormachen kann. Gleichzeitig ist die Herausforderung größer, da man ständig im Alltag üben muss, über das eigene Ego hinaus und zum Partner hin zu wachsen.

1 Mo 2,18 – 21 (Genesis 2,18 – 21)
18 Καὶ εἶπεν κύριος ὁ θεός Οὐ καλὸν εἶναι τὸν ἄνθρωπον μόνον· ποιήσωμεν αὐτῷ βοηθὸν κατ' αὐτόν. 19 καὶ ἔπλασεν ὁ θεὸς ἔτι ἐκ τῆς γῆς πάντα τὰ θηρία τοῦ ἀγροῦ καὶ πάντα τὰ πετεινὰ τοῦ οὐρανοῦ καὶ ἤγαγεν αὐτὰ πρὸς τὸν Αδαμ ἰδεῖν, τί καλέσει αὐτά, καὶ πᾶν, ὃ ἐὰν ἐκάλεσεν αὐτὸ Αδαμ ψυχὴν ζῶσαν, τοῦτο ὄνομα αὐτοῦ. 20 Καὶ ἐκάλεσεν Αδαμ ὀνόματα πᾶσιν τοῖς κτήνεσιν καὶ πᾶσι τοῖς πετεινοῖς τοῦ οὐρανοῦ καὶ πᾶσι τοῖς θηρίοις τοῦ ἀγροῦ, τῷ δὲ Αδαμ οὐχ εὑρέθη βοηθὸς ὅμοιος αὐτῷ. — 21 καὶ ἐπέβαλεν ὁ θεὸς ἔκστασιν ἐπὶ τὸν Αδαμ, καὶ ὕπνωσεν· καὶ ἔλαβεν μίαν τῶν πλευρῶν αὐτοῦ καὶ ἀνεπλήρωσεν σάρκα ἀντ' αὐτῆς.
Rahlfs, Alfred (Hrsg.); Hanhart, Robert (Hrsg.): Septuaginta: SESB Edition. Stuttgart : Deutsche Bibelgesellschaft, 2006, S. Gen 2,18-21.

18 Und Gott, der HERR, sprach: Es ist nicht gut, dass der Mensch allein sei; ich will ihm eine Hilfe machen, die ihm entspricht. 19 Und Gott, der HERR, bildete aus dem Erdboden alle Tiere des Feldes und alle Vögel des Himmels und er brachte sie zu dem Menschen, um zu sehen, wie er sie nennen würde; und genauso

wie der Mensch sie, die lebenden Wesen, nennen würde, <so> sollte ihr Name sein. 20 Und der Mensch gab Namen allem Vieh und den Vögeln des Himmels und allen Tieren des Feldes. Aber für Adam fand er keine Hilfe, ihm entsprechend.
Die Bibel. Elberfelder Übersetzung, Revidierte Fassung. R. Brockhaus Verlag, 1985, S. Gen 2,18-21.

Anmerkung: In der Bibel ist mit „Mensch" immer „Mann" – gemeint - auch ein Hinweis auf die Egozentrik der Männer, die diese Lehre tradiert haben.

Interpretation:
Der Mann braucht Hilfe, deshalb hat er die Frau bekommen, weil er alleine nicht zur Erleuchtung kommt und auch nicht richtig zurechtkommt.
Dies entspricht den Ergebnissen der modernen Entwicklungspsychologie, nach welchen verheiratete Männer länger leben als unverheiratete. Interessanterweise leben verheiratete Frauen nicht länger als unverheiratete. Frauen scheinen mir hier gesundheitlich nicht gerade von der Ehe zu profitieren, was ich als Paartherapeutin häufig beobachten kann. Oftmals blühen die Frauen nach einer Trennung förmlich auf – das Phänomen der lustigen Witwe ist auch sprichwörtlich bekannt. Hier läuft in den Ehen für die Frauen etwas schief, dass sie mehr verlieren als gewinnen! Vermutlich gehen deshalb Trennungen zumeist von den Frauen aus. Immer mehr Frauen ziehen es vor, ihre Kinder allein zu erziehen.

1 Mo 2,22 – 23 (Genesis 2,22 – 23)
22 καὶ ᾠκοδόμησεν κύριος ὁ θεὸς τὴν πλευράν, ἣν ἔλαβεν ἀπὸ τοῦ Αδαμ, εἰς γυναῖκα καὶ ἤγαγεν αὐτὴν πρὸς τὸν Αδαμ. 23 καὶ εἶπεν Αδαμ Τοῦτο νῦν ὀστοῦν ἐκ τῶν ὀστέων μου καὶ σὰρξ ἐκ τῆς

σαρκός μου· αὕτη κληθήσεται γυνή, ὅτι ἐκ τοῦ ἀνδρὸς αὐτῆς ἐλήμφθη αὕτη.
Rahlfs, Alfred (Hrsg.); Hanhart, Robert (Hrsg.): Septuaginta: SESB Edition. Stuttgart : Deutsche Bibelgesellschaft, 2006, S. Gen 2,22-23.

22 und Gott, der HERR, baute die Rippe, die er von dem Menschen genommen hatte, zu einer Frau, und er brachte sie zum Menschen. 23 Da sagte der Mensch: Diese endlich ist Gebein von meinem Gebein und Fleisch von meinem Fleisch; diese soll Männin heißen, denn vom Mann ist sie genommen.
Die Bibel. Elberfelder Übersetzung, Revidierte Fassung. R. Brockhaus Verlag, 1985, Gen 2,22-23.

22 und Gott, der Herr, baute die Rippe, die er von Adam genommen hatte, zu einer Frau und führte sie zu Adam. 23 Und Adam sagte: diese ist jetzt Knochen von meinem Knochen und Fleisch von meinem Fleisch. Sie wird Frau genannt, weil sie aus dem Manne genommen wurde.

Interpretation:
Also, die Frau wurde *nach* dem Manne erschaffen, und zwar *nicht aus Erde wie der Mann*, sondern *aus seiner Rippe*, so die Überlieferung. - Damit wäre nach dem Alten Testament die Frau *quasi als Weiterentwicklung aus der Struktur des Mannes heraus* erschaffen.
Auch hier taucht wieder der Aspekt auf, dass die Frau dem Manne „zur Hilfe" erschaffen wurde, und wieder findet sich die erwähnte Übereinstimmung mit der modernen Entwicklungspsychologie. Der Mann braucht die Frau. Die Frau jedoch scheint den Mann eher weniger zu brauchen. Daraufhin könnte das Phänomen der „lustigen Witwe" hinweisen. Viele Frauen „blühen förmlich auf" nach dem Tod ihres Mannes, als ob eine Last von ihnen abgefallen sei. Ähnliches berichten auch Frauen nach der Trennung von

ihrem Mann – sogar diejenigen, die nun die Kinder alleine erziehen, oftmals neben ihrer Berufstätigkeit.
Die Frauen kommen offensichtlich in unserer Kultur ohne Mann eher besser klar als mit Mann, und Ehen gehen in unserer Kultur häufiger zu ihren Lasten.

Seltsamerweise wird die „Weiterentwicklung des Mannes" in der Elberfelder Übersetzung als „Männin" bezeichnet, was nicht nachvollziehbar ist, da im griechischen Text hier eindeutig das Wort γυνή, also „Frau", zu lesen ist.

Wenn sich zur damaligen Zeit tatsächlich die Männer bewusst waren, dass sie zum Überleben dringend eine Frau brauchen, versteht sich viel besser, dass sie bei einer solchen Bedeutsamkeit der Frau deren Macht abzumindern versuchen, indem sie intensive Abwertung der Frau betreiben. Zu groß war die beziehungsmäßige Macht der Frau schon zur damaligen Zeit.
Hierzu würde auch passen, dass die Frau „aus dem Mann" gemacht worden sein soll, wohingegen die moderne Evolutionsforschung belegt, dass der Mann aus dem weiblichen Embryo durch den Hormoneinschuss in der Schwangerschaft entsteht.

Was soll den damaligen Menschen hier wohl gesagt werden? Verdeutlichen wir uns, dass es mehr um eine bildhafte Sprache geht, die den damaligen Männern etwas nahebringen will.
Es soll ihnen gesagt werden: „Die Euch oft fremd und ganz anders wirkenden Frauen sind Eure „bessere Hälfte", nur durch sie werdet Ihr ganz. Also hütet sie wie Eure Augäpfel, seid liebevoll zu ihnen und geht eine fürsorgliche Bindung mit ihnen ein!"
Ich sehe hinter diesen seltsamen Formulierungen mehr den therapeutischen Aufruf dazu, dass die Männer die Frauen gut behandeln.

Einen interessanten Aspekt hierzu hat Hugo-Bert Eichmüller angesprochen. Er meint, wenn Männer nicht in ihrer männlichen Energie sind, wollen sie sich Energie von den Frauen holen, wollen nachgenährt werden. Wenn eine Frau diesem Wollen nachgibt, verausgabt sie sich.

Und weiter in
1 Mo 2,24 (Genesis 2,24)
24 ἕνεκεν τούτου καταλείψει ἄνθρωπος τὸν πατέρα αὐτοῦ καὶ τὴν μητέρα αὐτοῦ καὶ προσκολληθήσεται (Futur Passiv Indikativ von προσκολλάω) πρὸς τὴν γυναῖκα αὐτοῦ, καὶ ἔσονται οἱ δύο εἰς σάρκα μίαν.
Rahlfs, Alfred (Hrsg.); Hanhart, Robert (Hrsg.): Septuaginta: SESB Edition. Stuttgart : Deutsche Bibelgesellschaft, 2006, S. Gen 2,24.

24 Darum wird ein Mann seinen Vater und seine Mutter verlassen und seiner Frau <u>anhängen</u>, und sie werden zu einem Fleisch werden.
Die Bibel. Elberfelder Übersetzung, Revidierte Fassung. R. Brockhaus Verlag, 1985, S. Gen 2,24-25.

Anmerkung zur Übersetzung: Dieses Wort „anhängen", im Hebräischen דָּבַק (dâbaq), kann mit „ankleben" übersetzt werden, und kommt auch in anderen Zusammenhängen vor wie „einem König anhangen" (2 S20,2), „den Heiden anhangen" (Jos 23,12), „dem Gesetz anhangen" (Ps 119,31) und am häufigsten wird es verwendet für „Gott anhangen" (Dt 10,20; 11,22; 13,5; 30,20)

Ganz ähnlich wird dies im Neuen Testament formuliert, nämlich in <u>Matthäus 19/ 4- 6:</u>
4 ὁ δὲ ἀποκριθεὶς εἶπεν· οὐκ ἀνέγνωτε ὅτι ὁ κτίσας ἀπ' ἀρχῆς ἄρσεν καὶ θῆλυ ἐποίησεν αὐτούς; 5 καὶ εἶπεν· ἕνεκα τούτου καταλείψει ἄνθρωπος τὸν πατέρα καὶ τὴν μητέρα καὶ

κολληθήσεται τῇ γυναικὶ αὐτοῦ, καὶ ἔσονται οἱ δύο εἰς σάρκα μίαν 6 ὥστε οὐκέτι εἰσὶν δύο ἀλλὰ σὰρξ μία. ὃ οὖν ὁ θεὸς συνέζευξεν ἄνθρωπος μὴ χωριζέτω.
Nestle, Eberhard; Nestle, Erwin; Aland, Kurt; Aland, Barbara; Universität Münster. Institut für Neutestamentliche Textforschung: Novum Testamentum Graece. 27. Aufl., rev. Stuttgart: Deutsche Bibelstiftung, 1993, c1979, S. 52.

(Jesus spricht zu den Pharisäern auf ihre Frage, ob es einem Mann erlaubt ist, aus jeder Ursache seine Frau zu entlassen:
4 Er aber antwortete und sprach: Habt ihr nicht gelesen, dass der, welcher sie schuf, sie von Anfang an <als> Mann und Frau schuf 5 und sprach:»Darum wird ein Mensch Vater und Mutter verlassen und seiner Frau anhängen, und es werden die zwei ein Fleisch sein«, – 6 so dass sie nicht mehr zwei sind, sondern ein Fleisch? Was nun Gott zusammengefügt hat, soll <der> Mensch nicht scheiden.
Die Bibel. Elberfelder Übersetzung, Revidierte Fassung. R. Brockhaus Verlag, 1985, S. Mt 19,4-6.

Interpretation:

Der Mann löst sich aus dem Kosmos von Vater und Mutter und tritt über in den Kosmos der Frau – anscheinend in derselben Weise. Dort findet er Geborgenheit und Wärme. Dort muss er sich aber auch einordnen, so wie er sich seinen Eltern untergeordnet hat. Und – das Wort „anhängen" ist im Griechischen Futur Passiv geschrieben (κολληθήσεται), was wie folgt zu interpretieren sein dürfte: Der Mann hängt nicht einfach an, sondern er wird (Passiv) angehängt oder integriert oder er integriert sich. Und - er wird angehängt oder integriert werden (Futur) bzw. sich integrieren. Das tut er nicht einfach freiwillig, sondern er reift dazu in vielen existentiellen Erfahrungen über die Zeit, nicht etwa von heute auf morgen. Es ist der Weg des Mannes.
(Vgl.: An anderen Stellen im neuen Testament wird dieses κολληθήσεται als „sich einer größeren Gruppe anschließen, sich

integrieren in eine Gemeinschaft" übersetzt. Das findet sich in der Apg 17,34: „...τινὲς δὲ ἄνδρες κολληθέντες αὐτῷ ἐπίστευσαν, ..." d.h. „nämlich einige Männer schlossen sich ihm (Jesus) an"

SPR 18,22
22 Wer eine Frau gefunden, hat Gutes gefunden und hat Wohlgefallen erlangt von dem HERRN.
Die Bibel. Elberfelder Übersetzung, Revidierte Fassung. R. Brockhaus Verlag, 1985, S. Spr 18,22.

Für den Mann ist es also ein wichtiger Weg, um Wohlgefallen bei Gott zu erlangen, dass er eine Frau findet.
Auch dies stimmt mit den Beobachtungen der modernen Psychologie überein: Männer suchen sich nach einer Trennung sehr schnell (zumeist innerhalb eines Monats!) eine neue Partnerin, während Frauen viel länger allein bleiben (häufig ein Jahr und länger – besonders, wenn sie Kinder erziehen). Sie kommen alleine besser zurecht als Männer.

3. Die Frau als die Überbringerin der Erkenntnis, wofür sie seit alters her bestraft wurde.

1. Mose 3, 1ff (Genesis 3,1ff.)
Der Sündenfall und dessen Folgen
1 Und die Schlange war listiger als alle Tiere des Feldes, die Gott, der HERR, gemacht hatte; und sie sprach zu der Frau: Hat Gott wirklich gesagt: Von allen Bäumen des Gartens dürft ihr nicht essen? 2 Da sagte die Frau zur Schlange: Von den Früchten der Bäume des Gartens essen wir; 3 aber von den Früchten des Baumes, der in der Mitte des Gartens <steht>, hat Gott gesagt: Ihr sollt nicht davon essen und sollt sie nicht berühren, damit ihr nicht sterbt! 4 Da sagte die Schlange zur Frau: Keineswegs werdet ihr sterben! 5 Sondern Gott weiß, dass an dem Tag, da ihr davon esst, eure Augen aufgetan werden und ihr sein werdet wie Gott, erkennend Gutes und Böses.
Die Bibel. Elberfelder Übersetzung, Revidierte Fassung. R. Brockhaus Verlag, 1985, S. Gen 3,1-51.

Die Schlange spricht die Frau an und bietet ihr Erkenntnis an – sie spricht nicht etwa den Mann an. Und Gott soll diese Erkenntnis dem Menschen verboten haben, ja sogar Strafe hierfür angedroht haben. Tatsächlich werden die Menschen dafür bestraft mit Leiden, aber auch mit der Erkenntnis ihrer Nacktheit und der Einführung von Scham und Schuld.

Dies ist schon ein sehr egoistisches und sehr menschlich anmutendes Verhalten für Gott - wie an manch anderen Stellen des Alten Testaments auch.

Weiter ist zu lesen:
6 Und die Frau sah, dass der Baum gut zur Speise und dass er eine Lust für die Augen und dass der Baum begehrenswert war, Einsicht zu geben; und sie nahm von seiner Frucht und aß, und sie gab auch ihrem Mann bei ihr, und er aß. 7 Da wurden ihrer

beider Augen aufgetan, und sie erkannten, dass sie nackt waren; und sie hefteten Feigenblätter zusammen und machten sich Schurze.

8 Und sie hörten die Stimme Gottes, des HERRN, ... 11 Und er sprach: Wer hat dir erzählt, dass du nackt bist? Hast du etwa von dem Baum gegessen, von dem ich dir geboten habe, du solltest nicht davon essen? 12 Da sagte der Mensch: Die Frau, die du mir zur Seite gegeben hast, sie gab mir von dem Baum, und ich aß. 13 Und Gott, der HERR, sprach zur Frau: Was hast du da getan! Und die Frau sagte: Die Schlange hat mich getäuscht, da aß ich. 14 Und Gott, der HERR, sprach zur Schlange: Weil du das getan hast, sollst du verflucht sein unter allem Vieh und unter allen Tieren des Feldes! Auf deinem Bauch sollst du kriechen, und Staub sollst du fressen alle Tage deines Lebens!

15 Und ich werde Feindschaft setzen zwischen dir und der Frau, zwischen deinem Samen und ihrem Samen; er wird dir den Kopf zermalmen, und du, du wirst ihm die Ferse zermalmen.

16 Zu der Frau sprach er: Ich werde sehr vermehren die Mühsal deiner Schwangerschaft, mit Schmerzen sollst du Kinder gebären! Nach deinem Mann wird dein Verlangen sein, er aber wird über dich herrschen!

17 Und zu Adam sprach er: Weil du auf die Stimme deiner Frau gehört und gegessen hast von dem Baum, von dem ich dir geboten habe: Du sollst davon nicht essen! – so sei der Erdboden verflucht um deinetwillen: Mit Mühsal sollst du davon essen alle Tage deines Lebens; 18 und Dornen und Disteln wird er dir sprossen lassen, und du wirst das Kraut des Feldes essen! 19 Im Schweiße deines Angesichts wirst du <dein> Brot essen, bis du zurückkehrst zum Erdboden, denn von ihm bist du genommen. Denn Staub bist du, und zum Staub wirst du zurückkehren! ...

22 Und Gott, der HERR, sprach: Siehe, der Mensch ist geworden wie einer von uns, zu erkennen Gutes und Böses. Und nun, dass er nicht etwa seine Hand ausstrecke und auch <noch> von dem Baum des Lebens nehme und esse und ewig lebe!

23 Und Gott, der HERR, schickte ihn aus dem Garten Eden hinaus, den Erdboden zu bebauen, von dem er genommen war. **24** Und er trieb den Menschen aus und ließ östlich vom Garten Eden die Cherubim sich lagern, und die Flamme des zuckenden Schwertes, den Weg zum Baum des Lebens zu bewachen.
Die Bibel. Elberfelder Übersetzung, Revidierte Fassung. R. Brockhaus Verlag, 1985, S. Gen 3,6-24.

Also, weil die Frau die Erkenntnis gebracht hat, die den Menschen gottähnlicher gemacht hat (Vers 22), muss sie bei Schwangerschaft Mühsal und bei der Geburt Schmerzen erleiden. (Vers 16) Als Frau und Mutter zweier Kinder erlebe ich dies als „typisch männliche Interpretation". Der Entbindungsprozess – so wie ich ihn erleben durfte: Frei, zuhause, in meinen eigenen Räumen, auf meine eigene Art und Weise, war jedes Mal ein tiefer spiritueller Prozess, bei dem die Schmerzen eine Hilfe waren, mich tieferen Dimensionen meines Seins zu öffnen. Das war keine Strafe, das war ein Geschenk, das ich gerne noch viel öfters erlebt hätte. Und: Schmerzen werden in allen Eingeborenenkulturen genutzt, um zu entgrenzen, was bedeutet, sich über die Enge des menschlichen Ichs hinaus zu erweitern und damit spirituelle Erfahrungen zu machen. Warum sollte dies eine Strafe sein?

Und weiter ist im Vers 16 zu lesen: „Nach deinem Mann wird dein Verlangen sein, er aber wird über dich herrschen!"

Es ist also auch die Strafe für uns Frauen für unser Erkenntnisstreben, dass wir uns nach Nähe zu unseren Männern sehnen, diese aber nicht bekommen, sondern von ihnen beherrscht werden.
Und weiter: Die Schlange wird in vielen Kulturen als Symbol für Transformation und Heilung verstanden. Auch hier bringt die Schlange eine Erkenntnis, die gottähnlicher macht und nur einen Schritt vom ewigen Leben entfernt sei (Vers 22) – nur, das ist böse.

Für wen eigentlich?? Vielleicht ist es gut, das Ganze einmal aus dieser Warte zu betrachten.

Und zuletzt: Weil der Mann auf die Stimme seiner Frau gehört hat, muss er jetzt den Lebensunterhalt sehr beschwerlich verdienen (Vers 17-19). Auch soll Feindschaft zwischen Mann und Frau sein und „zwischen deinem Samen und ihrem Samen; er wird dir den Kopf zermalmen, und du, du wirst ihm die Ferse zermalmen. (Vers 15)

Diese Formulierung ist so seltsam, dass es wichtig erscheint, den Originaltext zu betrachten:
¹⁵καὶ ἔχθραν θήσω ἀνὰ μέσον σου καὶ ἀνὰ μέσον τῆς γυναικὸς καὶ ἀνὰ μέσον τοῦ σπέρματός σου καὶ ἀνὰ μέσον τοῦ σπέρματος αὐτῆς· αὐτός σου τηρήσει κεφαλήν, καὶ σὺ τηρήσεις αὐτοῦ πτέρναν.

Rahlfs, Alfred (Hrsg.); Hanhart, Robert (Hrsg.): Septuaginta: SESB Edition. Stuttgart : Deutsche Bibelgesellschaft, 2006, S. Gen 3,15.

Übersetzung:
Und ich werde Feindseligkeit/böser Wille/Hass hineinbringen zwischen dich und die Frau, zwischen deinem Nachkommen und dem Nachkommen der Frau; sie wird dir den Kopf festhalten/zurückhalten/bewachen, und du, du wirst ihr die Ferse festhalten/zurückhalten/bewachen.

Wörterbuch-Auszug:
τηρέω keep, observe, obey, pay attention to; keep under guard, keep in custody; keep back, hold, reserve; maintain, keep firm; ...
Newman, Barclay Moon: Concise Greek-English Dictionary of the New Testament. Stuttgart, Germany: Deutsche Bibelgesellschaft; United Bible Societies, 1993, S. 181
Deutsche Übersetzung lt. Übersetzungsprogramm „First Class Übersetzer":
(fest)halten, bemerken, befolgen, aufpassen; Wache halten, in Aufsicht halten; Reserve zurückhalten, behaupten, standhaft bleiben.

Komisch, ich finde keinen Hinweis auf „zermalmen". Was aber deutlich ist, dass Mann und Frau wohl durch die Erkenntnis nicht mehr im Frieden mit den Unterschieden zwischen sich lebten, sondern diese plötzlich als bösen Willen empfanden – und zwar in allen folgenden Generationen von Männern und Frauen – genau das, was auch heutige Paare beschreiben.
Die Frauen werden den Männern „den Kopf festhalten" und die Männer den Frauen die Fersen. Das ist ja spannend: Was passiert denn, wenn die Frau dem Manne „den Kopf festhält"? Er kann nicht davonrennen in immer neue Heldentaten, sondern muss sich um das zwischenmenschliche Denken kümmern.
Und was passiert, wenn der Mann der Frau die Fersen festhält? Sie kann nicht davonrennen in immer neue psychische Erkenntnisse, sondern muss sich mit ihm genau dort auseinandersetzen, wo er steht. Das klingt dem „Sich-unterordnen" unter den Mann sehr ähnlich.

Man kennt dasselbe in der Teamarbeit. Die Leistung eines Teams richtet sich immer nach dem schwächsten Glied: Der Mann muss sich in seinen Heldentaten zügeln, um die Frau nicht mit immer neuen Abenteuern zu überfordern. Und die Frau muss sich in ihren psychischen Herausforderungen zügeln, um den Mann nicht mit zu viel „Psycho-Kram" zu überfordern.

Mein Fazit: Dieses Kapitel hat vermutlich ein Mann interpretiert, der von dem tiefen Erleben einer Frau keine Ahnung hat. Ja, sie bringt Erkenntnis. Das zeigen auch viele Studien der Entwicklungspsychologie: Die Frauen bringen den Veränderungsimpuls in eine Ehe, und sie sind es auch, die zumeist den Impuls zur Trennung geben.

Also so negativ, so frauenfeindlich wirkt das gar nicht, wenn man es einmal ohne „Theologen-Augen" übersetzt.

Im Neuen Testament sind es dann wiederum in der Mehrzahl Frauen, denen der auferstandene Jesus zuerst begegnet und denen er einen Auftrag für die Jünger gibt: Maria Magdalena, Johanna und Maria, die Mutter des Jakobus, denen er mitteilt, dass sie die Jünger auffordern sollen, nach Galiläa zu gehen, um ihn dort zu sehen:

Matthäus 28,1-10
1 Aber nach dem Sabbat, in der <Morgen>dämmerung des ersten Wochentages, kam Maria Magdalena und die andere Maria, um das Grab zu besehen. ... 9 Und siehe, Jesus kam ihnen entgegen und sprach: Seid gegrüßt! Sie aber traten zu <ihm>, umfassten seine Füße und warfen sich <vor ihm> nieder. 10 Da spricht Jesus zu ihnen: Fürchtet euch nicht! Geht hin, verkündet meinen Brüdern, dass sie hingehen nach Galiläa! Und dort werden sie mich sehen.
Die Bibel. Elberfelder Übersetzung, Revidierte Fassung. R. Brockhaus Verlag, 1985, S. Mt 28,1-10.

Noch deutlicher wird die erkenntnisbringende Funktion der Maria Magdalena in den sogenannten gnostischen Schriften, besonders im „Evangelium nach Maria". Dies ist eine von vier Schriften aus dem koptischen Papyrus Berolinensis 8502, die Maria Magdalena zuzuordnen sei (z.B. Prof. Gerd Lüdemann, Das Judas-Evangelium und das Evangelium nach Maria, Stuttgart 2006, S. 91ff.). Hier wird beschrieben, wir der auferstandene Jesus in einem Dialog Maria und den Jüngern die tieferen, mystischen Aspekte seiner Lehre vermittelt.
Folgender wesentlicher Aspekt von Heilung sei erläutert (S. 92-93):

„Dann sagte Petrus zu ihm: „Du hast uns alle Dinge erklärt; sage uns noch dieses eine: Was ist die Sünde der Welt?" Der Erlöser antwortete: „Es gibt keine Sünde; sondern ihr macht die Sünde, wenn ihr handelt entsprechend der Natur der Unzucht, welche „die Sünde" heißt. Deshalb kam das Gute in eure Mitte; es hat sich mit denen der Natur verbunden, um sie in ihre Wurzel einzusetzen." Dann fuhr er fort: „Deshalb seid ihr krank und sterbt, weil ihr liebt, was euch irreleiten wird. Wer versteht, möge verstehen! (Die Materie (erzeugte) eine Leidenschaft ohnegleichen, die aus Widernatürlichem hervorgegangen ist. Dann entsteht eine Erregung im ganzen Leib. Deshalb habe ich euch gesagt: „Werdet mutig. Und wenn ihr schon mutlos seid, mutig doch im Hinblick auf die verschiedenen Gestalten der Natur. Wer Ohren hat, der möge hören!"

Lüdemann interpretiert das Problem der Sündigkeit und des Leids als „bedingt durch die Vermischung der geistigen und sinnlichen Natur". Es gebe keine Sünde an sich, sondern der Mensch würde die Sünde schaffen, indem er den Impulsen seiner sinnlichen Natur folge, anstatt der geistigen Natur.

Die Sünde vermische Dinge, die nicht miteinander vermischt werden sollten, nämlich die geistige mit der sinnlichen Natur – und dies führe zu Krankheit und Tod. Deshalb sage der Erlöser:

„An dem Ort, wo der Verstand (griech. **νοῦς**) ist, dort ist der Schatz." (Kap. 10 im Evangelium nach Maria in Lüdemann, 2006, S. 98) und beschreibt dies weiter auf Marias Frage, wo man eine Vision sehe: „Weder durch die Seele noch durch den Geist sieht er, sondern der Verstand, der in der Mitte von diesen beiden ist, er ist es, der die Vision sieht und er ist es, der ..." (S. 98 in Lüdemann, 2006)

Nach meinen Erkenntnissen würde ich dies für den Bereich der Partnerschaft etwa so formulieren:

Um nicht immer wieder immenses Leid in der Partnerschaft zu erleben, ist es sinnvoll, vom Verstand aus – und damit von der

PSYCHE (vgl. Kap. 7, ARCHEMAH-Struktur, bzw. Kap. 7.4.) eine Ordnung zu beachten zwischen den Kräften der Paardynamik, insbesondere dem Geschlechtstrieb und den seelischen wie geistigen Impulsen. Auf der PAAR-EBENE ist es wichtig, eine Ordnungsstruktur einzuhalten – ebenso wie auf der Ebene der SOZIALSYSTEME. Auf der Ebene des GEISTES und der SEELE hingegen braucht der Mensch Freiraum und Lösung von der Materie, um Erfüllung zu finden. Ansonsten droht er in der Beengung der Grenzen der Materie zu „ersticken".
Und hierzu hat Maria Magdalena den „Draht", wie sie erzählt: „Ich sah den Herrn in einer Vision, und ich sagte zu ihm: Herr, ich sah dich heute in einer Vision. Er antwortete mir:
„Wohl dir, dass du nicht wankst bei meinem Anblick! Denn an dem Ort, wo der Verstand ist, dort ist der Schatz."
(Lüdemann, 2006, S. 98)

Die PSYCHE kann vermittels der Kraft des **Mutes** und der **Entscheidung** Wege aus dem Leiden finden, aber es bedarf dieser beiden Aspekte: **Mut** und **Entscheidung**, einen besseren Weg zu gehen, um lieben zu lernen. Dies ist dasselbe, was ich in den Paartherapien den Menschen aufzeige, ganz im Sinne des folgenden Bibelverses:

2. Timotheus 1.7
7 οὐ γὰρ ἔδωκεν ἡμῖν ὁ θεὸς πνεῦμα δειλίας ἀλλὰ δυνάμεως καὶ ἀγάπης καὶ σωφρονισμοῦ.
Nestle, Eberhard; Nestle, Erwin; Aland, Kurt; Aland, Barbara; Universität Münster. Institut für Neutestamentliche Textforschung: Novum Testamentum Graece. 27. Aufl., rev. Stuttgart: Deutsche Bibelstiftung, 1993, c1979, S. 551.

7 Denn Gott hat uns nicht einen Geist der Furchtsamkeit (oder: Mutlosigkeit, Feigheit) gegeben, sondern der Kraft und der Liebe und der Zucht (oder: Besonnenheit).

Die Bibel. Elberfelder Übersetzung, Revidierte Fassung. R. Brockhaus Verlag, 1985, S. 2. Tim.1.7.

Diese Grundhaltung ist das Credo für eine gelingende Paarentwicklung, die „Feuerprobe", wie David Schnarch es in seinem Konzept von Paar- und Sexualtherapie bezeichnet (z.B. sein Buch „Die Psychologie sexueller Leidenschaft" 1997, 13. Auflage 2012).

Dieselbe Antwort des auferstandenen Jesu auf die Frage des Petrus übersetzt Elias Rubenstein, Lehrer und Präsident der Gesellschaft Hermetik International, auf Website wie folgt:

„Es gibt keine Sünde. Ihr erschafft Sünde, indem ihr jene Dinge tut, die wie die Natur des Ehebruchs sind, die Sünde genannt werden. ..." ... „Dies ist der Grund, wieso ihr krank werdet und sterbt. Denn ihr entbehrt das eine, das euch heilen kann. Wer einen Geist hat zu verstehen, der verstehe. Die Materie gebar eine Leidenschaft, der keiner ebenbürtig ist und aus etwas der Natur Gegensätzlichem entstand. Denn darauf folgt eine Störung des ganzen Körpers. Dies ist auch der Grund, wieso ich sagte: „Seid guten Mutes!", wenn ihr entmutigt seid, seid mutig in der Gegenwart der verschiedenen Formen der Natur. Wer Ohren hat, der höre."

Website der Hermetik International, Historische Schriften, Ausdruck am 08.06.14.

Diese Worte wirken etwas leichter verständlich und zeigen gleich mehrere Aspekte von Heilung auf, welche ich nach inzwischen 20jähriger Heilungsforschung ganz ähnlich beschreiben würde, ohne dass ich zuvor von diesem Evangelium gehört hätte:

1) Sobald die Seele in einem Körper ist, also sobald die Materie wirkt, entsteht eine „Leidenschaft", ein intensives Leiden, das nicht natürlich ist und das ich die **Angst** nenne: Etwas, das engmacht, das uns aus unserer Mitte

bringt und anders handeln lässt, als es mit unserem Inneren übereinstimmt.
2) Diese Angst verursacht eine Störung im Körper, da sie zur Anspannung führt (lateinisch „angustinus", d.h. eng) und somit zu mangelndem Fluss im Körper an Durchblutung, Atmung, Lymphe und Energie, wodurch es zu Stauungen, Ansammlung von Schlacken, Störung der Selbstheilungskräfte und damit zur **Erkrankung** kommt.
3) Das Einzige, was hier wirklich hilft, ist **Mut** im Angesicht unserer angsteinflößenden Erfahrungen (Lüdemann/ Rubenstein: „angesichts der verschiedenen Formen/Gestalten der Natur").
4) Und im unten angefügten Text: Den eigenen Weg findet jeder nur in seinem Inneren, am konkretesten und am wenigsten selbsttäuschungsanfällig über die **Körperwahrnehmung**.

„Passt auf, dass niemand euch täuscht mit den Worten: „Seht hier" oder „Seht dort". Denn der Menschensohn ist in eurem Inneren. Folgt ihm! Die nach ihm suchen, sie werden ihn finden."
(Lüdemanns Übersetzung des Evangeliums nach Maria Magdalena, 8.11 – 9.5 in Lüdemann, 2006, S. 95)

In der gnostischen Literatur ist laut Prof. Lüdemann (2006, S. 108) Maria Magdalena auch außerhalb des nach ihr benannten Evangeliums „bevorzugt Empfängerin von Zuwendungen des Auferstandenen und Gegenstand kritischer Nachfragen aus dem Jüngerkreis."
„Maria hat infolge der persönlichen Abwesenheit Jesu eine Vertreterfunktion gegenüber dem männlichen Jüngerkreis inne. Sie bewältigt die Situation der nachösterlichen Verlassenheit nicht so sehr durch die Erinnerung an Jesu Wort, sondern durch geheime Offenbarungen, die Jesus ausschließlich ihr gewährt hat. Sie ist die

Urgnostikerin, deren Seele zusammen mit Jesus bereits eine Himmelsreise an vier feindlichen Mächten vorbei bestanden hat. Keine Person ist Jesus so nahe wie Maria" (S. 109 dess.).

Im Philippus-Evangelium, Spruch 32 steht laut Lüdemanns Übersetzung zu lesen (S. 110 dess.):
„Es waren drei, die allezeit mit dem Herrn wandelten: Maria, seine Mutter und ihre Schwester und Magdalene, die man seine Gefährtin nennt."

Auch in der Pistis Sophia, einem umfangreichen gnostischen Werk aus dem 3. Jahrhundert, hat Maria im Dialog mit dem auferstandenen Jesus „eine herausragende Bedeutung und bestreitet den Dialog mit Jesus ..." fast allein.
Jesus preist Maria als diejenige selig, „deren Herz mehr als alle deine Brüder auf das Himmelreich gerichtet ist." (I,17)"

Dafür erhält sie vor allem von Petrus „Schelte", indem dieser sich bei Jesus beschwert:
„Mein Herr, wir werden diese Frau nicht ertragen können, da sie uns die Gelegenheit nimmt und niemand von uns hat reden lassen, sondern vielmals redet". (I,36)

Und Maria Magdalena wendet sich wegen dieses Konflikts mit Petrus an Jesus mit den Worten:
„Ich fürchte mich vor Petrus, weil er mir droht und unser Geschlecht hasst." (I,72) *(zitiert nach Lüdemann, 2006, S. 112f.)*

Auch hier also schon eine Frau, die sich, wie es heute häufig geschieht, nicht begrenzen lässt von den Männern, sondern ihnen den Weg in psychisch-spirituelle Tiefen weist. Scheinbar hat sie wenig Rücksicht auf die Hirnstruktur der Männer genommen, welche nun einmal kein eigenes Sprachzentrum und weniger neuronale Verschaltungen im Bereich des Zwischenmenschlichen

haben und damit tiefe psychische Aspekte weniger leicht über Worte integrieren können als Frauen. Vielleicht hat diese Rücksichtslosigkeit Maria Magdalenas dazu geführt, dass die übrigen Jünger ihre Informationen wenig annehmen konnten, sondern eine vereinfachte Form des Christentums lehrten, die sich weltweit verbreitet hat.
Maria hatte sie einfach überholt und am Wegesrand stehengelassen. So entsteht keine Gemeinschaft, das ist keine Teamarbeit, das ist kein Weg der Liebe – und das erzeugt die Ablehnung der Männer.

Hier können wir heutigen Frauen einen besseren Weg einschlagen.

Wie sagte Barbara Brink, eine Trainerin in systemischer Familientherapie, einmal so schön: „Zur Erleuchtung kommen wir nur alle gemeinsam."

Anmerkung: Hier geht es keineswegs darum, Männer als „geistig minderbemittelt" darzustellen, wie ich das immer wieder höre, sondern hier geht es darum, dass das Potenzial von Männern in anderen Bereichen als dem Psychisch-Spirituellen liegt und sie hierdurch auch das Psychisch-Spirituelle mit einem anderen Blick sehen – mit einem Blick, der uns Frauen immer wieder wohltuend auf den Boden der Realität zurückholen kann.

4. Auf dem Weg zur „Einheit des Fleisches"

Der Brief des Apostel Paulus an die Epheser, die Bewohner der Stadt Ephesus, in welcher er zuvor eine christliche Gemeinde gegründet hatte, gibt konkrete Hinweise, wie sich Männer und Frauen zueinander verhalten sollen.

Epheser 5, 18 – 33
18 καὶ μὴ μεθύσκεσθε οἴνῳ, ἐν ᾧ ἐστιν ἀσωτία, ἀλλὰ πληροῦσθε ἐν πνεύματι, 19 λαλοῦντες ἑαυτοῖς [ἐν] ψαλμοῖς καὶ ὕμνοις καὶ ᾠδαῖς πνευματικαῖς, ᾄδοντες καὶ ψάλλοντες τῇ καρδίᾳ ὑμῶν τῷ κυρίῳ, 20 εὐχαριστοῦντες πάντοτε ὑπὲρ πάντων ἐν ὀνόματι τοῦ κυρίου ἡμῶν Ἰησοῦ Χριστοῦ τῷ θεῷ καὶ πατρί
Nestle, Eberhard ; Nestle, Erwin ; Aland, Kurt ; Aland, Barbara ; Universität Münster. Institut für Neutestamentliche Textforschung: Novum Testamentum Graece. 27. Aufl., rev. Stuttgart : Deutsche Bibelstiftung, 1993, c1979, S. 512.

18 Und berauscht euch nicht mit Wein, worin Ausschweifung ist, sondern werdet voller Geist, 19 indem ihr zueinander in Psalmen und Lobliedern und geistlichen Liedern redet und dem Herrn mit eurem Herzen singt und spielt! 20 Sagt allezeit für alles dem Gott und Vater Dank im Namen unseres Herrn Jesus Christus.
Die Bibel. Elberfelder Übersetzung, Revidierte Fassung. R. Brockhaus Verlag, 1985, S. Eph 5,18 - 20.

Interpretation:

Das klingt zunächst etwas sehr abgehoben nach einem „Dauer-Jubilieren". Paartherapeutisch interessant ist die Anregung zur Einnahme einer dankbaren Grundhaltung im Umgang mit dem Partner und zum Durchdringen des Miteinanders mit Geist, was wir heute als Bewusstheit und Achtsamkeit beschreiben würden. Auch der Hinweis auf den berauschten Zustand als partnerschaftsstörendem Gegenpol zum bewussten Zustand ist hilfreich, da viele Paare der „gefährlichen" Begegnung über die Jahre mit Alkoholkonsum ausweichen: Alkohol sediert, packt „in Watte" und lässt alles leichter erscheinen – und vermindert die Kontaktfähigkeit, weil er die Außen- wie die Innenwahrnehmung verändert.

21 Ὑποτασσόμενοι ἀλλήλοις ἐν φόβῳ Χριστοῦ, 22 αἱ γυναῖκες τοῖς ἰδίοις ἀνδράσιν ὡς τῷ κυρίῳ, 23 ὅτι ἀνήρ ἐστιν κεφαλὴ τῆς γυναικὸς ὡς καὶ ὁ Χριστὸς κεφαλὴ τῆς ἐκκλησίας, αὐτὸς σωτὴρ τοῦ σώματος· 24 ἀλλὰ ὡς ἡ ἐκκλησία ὑποτάσσεται τῷ Χριστῷ, οὕτως καὶ αἱ γυναῖκες τοῖς ἀνδράσιν ἐν παντί.
Aland, Kurt; Black, Matthew; Martini, Carlo M.; Metzger, Bruce M.; Wikgren, Allen; Aland, Barbara; Karavidopoulos, Johannes ; Deutsche Bibelgesellschaft; United Bible Societies: The Greek New Testament, Fourth Revised Edition (With Apparatus)., 2000; 2007, S. Eph 5,21-24.

21 Ordnet euch einander unter in der Furcht Christi, 22 die Frauen den eigenen Männern als dem Herrn! 23 Denn der Mann ist das Haupt der Frau, wie auch der Christus das Haupt der Gemeinde ist, er als der Heiland des Leibes. 24 Wie aber die Gemeinde sich dem Christus unterordnet, so auch die Frauen den Männern in allem.
Die Bibel. Elberfelder Übersetzung, Revidierte Fassung. R. Brockhaus Verlag, 1985, S. Eph 5,21-33.

Übersetzung und Interpretation:
Zu dieser Aufzählung, wie Gott zu preisen ist, gehört also auch das „Sich-einander-unterordnen!", das damit wesentlichen spirituellen Wert bekommt als Weg der Achtsamkeit und des Geistestrainings, um Gott nahe zu sein.

Und dann folgt ein Punkt und ein neuer Satz beginnt:
21 Ihr, die ihr einander untergeordnet werdet (Partizip Präsens Passiv Plural mask.) *in der Achtung vor Christus,*
22 die Frauen den eigenen Männern wie dem Herrn.
23 Denn der Mann ist das Haupt der Frau, so wie Christus das Haupt der Gemeinde ist, er, der Retter des Körpers.

24 So wie sich die Gemeinde dem Christus unterordnen wird so auch die Frauen den Männern im Ganzen/in Allem (ἐν παντί).

Interpretation:
Ob dieses ein Sich-Unterordnen ist oder Untergeordnet-Werden ist aus der Zeitform so nicht ablesbar.
Es fühlt sich jedoch anders an, wenn wir es als untergeordnet werden interpretieren, nämlich als spirituellem Prozess: Der Mensch kommt auf die Erde als Mann oder Frau (meistens zumindest und von diesem „Normalfall" ist hier die Rede). Dadurch wird er „in der Achtung vor Christus" dem anderen Geschlechtspartner in einer Ehe untergeordnet – was ihm sehr schwerfällt. Und noch schwerer fällt es den Frauen, den eigenen Männern wie Gott untergeordnet zu werden. Denn sie ist dem Mann in vielen psychischen und beziehungsmäßigen Aspekten aufgrund ihrer andersartigen Hirnstruktur überlegen und wird schon zu Beginn des Alten Testament als Überbringerin der Erkenntnis erkannt – und dann soll sie sich dem Manne unterordnen, der diese Erkenntnis noch nicht hat??
Dies erscheint auf den ersten Blick unlogisch – doch nur auf den ersten Blick.
Betrachtet man diese Aussage unter dem Gesichtspunkt einer gelingenden Teamarbeit, dann ist dies ein ausschlaggebender Faktor: Wenn die Frau sich mit ihren psychischen Fähigkeiten nicht dem Manne unterordnet wie Gott – also in Form eines spirituellen Weges, dann überholt sie den Mann. Sie überfordert ihn durch psychisches Vorwärtsdrängen auf Beziehungsverbesserung. Der überforderte Mann reagiert mit Rückzug, Minderwertigkeitsgefühlen, Schwäche und/oder Aggression.
Gelingende Teamarbeit muss sich in jedem Aspekt der Zusammenarbeit nach dem „schwächsten" Glied richten – das weiß jeder Teamtrainer.

Unterstützt wird diese Ansicht durch die weiteren Ausführungen in Epheser 5:

25 Οἱ ἄνδρες, ἀγαπᾶτε τὰς γυναῖκας, καθὼς καὶ ὁ Χριστὸς ἠγάπησεν τὴν ἐκκλησίαν καὶ ἑαυτὸν παρέδωκεν ὑπὲρ αὐτῆς, 26 ἵνα αὐτὴν ἁγιάσῃ καθαρίσας τῷ λουτρῷ τοῦ ὕδατος ἐν ῥήματι, 27 ἵνα παραστήσῃ αὐτὸς ἑαυτῷ ἔνδοξον τὴν ἐκκλησίαν, μὴ ἔχουσαν σπίλον ἢ ῥυτίδα ἤ τι τῶν τοιούτων, ἀλλ᾽ ἵνα ᾖ ἁγία καὶ ἄμωμος. 28 οὕτως ὀφείλουσιν [καὶ] οἱ ἄνδρες ἀγαπᾶν τὰς ἑαυτῶν γυναῖκας ὡς τὰ ἑαυτῶν σώματα. ὁ ἀγαπῶν τὴν ἑαυτοῦ γυναῖκα ἑαυτὸν ἀγαπᾷ. 29 οὐδεὶς γάρ ποτε τὴν ἑαυτοῦ σάρκα ἐμίσησεν ἀλλὰ ἐκτρέφει καὶ θάλπει αὐτήν, καθὼς καὶ ὁ Χριστὸς τὴν ἐκκλησίαν, 30 ὅτι μέλη ἐσμὲν τοῦ σώματος αὐτοῦ 31 ἀντὶ τούτου καταλείψει ἄνθρωπος [τὸν] πατέρα καὶ [τὴν] μητέρα καὶ προσκολληθήσεται πρὸς τὴν γυναῖκα αὐτοῦ, καὶ ἔσονται οἱ δύο εἰς σάρκα μίαν. 32 τὸ μυστήριον τοῦτο μέγα ἐστίν· ἐγὼ δὲ λέγω εἰς Χριστὸν καὶ εἰς τὴν ἐκκλησίαν. 33 πλὴν καὶ ὑμεῖς οἱ καθ᾽ ἕνα, ἕκαστος τὴν ἑαυτοῦ γυναῖκα οὕτως ἀγαπάτω ὡς ἑαυτόν, ἡ δὲ γυνὴ ἵνα φοβῆται τὸν ἄνδρα.

Aland, Kurt; Black, Matthew; Martini, Carlo M.; Metzger, Bruce M.; Wikgren, Allen; Aland, Barbara; Karavidopoulos, Johannes; Deutsche Bibelgesellschaft; United Bible Societies: The Greek New Testament, Fourth Revised Edition (With Apparatus)., 2000; 2007, S. Eph 5,18-33.

25 Ihr Männer, liebt eure Frauen! wie auch der Christus die Gemeinde geliebt und sich selbst für sie hingegeben hat, 26 um sie zu heiligen, <sie> reinigend durch das Wasserbad im Wort, 27 damit er die Gemeinde sich selbst verherrlicht darstellte, die nicht Flecken oder Runzel oder etwas dergleichen habe, sondern dass sie heilig und tadellos sei. 28 So sind auch die Männer schuldig, ihre Frauen zu lieben wie ihre eigenen Leiber. Wer seine Frau liebt, liebt sich selbst. 29 Denn niemand hat jemals sein eigenes Fleisch gehasst, sondern er nährt und pflegt es, wie auch der Christus die Gemeinde. 30 Denn wir sind Glieder seines Leibes. 31 »Deswegen wird ein Mensch Vater und Mutter verlassen und seiner Frau anhängen, und die zwei werden ein Fleisch sein.« 32

Dieses Geheimnis ist groß, ich aber deute es auf Christus und die Gemeinde. 33 Jedenfalls auch ihr – jeder von euch liebe seine Frau so wie sich selbst; die Frau aber, dass sie Ehrfurcht vor dem Mann habe!
Die Bibel. Elberfelder Übersetzung, Revidierte Fassung. R. Brockhaus Verlag, 1985, S. Eph 5,21-33.

Übersetzung:
25 Ihr Männer, liebt eure Frauen! wie auch Christus die Gemeinde liebt und sich selbst für sie hingegeben hat,
26 um sie zu heiligen/damit er sie heiligt, reinigend durch das Opfer Bad des Wassers/durch das Wasserbad (τῷ λουτρῷ τοῦ ὕδατος) in der Handlung/ Lehre/Wort (ἐν ῥήματι)
27 damit er die Gemeinde als durch sich selbst herrlich darstelle die weder Schandflecke/Klippe noch Makel/Fehler oder etwas Derartiges habe, sondern dass sie heilig und untadelig/tadellos sei.
28 So sind auch die Männer schuldig, ihre Frauen zu lieben wie ihre eigenen Leiber. Wer seine Frau liebt, liebt sich selbst.
Der (Mann), der seine Frau liebt, liebt sich selbst.
29 Denn niemand hat jemals sein eigenes Fleisch gehasst, sondern er nährt und pflegt es, wie auch der Christus die Gemeinde.
30 Denn wir sind Glieder seines Leibes.

Hier fällt auf, wie sehr betont wird, dass die Männer ihre Frauen lieben sollen, aber dasselbe wird nicht etwa auch den Frauen empfohlen – bei den Frauen liegt der Schwerpunkt der Empfehlung auf dem Sich-Unterordnen.
Jeder wird auf dem spirituellen Weg dazu aufgefordert, das zu tun, was ihm am schwersten fällt. Es geht auf einem spirituellen Weg immer darum, über die Begrenztheit des Egos hinauszuwachsen.

Diese These der unterschiedlichen Rollenverteilung in der Partnerschaft würde auch zu den überlieferten Worten von Petrus passen (Petrus 3, 1-2 – vgl. Kap. 11.5), der seiner Gemeinde schreibt, dass ungläubige Männer gläubig werden, indem sie den Lebenswandel ihrer Frauen wahrnehmen.
Auch hier wieder ein Zeugnis für die psychisch-spirituelle Erkenntnis-Bringer-Funktion der Frau.

Dann folgt im Epheser-Brief wieder der anscheinend zentrale Satz zur Bindung zwischen Mann und Frau mit demselben προσκολληθήσεται (proskollätäsetai) wie schon in 1.Moses 2, 24 und Matth.19,4-6 (vgl. Kap. 11.1):

31   Deswegen wird ein Mensch (gemeint ist der Mann) *Vater und Mutter verlassen und seiner Frau <u>anhängen</u>, und die zwei werden* ein *Fleisch sein.*

Deshalb wird ein Mann (den Kosmos) *seines Vaters und seiner Mutter verlassen und sich einfügen in das* (den Kosmos) *seiner* Frau (und das ist ein längerer Entwicklungsweg, deshalb in der Zukunft formuliert), *und die zwei werden ein Fleisch sein.*

Ich würde hier folgendermaßen interpretieren: Der Mann soll führen und die Frau folgen, aber der Mann soll sich bei diesem Führen in den Kosmos der Frau integrieren (so wie ein guter Firmenchef seine Firma oder ein guter König sein Land genau kennt, und ihr/ihm dient, während er führt). Gemeint ist also ein Führen zum Wohl des Ganzen, d.h. von Frau und Mann oder später von Frau, Mann und Kindern.

32   Dieses Geheimnis ist groß, ich aber deute es auf Christus und die Gemeinde.
Was heißt denn das nun? Das Geheimnis, dass Mann und Frau ein Fleisch sein <u>werden</u>, so wie Christus und die Gemeinde, ist ein großes spirituelles Geheimnis und ein langer Übungsweg, weshalb

Vers 31 und 32 im Futur (Zukunft) formuliert sind. *33 Jedenfalls auch ihr – jeder von euch liebe seine Frau so wie sich selbst; die Frau aber, dass sie Achtung vor dem Mann habe. (Ehrfurcht = griech.* φοβῆται*)*
Und warum wird dies nur über die Frau gesagt und nicht etwa auch über den Mann??? Ich vermute wieder dieselbe pädagogische Intention. Jeder bekommt die Lernaufgabe, in welcher er seine größten Defizite hat: Der Mann soll lieben lernen, weil ihm das schwer fällt – und die Frau soll achten lernen, Ehrfurcht vor dem Mann bekommen und sich ihm unterordnen, weil ihr das schwer fällt. Und wenn der Mann wirklich lieben lernt und die Frau Ehrfurcht vor ihrem Mann empfindet – dann zieht es beide existentiell zueinander, seelisch wie körperlich. Diese Bindung war für einen Staat ohne Sozialsystem überlebenswichtig. Es geht ja schließlich um das gute Aufwachsen der Kinder, die wiederum die Altersversorgung der Eltern bilden. Bei häufigen Trennungen der Ehen wäre das Überleben der menschlichen Rasse zur damaligen Zeit gefährdet gewesen.

Was passiert, wenn die Frau keine Achtung vor dem Mann hat und sich ihm nicht unterordnet, sondern ihn beherrscht?

Als Paartherapeutin erlebe ich dies oft: Es schwächt den Mann, der sich dann mehr und mehr hängen lässt. Wut gegen die ihn erniedrigende Frau schwelt im Untergrund, die sich dann offen oder verdeckt in psychischen Symptomen (z.B. Boykottieren, passive Aggression) und/ oder sexueller Unlust äußert.

Ähnliches schreibt Paulus auch an eine andere junge Christengemeinde, an die Bewohner der kleinasiatischen Stadt Kolossä, die von Paulus Mitarbeiter Epaphras gegründet worden war, als innere Not und Gefährdung die junge Gemeinde bedrohen.

Kol.3,18 - 19
Gegenseitige Pflichten der Hausgenossen

18 Αἱ γυναῖκες, ὑποτάσσεσθε τοῖς ἀνδράσιν ὡς ἀνῆκεν ἐν κυρίῳ.
19 Οἱ ἄνδρες, ἀγαπᾶτε τὰς γυναῖκας καὶ μὴ πικραίνεσθε πρὸς αὐτάς.
Aland, Kurt; Black, Matthew; Martini, Carlo M.; Metzger, Bruce M.; Wikgren, Allen; Aland, Barbara; Karavidopoulos, Johannes ; Deutsche Bibelgesellschaft; United Bible Societies: The Greek New Testament, Fourth Revised Edition (With Apparatus)., 2000; 2007, S. Kol 3,18-19.

18 Ihr Frauen, ordnet euch euren Männern unter, wie es sich im Herrn ziemt! 19 Ihr Männer, liebt eure Frauen und seid nicht bitter gegen sie!
Die Bibel. Elberfelder Übersetzung, Revidierte Fassung. R. Brockhaus Verlag, 1985, S. Kol 3,18-20.

Übersetzung:
18 Ihr Frauen, Ihr werdet euch den Männern unterordnen (ὑποτάσσεσθε), wie es sich im/durch den Herrn (ἐν κυρίῳ: lokal oder kausal) *antreibt* (ἀνῆκεν Aorist aktiv)! ὑποτάσσεσθε Futur Medium
Ihr Männer, liebt eure Frauen und seid nicht bitter gegen sie!
ἀγαπᾶτε Imperativ

Interpretieren lässt sich dies auch folgendermaßen:
Die göttliche Kraft der Natur (ἐν κυρίῳ) treibt dazu an – sofern man sie lässt – dass sich die Frauen den Männern unterordnen werden. Dies ist ein längerer Weg, weshalb das Verb „unterordnen" im Futur steht – genauso wie das Verb „anhängen/sich einfügen" (vgl. Kap. 5.1.) für den Mann.
Die Männer jedoch müssen sich anscheinend anstrengen, um die Frauen lieben zu lernen. Es ist der Weg des Mannes, in Liebe zur Frau und ohne Bitterkeit zu führen.

An die christliche Gemeinde in der griechischen Stadt Korinth schreibt Paulus in 1. Kor. 11, 4 –5

4 πᾶς ἀνὴρ προσευχόμενος ἢ προφητεύων κατὰ κεφαλῆς ἔχων καταισχύνει τὴν κεφαλὴν αὐτοῦ. 5 πᾶσα δὲ γυνὴ προσευχομένη ἢ προφητεύουσα ἀκατακαλύπτῳ τῇ κεφαλῇ καταισχύνει τὴν κεφαλὴν αὐτῆς· ἓν γάρ ἐστιν καὶ τὸ αὐτὸ τῇ ἐξυρημένῃ.

Aland, Kurt; Black, Matthew; Martini, Carlo M.; Metzger, Bruce M.; Wikgren, Allen; Aland, Barbara; Karavidopoulos, Johannes ; Deutsche Bibelgesellschaft; United Bible Societies: The Greek New Testament, Fourth Revised Edition (With Apparatus)., 2000; 2007, S. 1Kor 11,4-5.

4 Jeder Mann, der betet oder weissagt und <dabei etwas> auf dem Haupt hat, entehrt sein Haupt. 5 Jede Frau aber, die mit unverhülltem Haupt betet oder weissagt, entehrt ihr Haupt; denn sie ist ein und dasselbe wie die Geschorene.

Die Bibel. Elberfelder Übersetzung, Revidierte Fassung. R. Brockhaus Verlag, 1985, S. 1Kor 11,4-6.

Interpretation:

Der Mann soll beim Anrufen Gottes seinen Kopf unbedeckt halten und die Frau soll ihn bedecken. Warum? Das klingt ja wie im Koran.

Wenn wir wieder nach der pädagogischen Lernaufgabe fragen, also nach dem, wo jedes Geschlecht seine Defizite hat, an welchen es arbeiten soll, könnte man es so interpretieren: Der Mann soll seinen Kopf beim Gebet unbedeckt lassen, weil er sich Gott gegenüber aufrichtig und bloß zeigen soll und die Frau soll ihren Kopf bedecken, um ihren Kopf nach außen abzugrenzen und ganz nach innen zu lauschen, um ihre Intuition zu fördern – so wie Maria Magdalena Jesus in einer Vision gesehen hat. So wie Blinde besser hören können und Medien die Augen schließen beim Channeln, so soll sich die Frau vermutlich beim Gebet nach Außen abschirmen.

Und wenn sie das nicht tut, ist sie wie eine Geschorene oder wird geschoren. Was ist eine Geschorene (τῇ ἐξυρημένῃ)? Eine

Geschorene war damals eine Hure oder eine Straftäterin. Also, die Frau, die nicht auf Ihr Inneres achtet, die sich nicht nach außen abschirmt, um besseren Kontakt zu ihrem Inneren zu haben, ist nichts anderes als eine Frau, die ihr Innerstes für Geld verkauft oder Straftaten begeht.

Ich versuche mir dies nochmals bildlich vorzustellen, um es besser zu verstehen: Es wird gesagt, Gott ist der Herr, Christus ordnet sich diesem unter, der Mann wiederum Christus und die
Frau wiederum dem Manne. Der Mann soll sich nicht verhüllen – und das wird ihm später in 1.Kor. 11 ff. noch richtig schmackhaft gemacht, weil er das Abbild Gottes sei.
Wenn aber andererseits Mann und Frau ein Fleisch seien, warum soll dann nicht auch die Frau Abbild Gottes sein? Oder ist es bei ihr so selbstverständlich, dass es nicht mehr erwähnt wird?? Zudem würde eine Erwähnung die Männer vermutlich kränken, die ja sowieso schon um ihren Selbstwert als spirituelle Wesen gegenüber den Frauen ringen, wenn das in den gnostischen Schriften Vermittelte nur annähernd stimmt.

Was soll hier gelehrt werden? Der Mann soll sich oben entblößen, damit er einen besseren Zugang hat zu Gott, zur Erkenntnis, damit er quasi nichts verbirgt vor Gott.
Die Frau hingegen, die den Zugang zur Erkenntnis bereits in sich trägt, soll sich verhüllen, damit sie ganz nach innen lauschen kann – genauso wie die Anlagen der Geschlechtsorgane (vgl. Kap.11): Das männliche Geschlechtsorgan richtet sich auf und gibt nach Außen den Samen ab. Das weibliche Geschlechtsorgan ist verhüllt im Inneren, und aus dem Inneren entwickelt sich das Kind – nur genährt von dem Körper der Frau.
Eine gewagte Interpretation? Warum nicht? So könnte es auch sein.

5. Sexualität als Erkenntnisprozess (Teil 1): Der Mann erkennt die Frau

Ganz zu Beginn des Alten Testaments bei der Entstehung der Menschheit genauso wie bei der Geburt Jesu im Neuen Testament findet sich in der Bibel eine interessante Umschreibung für Geschlechtsverkehr: das Wort „Erkennen" (altgriech.: γινώσκω (gignosko) in der Form ἔγνω, hebr. יָדַע (jada), dh. Erkennen, sich um jemanden kümmern) im Sinne von „Der Mann erkennt die Frau":

1. Mose Kap. 4, 1 (Genesis 4,1)

4 1 Αδαμ δὲ ἔγνω Ευαν τὴν γυναῖκα αὐτοῦ, καὶ συλλαβοῦσα ἔτεκεν τὸν Καιν καὶ εἶπεν Ἐκτησάμην ἄνθρωπον διὰ τοῦ θεοῦ.

Rahlfs, Alfred (Hrsg.); Hanhart, Robert (Hrsg.): Septuaginta: SESB Edition. Stuttgart: Deutsche Bibelgesellschaft, 2006, S. Gen 4,1.

1 Und der Mensch erkannte seine Frau Eva, und sie wurde schwanger und gebar Kain; und sie sagte: Ich habe einen Mann hervorgebracht mit dem HERRN.

Die Bibel. Elberfelder Übersetzung, Revidierte Fassung. R. Brockhaus Verlag, 1985, S. Gen 4,1.

1. Mose Kap. 4, 17 (Genesis 4,17)

17 Καὶ ἔγνω Καιν τὴν γυναῖκα αὐτοῦ, καὶ συλλαβοῦσα ἔτεκεν τὸν Ενωχ· καὶ ἦν οἰκοδομῶν πόλιν καὶ ἐπωνόμασεν τὴν πόλιν ἐπὶ τῷ ὀνόματι τοῦ υἱοῦ αὐτοῦ Ενωχ.

Rahlfs, Alfred (Hrsg.); Hanhart, Robert (Hrsg.): Septuaginta: SESB Edition. Stuttgart: Deutsche Bibelgesellschaft, 2006, S. Gen 4,1.

17 Und Kain erkannte seine Frau; die ward schwanger und gebar den Henoch. Und er baute eine Stadt, die nannte er nach seines Sohnes Namen Henoch.

Luther, Martin: Die Bibel Nach Der Übersetzung Martin Luthers (1984); Bible. German. Die Bibel Nach Der Übersetzung Martin Luthers (1984). Deutsche Bibelgesellschaft, 1984; 2004, S. Gen 4,1.

Matthäus 1,25

25 καὶ οὐκ ἐγίνωσκεν αὐτὴν ἕως οὗ ἔτεκεν υἱόν· καὶ ἐκάλεσεν τὸ ὄνομα αὐτοῦ Ἰησοῦν.

Aland, Kurt; Black, Matthew; Martini, Carlo M.; Metzger, Bruce M.; Wikgren, Allen; Aland, Barbara; Karavidopoulos, Johannes; Deutsche Bibelgesellschaft; United Bible Societies: The Greek New Testament, Fourth Revised Edition (With Apparatus)., 2000; 2007, S. Mt 1,25.

25 und er erkannte sie nicht, bis sie einen Sohn geboren hatte; und er nannte seinen Namen Jesus.
Die Bibel. Elberfelder Übersetzung, Revidierte Fassung. R. Brockhaus Verlag, 1985, S. Mt 1,25.

Wörterbuch-Auszug:
γινώσκω (fut. γνώσομαι ; aor. ἔγνων, impv. γνῶθι, γνώτω, subj. 3 sg. γνῷ ανδ γνοῖ, inf. γνῶναι, ptc. γνούς ; pf. ἔγνωκα ; plpf. ἐγνώκειν ; aor. pass. ἐγνώσθην ; fut. pass. γνωσθήσομαι) know, have knowledge of (of sexual relations Mt 1.25; Lk 1.34); find out, learn, understand; perceive, discern; to have knowledge; acknowledge, recognize; impv. be very certain, remember.
Newman, Barclay Moon: Concise Greek-English Dictionary of the New Testament. Stuttgart, Germany: Deutsche Bibelgesellschaft; United Bible Societies, 1993, S. 37.

Wozu dieses Umschreiben?
Genauso wie im Judentum der Name Gottes nicht in den Mund genommen wird, wird anscheinend auch Sexualität nicht offen ausgesprochen, sondern umschrieben, während Lust sehr wohl - wenn auch nur im „Lied der Lieder"- ausführlich und genussvoll beschrieben wird.
Warum? Ist das eine Hemmung? Gehemmt wirken die damaligen Menschen eher nicht, sondern recht freizügig im Umgang mit Sexualität, Onanie und der Beschaffung von Sexualpartnern (vgl. z.B. 1. Mose 12,12-16, 1. Mose 38,8, 1. Mose 19,30-38; vgl. auch Jochen Rabast, Umbruch der Religion 2011)

Klingt es vielmehr nach einem Deutlich-Machen des nicht fassbaren Gottes wie in der Sexualität? Darauf würden Sätze hinweisen wie in Exodus 3,1-6, 13 – 14: Gott sagt zu Mose auf seine Frage, was er den Israeliten sagen solle, wer ihn geschickt habe „...Und das sollst du zu den Israeliten spreche: der Ich-bin hat mich zu euch gesandt." Oder auch in Hiob 37,5: „Gott tut große Dinge und wird doch nicht erkannt."

Dieses „Erkennen" wird zwar davon hergeleitet, dass der Mann erst dann das Gesicht der Frau zu sehen bekam (S. 267 in Nestle-Aland) – dennoch, es ist doch eine höchst interessante, tiefseelische Formulierung für Beischlaf ohne jegliche Anrüchigkeit.

Auffällig ist der „Wortgeschmack", das Umfeld, in dem dieses Wort verwendet wird. Hier gibt vor allem die hebräische Verwendung wichtige Aufschlüsse:
Das hebräische **ja-da**, so wie es für den Mann verwendet wird im Rahmen von „der Mann erkennt die Frau" heißt auch „sich um jemanden kümmern" und wird in derselben Weise auch in Bezug auf Gott verwendet, nämlich (1 S 2,/2 Jer 2/8, 4/22, Hos 2/22, 5/4 und Pr 3/6): „von den Menschen, die Gottes Wesen kennen oder sich um seinen Willen kümmern" oder „mit Gott persönlich verkehren, sich um ihn in Liebe und Vertrauen bemühen" (GESENIUS, Hebräisches Handwörterbuch, S. 287, rechte Spalte Mitte)
Und dieses Wort wird an anderen Stellen in der Beziehung zwischen Gott und den Menschen verwendet, nämlich „Gott tut sich kund, macht sich offenbar" (Ps 9/2) oder „Gott tut auf sichtbare Weise kund" (Ez 39/7), „Gott tut seine Macht, sein Heil, seine Wege auf sichtbare Weise kund, lässt den Menschen fühlen" (Ps77/15, 108/8, 98/2, 103/7, Jer 16/21) (GESENIUS, Hebräisches Handwörterbuch, S. 288 *rechte Spalte untere Hälfte)*
Zum Beispiel in Epheser 3,3 und 3,5 im Aorist Passiv Indikativ:

3 [ὅτι] κατὰ ἀποκάλυψιν ἐγνωρίσθη μοι τὸ μυστήριον, καθὼς προέγραψα ἐν ὀλίγῳ, 4 πρὸς ὃ δύνασθε ἀναγινώσκοντες νοῆσαι τὴν σύνεσίν μου ἐν τῷ μυστηρίῳ τοῦ Χριστοῦ, 5 ὃ ἑτέραις γενεαῖς οὐκ ἐγνωρίσθη τοῖς υἱοῖς τῶν ἀνθρώπων ὡς νῦν ἀπεκαλύφθη τοῖς ἁγίοις ἀποστόλοις αὐτοῦ καὶ προφήταις ἐν πνεύματι, 6 εἶναι τὰ ἔθνη συγκληρονόμα καὶ σύσσωμα καὶ συμμέτοχα τῆς ἐπαγγελίας ἐν Χριστῷ Ἰησοῦ διὰ τοῦ εὐαγγελίου, 7 οὗ ἐγενήθην διάκονος κατὰ τὴν δωρεὰν τῆς χάριτος τοῦ θεοῦ τῆς δοθείσης μοι κατὰ τὴν ἐνέργειαν τῆς δυνάμεως αὐτοῦ.

Nestle, Eberhard; Nestle, Erwin; Aland, Kurt; Aland, Barbara; Universität Münster. Institut für Neutestamentliche Textforschung: Novum Testamentum Graece. 27. Aufl., rev. Stuttgart: Deutsche Bibelstiftung, 1993, c1979, S. 507.

3 Denn mir ist durch Offenbarung das Geheimnis zu erkennen gegeben worden – wie ich es oben kurz geschrieben habe; 4 beim Lesen könnt ihr meine Einsicht in das Geheimnis des Christus merken –, 5 das in anderen Geschlechtern den Söhnen der Menschen nicht zu erkennen gegeben wurde, wie es jetzt seinen heiligen Aposteln und Propheten durch den Geist geoffenbart worden ist:

Die Bibel. Elberfelder Übersetzung, Revidierte Fassung. R. Brockhaus Verlag, 1985, S. Eph 3,3-6.

Und in Epheser 3,10 im Aorist Passiv Konjunktiv:
10 ἵνα γνωρισθῇ νῦν ταῖς ἀρχαῖς καὶ ταῖς ἐξουσίαις ἐν τοῖς ἐπουρανίοις διὰ τῆς ἐκκλησίας ἡ πολυποίκιλος σοφία τοῦ θεοῦ,

Nestle, Eberhard; Nestle, Erwin; Aland, Kurt; Aland, Barbara; Universität Münster. Institut für Neutestamentliche Textforschung: Novum Testamentum Graece. 27. Aufl., rev. Stuttgart: Deutsche Bibelstiftung, 1993, c1979, S. 507, Eph 3,10.

10 damit jetzt den Gewalten und Mächten in der Himmelswelt durch die Gemeinde die mannigfaltige Weisheit
Gottes zu erkennen gegeben werde,

Die Bibel. Elberfelder Übersetzung, Revidierte Fassung. R. Brockhaus Verlag, 1985, S. Eph 3,10.

Zum Beispiel in Lukas 2,15 im Aorist Aktiv Indikativ:
15 Καὶ ἐγένετο ὡς ἀπῆλθον ἀπ' αὐτῶν εἰς τὸν οὐρανὸν οἱ ἄγγελοι, οἱ ποιμένες ἐλάλουν πρὸς ἀλλήλους· διέλθωμεν δὴ ἕως Βηθλέεμ καὶ ἴδωμεν τὸ ῥῆμα τοῦτο τὸ γεγονὸς ὃ ὁ κύριος ἐγνώρισεν ἡμῖν.

Nestle, Eberhard; Nestle, Erwin; Aland, Kurt; Aland, Barbara; Universität Münster. Institut für Neutestamentliche Textforschung: Novum Testamentum Graece. 27. Aufl., rev. Stuttgart: Deutsche Bibelstiftung, 1993, c1979, S. 157, Luk. 2,15.

15 Und es geschah, als die Engel von ihnen hinweg in den Himmel auffuhren, dass die Hirten zueinander sagten: Lasst uns doch hingehen nach Bethlehem und diese Sache sehen, die geschehen ist und die der Herr uns kundgetan hat.

Die Bibel. Elberfelder Übersetzung, Revidierte Fassung. R. Brockhaus Verlag, 1985, S. Lk 2,15-16.

Interessanterweise ist dies tatsächlich ein wesentlicher Bestandteil einer gelingenden Sexualität: Der Mann muss die Frau erkennen, auf welche Art und Weise sie emotional und sexuell funktioniert, um sich wirklich in der Tiefe mit ihr zu vereinigen. Sonst bleibt die Sexualität entweder seine oder ihre Bedürfnisbefriedigung, aber kein in die Tiefe gehender spiritueller Prozess, bei welchem zwei zu einem Fleisch werden. Der Mann muss lernen, sie genau wahrzunehmen - was nicht heißt, ihr immer bei allem zuzuhören, dann würde er sie ja nicht mehr in ihrem Eskalieren begrenzen. Es geht darum, die Frau in ihrer inneren Wahrheit, in ihrem von Gott geschaffenen Frausein zu erkennen und hier zu suchen nach dem, was sie beide zur Ganzheit zusammenwachsen lässt.

Man könnte also sagen: Bezüglich der Wortwahl wird in der Bibel der Geschlechtsverkehr gleichgesetzt mit der Nähe zu Gott und dem genauen Erkennen eines Mitmenschen. Und der Geschlechtsverkehr wird hauptsächlich vom Mann her mit dem Wort „Erkennen" dargestellt, von Seiten der Frau eher im Sinne, dass sie vergewaltigt wird oder noch gar keinen Geschlechtsverkehr hatte.

Und es gibt noch ein weiteres Wort im Alten Testament für Geschlechtsverkehr, nämlich εἰσελθεῖν, z.B. in 1. Mose 38,16 und 18 (Genesis 38,16 und 18):
15 καὶ ἰδὼν αὐτὴν Ιουδας ἔδοξεν αὐτὴν πόρνην εἶναι· κατεκαλύψατο γὰρ τὸ πρόσωπον αὐτῆς, καὶ οὐκ ἐπέγνω αὐτήν. 16 ἐξέκλινεν δὲ πρὸς αὐτὴν τὴν ὁδὸν καὶ εἶπεν αὐτῇ Ἔασόν με εἰσελθεῖν πρὸς σέ· οὐ γὰρ ἔγνω ὅτι ἡ νύμφη αὐτοῦ ἐστιν. ἡ δὲ εἶπεν Τί μοι δώσεις, ἐὰν εἰσέλθῃς πρός με; 17 ὁ δὲ εἶπεν Ἐγώ σοι ἀποστελῶ ἔριφον αἰγῶν ἐκ τῶν προβάτων. ἡ δὲ εἶπεν Ἐὰν δῷς ἀρραβῶνα ἕως τοῦ ἀποστεῖλαί σε 18 ὁ δὲ εἶπεν Τίνα τὸν ἀρραβῶνά σοι δώσω; ἡ δὲ εἶπεν Τὸν δακτύλιόν σου καὶ τὸν ὁρμίσκον καὶ τὴν ῥάβδον τὴν ἐν τῇ χειρί σου. καὶ ἔδωκεν αὐτῇ καὶ εἰσῆλθεν πρὸς αὐτήν, καὶ ἐν γαστρὶ ἔλαβεν ἐξ αὐτοῦ. 19 καὶ ἀναστᾶσα ἀπῆλθεν καὶ περιείλατο τὸ θέριστρον ἀφ' ἑαυτῆς καὶ ἐνεδύσατο τὰ ἱμάτια τῆς χηρεύσεως αὐτῆς.
Rahlfs, Alfred (Hrsg.); Hanhart, Robert (Hrsg.): Septuaginta: SESB Edition. Stuttgart: Deutsche Bibelgesellschaft, 2006, S. Gen 38,15-19.

15 Und Juda sah sie und hielt sie für eine Hure, denn sie hatte ihr Gesicht bedeckt. 16 Und er bog zu ihr ab an den Weg und sagte: Wohlan, lass mich zu dir <u>eingehen!</u> Denn er erkannte nicht, dass sie seine Schwiegertochter war. Sie aber sagte: Was gibst du mir, wenn du zu mir eingehst? 17 Da sagte er: Ich will dir ein Ziegenböckchen von der Herde senden. Sie sagte: Wenn du ein Pfand gibst, bis du es sendest! 18 Da sagte er: Was für ein Pfand soll ich dir geben? Sie sagte: Deinen Siegelring und deine Schnur und deinen Stab, der in deiner Hand ist. Da gab er es ihr und <u>ging zu ihr ein</u>, und sie wurde schwanger von ihm.
Die Bibel. Elberfelder Übersetzung, Revidierte Fassung. R. Brockhaus Verlag, 1985, S. Gen 38,15-19.

Wörterbuch-Auszug:
εἰσελθεῖν ἐάω (ptc. ἐῶν, impv. 2 pl. ἐᾶτε ; impf. 3 sg. εἴα, 3 pl. εἴων ; fut. ἐάσω; aor. εἴασα) allow, permit; leave, let go (Ac 23.32; 27.40); ἐᾶτε ἕως τούτου perhaps enough, no more of this (Lk 22.51)
Newman, Barclay Moon: Concise Greek-English Dictionary of the New Testament. Stuttgart, Germany: Deutsche Bibelgesellschaft; United Bible Societies, 1993, S. 50.

Interpretation:

Dieses Wort wird sonst für das konkrete Hineingehen an einen Ort bezeichnet: Der Mann geht also hinein in die Frau so wie er auch in ein Haus hineingeht: nicht nur mit seinem Penis, sondern ganz. So erleben auch viele Männer den Geschlechtsverkehr: Sie fühlen sich aufgehoben in der Frau, finden Geborgenheit und Ruhe in ihr.

6. Sexualität als Erkenntnisprozess (Teil 2):
Die Frau gibt sich zu erkennen

Deutlich seltener wird das Wort „Erkennen" für **Beischlaf auch von Seiten der Frau dem Manne gegenüber** verwendet, z.B. in:

Num 31,17-19

17 καὶ νῦν ἀποκτείνατε πᾶν ἀρσενικὸν ἐν πάσῃ τῇ ἀπαρτίᾳ, καὶ πᾶσαν γυναῖκα, ἥτις ἔγνωκεν κοίτην ἄρσενος, ἀποκτείνατε

Rahlfs, Alfred (Hrsg.); Hanhart, Robert (Hrsg.): Septuaginta: SESB Edition. Stuttgart: Deutsche Bibelgesellschaft, 2006, S. Num 31,17.

17 So bringt nun alles Männliche unter den Kindern um, und bringt alle Frauen um, die einen Mann im Beischlaf <u>erkannt</u> haben! 18 Aber alle Kinder, alle Mädchen, die den Beischlaf eines Mannes nicht gekannt haben, lasst für euch am Leben!
Die Bibel. Elberfelder Übersetzung, Revidierte Fassung. R. Brockhaus Verlag, 1985, S. Num 31,17-19.

Richter 11,39

39 καὶ ἐγένετο μετὰ τέλος δύο μηνῶν καὶ ἀνέκαμψεν πρὸς τὸν πατέρα αὐτῆς, καὶ ἐπετέλεσεν Ιεφθαε τὴν εὐχὴν αὐτοῦ, ἣν ηὔξατο· καὶ αὐτὴ οὐκ <u>ἔγνω</u> ἄνδρα. καὶ ἐγενήθη εἰς πρόσταγμα ἐν Ισραη·

Rahlfs, Alfred (Hrsg.; Hanhart, Robert (Hrsg.): Septuaginta: SESB Edition. Stuttgart: Deutsche Bibelgesellschaft, 2006, S. Ri 11,39.

39 Und es geschah am Ende von zwei Monaten, da kehrte sie zu ihrem Vater zurück. Und er vollzog an ihr sein Gelübde, das er gelobt hatte. Sie hatte aber keinen Mann <u>erkannt</u>. Und es wurde zur Ordnung in Israel:
Die Bibel. Elberfelder Übersetzung, Revidierte Fassung. R. Brockhaus Verlag, 1985, S. Ri 11,39-40.

Gen 19,8

8 εἰσὶν δέ μοι δύο θυγατέρες, αἳ οὐκ <u>ἔγνωσαν</u> ἄνδρα· ἐξάξω αὐτὰς πρὸς ὑμᾶς, καὶ χρήσασθε αὐταῖς, καθὰ ἂν ἀρέσκῃ ὑμῖν· μόνον εἰς

τοὺς ἄνδρας τούτους μὴ ποιήσητε μηδὲν ἄδικον, οὗ εἵνεκεν εἰσῆλθον ὑπὸ τὴν σκέπην τῶν δοκῶν μου.
Rahlfs, Alfred (Hrsg.); Hanhart, Robert (Hrsg.): Septuaginta: SESB Edition. Stuttgart: Deutsche Bibelgesellschaft, 2006, S. Gen 19,8.

8 Seht doch, ich habe zwei Töchter, die keinen Mann <u>erkannt</u> haben; die will ich zu euch herausbringen. Tut ihnen, wie es gut ist in euren Augen! Nur diesen Männern tut nichts, da sie nun einmal unter den Schatten meines Daches gekommen sind!
Die Bibel. Elberfelder Übersetzung, Revidierte Fassung. R. Brockhaus Verlag, 1985, S. Gen 19,8.

Da lässt tatsächlich ein Mann seine beiden Töchter vergewaltigen, nur um männliche Gäste zu schützen. Damals klafften die Fronten enorm zwischen Frauen-Abwertung und einem deutlichen Gespür für die Macht der Frauen – vermutlich gerade deshalb immer wieder die Geringschätzung der Frauen.

Auffällig ist, dass es sich bei diesen Beispielen immer um die Beschreibung von Frauen handelt, die <u>noch keinen Mann erkannt</u> hatten, also noch keinen Geschlechtsverkehr gehabt haben.

Ein Beispiel für Geschlechtsverkehr mit einem Mann mit der Formulierung: „Die Frau erkennt den Mann" ließ sich hingegen in der ganzen Bibel nicht finden.
Was sich finden ließ, ist ein einziges Mal eine andere Formulierung für Geschlechtsverkehr von Seiten der Frau, nämlich „sich zu erkennen geben" (Aorist Passiv), nämlich in
<u>Ruth 3,3</u>
3 σὺ δὲ λούσῃ καὶ ἀλείψῃ καὶ περιθήσεις τὸν ἱματισμόν σου ἐπὶ σεαυτῇ καὶ ἀναβήσῃ ἐπὶ τὸν ἅλω· μὴ <u>γνωρισθῇς</u> τῷ ἀνδρὶ ἕως οὗ συντελέσαι αὐτὸν πιεῖν καὶ φαγεῖν·
Rahlfs, Alfred (Hrsg.); Hanhart, Robert (Hrsg.): Septuaginta: SESB Edition. Stuttgart: Deutsche Bibelgesellschaft, 2006, S. Ru 3,3.

3 So bade dich und salbe dich und lege dein Kleid an und geh hinab auf die Tenne. Gib dich dem Mann nicht zu erkennen, bis er gegessen und getrunken hat.
Luther, Martin: Die Bibel Nach Der Übersetzung Martin Luthers (1984); Bible. German. Die Bibel Nach Der Übersetzung Martin Luthers (1984). Deutsche Bibelgesellschaft, 1984; 2004, S. Ru 3,3.

Das wäre ja logisch: Das Sexualorgan des Mannes ist schon klar sichtbar und ist mit recht einfachen Bewegungen durch den Mann selbst oder einen Geschlechtspartner zum Orgasmus zu bringen. Hier muss eine Frau nicht und in solcher psychischen Tiefe „erkennen" wie der Mann bei der Frau. Der Orgasmus einer Frau ist viel komplizierter, die stimulierbaren Bereiche vielfältig und veränderbar. So kann sich z.B. die Klitoris bei Erregung zurückziehen oder fühlt sich für viele Frauen unangenehm an, wenn sie direkt stimuliert wird.

Hier wäre es wichtig, dass sich die Frau in der Sexualität dem Manne „zu erkennen gibt", damit die Sexualität erfüllend für beide wird.

Wichtig ist auch, dass sie es auf eine Weise tut, die der Mann versteht, die ihn anzieht, damit sie ihn an sich binden kann, um für ihre Kinder einen Ernährer zu haben und in einer Weise, dass er für sie und die Kinder ein guter Mann und Vater ist.

Das Thema Lust ist sehr wohl in der Bibel enthalten, und zwar in erfreulich malerischer Form im Hohelied Salomons, dem Lied der Lieder (S. 781ff. Elberfelder Studienbibel), das bezeichnet wird als „...eine Reminiszenz an die zweckfreie Erotik. Ein Mann und eine Frau lieben sich mit Körper und Seele. Weder von Trauschein noch von Zeugungswillen ist da die Rede. Nur von Lust." (Sonntagsblatt: Glaube und Leben; 12.10.06 Nr. 41)

Seltsam, dieses Buch wirkt schon fast wie ein Versehen in der sonstigen dezenten Verschwiegenheit zum Thema Sexualität. Auch hier ist nie direkt die Rede von Beischlaf, Sexualität oder ähnlichem, sondern es wird der Körper des Sexualpartners blumig gepriesen.

Mein Eindruck: Man muss den kulturellen Hintergrund betrachten, auf welchem die Bibel – sowohl das alte wie das Neue Testament - entstanden ist:
Die europäischen und asiatischen Religionen hatten in der Vorzeit den Frauen, dem Gebären und der Sexualität einen wichtigen Platz eingeräumt.
Die griechische Kultur war an ihrem moralischen Verfall zugrunde gegangen, die römische Kultur rang damit. Auch die ägyptische Religion war eine Religion von sich paarenden Göttern – und Mose war ein Hebräer, der als ägyptischer Königssohn aufgezogen worden war.

Die Frauen hatten in all diesen Kulturen eine, wenn zumeist auch nicht offene, doch ausgeprägte, hintergründige Macht.
Wollte das Juden- und Christentum hier entgegenwirken? Im Islam scheint es ebenso zu sein. Bestand eine Angst vor dem Ausufern der weiblichen Macht? Weshalb wurde betont, dass die Frau sich unterordnen sollte? Andererseits wird sehr wohl angesprochen, dass der Mann nur durch die Liebe, durch das Erkennen der Frau zu Gott findet!

Die Macht der Frauen wird eher zwischen den Zeilen andeutet, während die Macht der Männer offen angesprochen wird.
<u>1. Petr. 3,1-4, 7</u>
(Petrus schreibt – vermutlich aus Rom - an kleinasiatische Gemeinden, die wohl im Wesentlichen aus
Heidenchristen bestanden, über das Verhalten in der Ehe)
3 1 Ὁμοίως [αἱ] γυναῖκες, ὑποτασσόμεναι τοῖς ἰδίοις ἀνδράσιν, ἵνα καὶ εἴ τινες ἀπειθοῦσιν τῷ λόγῳ, διὰ τῆς τῶν γυναικῶν

ἀναστροφῆς ἄνευ λόγου κερδηθήσονται, 2 ἐποπτεύσαντες τὴν ἐν φόβῳ ἁγνὴν ἀναστροφὴν ὑμῶν.
Nestle, Eberhard; Nestle, Erwin; Aland, Kurt; Aland, Barbara; Universität Münster. Institut für Neutestamentliche Textforschung: Novum Testamentum Graece. 27. Aufl., rev. Stuttgart: Deutsche Bibelstiftung, 1993, c1979, S. 603.

3 1 Ebenso ihr Frauen, ordnet euch den eigenen Männern unter, damit sie, wenn auch einige dem Wort nicht gehorchen, ohne Wort durch den Wandel der Frauen gewonnen werden, 2 indem sie euren in Furcht reinen Wandel angeschaut haben!
Die Bibel. Elberfelder Übersetzung, Revidierte Fassung. R. Brockhaus Verlag, 1985, S. 1. Petr. 3, 1-2.

Wörterbuch-Auszug:
ὑπο-τάσσω, att. -ττω, darunterstellen, -ordnen; εἴς τι; Pol. 17, 15, 4 ὑποτάττειν τινὰ ὑπὸ τὸ ὄνομα τῆς προδοσίας, d. i. ihn für einen Verräther erklären; unterwerfen, bezwingen, *Plut.* oft; – *med.* oder *pass.* sich Einem unterwerfen, οἱ ὑποτεταγμένοι, die Untergebenen, z. B. Soldaten, *Pol.* 3, 13, 8, Unterthanen, 3, 18, 3 u. öfter, u. *Sp.*, wie *Luc. Paras.* 49. – Bei den *Gramm.* den Conjunctiv regieren.
[Pape: Griechisch-Deutsch, S. 95075 (vgl. Pape-GDHW Bd. 2, S. 1235)]

Übersetzung

3 1 Ebenso ihr Frauen, die ihr euch den eigenen Männern unterordnet, damit sie, auch wenn einige nicht der Lehre gehorchen auch ohne Lehre durch den Lebenswandel/durch die Umkehr der Frauen geneigt gemacht werden können, 2 indem sie Augenzeugen eures durch die Achtung (gegenüber Gott und dem Manne) *reinen/verehrungswerten Lebenswandel geworden sind.*

Interpretation:
Also die Männer finden dadurch zu Gott, dass die Frauen sich ihnen unterordnen und ihnen einen Lebenswandel in Achtung vor Gott vorleben und die Männer diesen sehen können.
(Die Männer verändern sich also nicht etwa durch die Worte der Frau, sondern durch das Mitansehen dessen, was die Frau tut.)

3 ὧν ἔστω οὐχ ὁ ἔξωθεν ἐμπλοκῆς τριχῶν καὶ περιθέσεως χρυσίων ἢ ἐνδύσεως ἱματίων κόσμος 4 ἀλλ' ὁ κρυπτὸς τῆς καρδίας ἄνθρωπος ἐν τῷ ἀφθάρτῳ τοῦ πραέως καὶ ἡσυχίου πνεύματος, ὅ ἐστιν ἐνώπιον τοῦ θεοῦ πολυτελές.
Nestle, Eberhard; Nestle, Erwin; Aland, Kurt; Aland, Barbara; Universität Münster. Institut für Neutestamentliche Textforschung: Novum Testamentum Graece. 27. Aufl., rev. Stuttgart: Deutsche Bibelstiftung, 1993, c1979, S. 603.

3 Euer Schmuck sei nicht der äußerliche durch Flechten der Haare und Umhängen von Gold oder Anziehen von Kleidern, 4 sondern der verborgene Mensch des Herzens im unvergänglichen <Schmuck> des sanften und stillen Geistes, der vor Gott sehr köstlich ist.
Die Bibel. Elberfelder Übersetzung, Revidierte Fassung. R. Brockhaus Verlag, 1985, S. 1. Petr. 3, 3-4.

Interpretation:
Und wesentlich an diesem Lebenswandel ist auch, dass Frauen auf ihr Inneres achten und sich darin üben, in eine sanfte, stille Haltung zu gehen und sich hiermit in ihrem Herzen zu verankern.

7 Οἱ ἄνδρες ὁμοίως, συνοικοῦντες κατὰ γνῶσιν ὡς ἀσθενεστέρῳ σκεύει τῷ γυναικείῳ, ἀπονέμοντες τιμὴν ὡς καὶ συγκληρονόμοις χάριτος ζωῆς εἰς τὸ μὴ ἐγκόπτεσθαι τὰς προσευχὰς ὑμῶν.
Nestle, Eberhard; Nestle, Erwin; Aland, Kurt; Aland, Barbara; Universität Münster. Institut für Neutestamentliche Textforschung: Novum Testamentum Graece. 27. Aufl., rev. Stuttgart: Deutsche Bibelstiftung, 1993, c1979, S. 603.

7 Ihr Männer ebenso, wohnt bei (ihnen) mit Einsicht als bei einem schwächeren Gefäß, und gebt (ihnen) die Ehre als (solchen), die auch Miterben der Gnade des Lebens sind, damit eure Gebete nicht verhindert werden.
Die Bibel. Elberfelder Übersetzung, Revidierte Fassung. R. Brockhaus Verlag, 1985, S. 1. Petr. 3, 7.

Übersetzung:

7 Ebenso ihr Männer, die ihr (euren Frauen) beiwohnt in Rücksicht auf/gemäß der (Er)Kenntnis/Einsicht wie bei einem körperlich schwächeren Ausrüstung, dem weiblichen und die ihr (ihnen) Ehre gebt wie auch anderen Miterben derselben Gnade/Wohltat/Gunst des Lebens, damit eure Gebete nicht verhindert werden.

Interpretation:

Hier bekommen die Männer klar gesagt, dass die Frauen zwar weniger Körperkraft haben, dass sie aber gleichwertige Miterben der gottgeschenkten Lebens(kraft) sind. Und wenn die Männer das nicht anerkennen, dann - fast schon eine Drohung – werden ihre Gebete auch nicht erhört!

7. Biblische Sexualtherapie

1. Kor. 7, 3 – 5
(Paulus schreibt an die junge Christengemeinde in Korinth, in dem er deren Fragen im Brief zuvor beantwortet.)
3 τῇ γυναικὶ ὁ ἀνὴρ τὴν ὀφειλὴν ἀποδιδότω, ὁμοίως δὲ καὶ ἡ γυνὴ τῷ ἀνδρί. 4 ἡ γυνὴ τοῦ ἰδίου σώματος οὐκ ἐξουσιάζει ἀλλὰ ὁ ἀνήρ, ὁμοίως δὲ καὶ ὁ ἀνὴρ τοῦ ἰδίου σώματος οὐκ ἐξουσιάζει ἀλλὰ ἡ γυνή. 5 μὴ ἀποστερεῖτε ἀλλήλους, εἰ μήτι ἂν ἐκ συμφώνου πρὸς καιρόν, ἵνα σχολάσητε τῇ προσευχῇ καὶ πάλιν ἐπὶ τὸ αὐτὸ ἦτε, ἵνα μὴ πειράζῃ ὑμᾶς ὁ σατανᾶς διὰ τὴν ἀκρασίαν ὑμῶν.
Nestle, Eberhard; Nestle, Erwin; Aland, Kurt; Aland, Barbara; Universität Münster. Institut für Neutestamentliche Textforschung: Novum Testamentum Graece. 27. Aufl., rev. Stuttgart: Deutsche Bibelstiftung, 1993, c1979, S. 450.

³ Der Mann leiste der Frau die <eheliche> Pflicht, ebenso aber auch die Frau dem Mann. ⁴ Die Frau verfügt nicht über ihren eigenen Leib, sondern der Mann; ebenso aber verfügt auch der Mann nicht über seinen eigenen Leib, sondern die Frau. ⁵ Entzieht euch einander nicht, es sei denn nach Übereinkunft eine Zeitlang, damit ihr euch dem Gebet widmet und dann wieder zusammen seid, damit der Satan euch nicht versuche, weil ihr euch nicht enthalten könnt.
Die Bibel. Elberfelder Übersetzung, Revidierte Fassung. R. Brockhaus Verlag, 1985, S. 1Kor 7,3-7.

Übersetzung:
3 Der Mann soll der Frau das Versprochene geben/sei-ne Pflicht geben. 4 Die Frau kontrolliert nicht/hat keine Macht über ihren Körper (Präsens!), sondern der Mann. Ebenso aber hat der Mann keine Macht über seinen Körper, sondern die Frau.

Interpretation:
Hier wird zum regelmäßigen Sex geraten, außer in Zeiten des Gebets mit gegenseitiger Übereinkunft, und zwar als Hilfe, damit

der Trieb beide Partner nicht in Versuchung führe, aus der Ehe auszubrechen.

Und: Beim Sex soll die Frau die Kontrolle über ihren Körper loslassen und dem Manne übergeben und der Mann ebenso der Frau gegenüber – wobei die Frau zuerst genannt wird. Nimmt man dies ernst, dann geht es darum, dass die Frau dem Mann die Kontrolle beim Sex übergibt und er es „für sie" tut. Das erinnert sehr an das Miteinander von Sub und Dom bei sadomasochistischem Sex, der heute immer mehr – vor allem bei unabhängigen, beruflich erfolgreichen Frauen praktiziert wird. Hier scheint sich ein tiefer Drang der Frauen nach Hingabe eine Bahn zu schlagen - bei Frauen, die sich im realen Leben niemals einem Lebenspartner unterordnen würden.

1. Kor. 11, 3
3 Θέλω δὲ ὑμᾶς εἰδέναι ὅτι παντὸς ἀνδρὸς ἡ κεφαλὴ ὁ Χριστός ἐστιν, κεφαλὴ δὲ γυναικὸς ὁ ἀνήρ, κεφαλὴ δὲ τοῦ Χριστοῦ ὁ θεός.
Nestle, Eberhard; Nestle, Erwin; Aland, Kurt; Aland, Barbara; Universität Münster. Institut für Neutestamentliche Textforschung: Novum Testamentum Graece. 27. Aufl., rev. Stuttgart: Deutsche Bibelstiftung, 1993, c1979, S. 458.

3 Ich will aber, dass ihr wisst, dass der Christus das Haupt eines jeden Mannes ist, das Haupt der Frau aber der Mann, des Christus Haupt aber Gott.
Die Bibel. Elberfelder Übersetzung, Revidierte Fassung. R. Brockhaus Verlag, 1985, S. 1Kor 11,3.

Interpretation:
Der Mann also soll das Oberhaupt der Frau sein – und sie damit durch diese raue Welt führen. Es geht noch weiter: Er soll dies tun, indem er sich Christus unterordnet, der sich wiederum Gott unterordnet. Eine klare hierarchische Struktur wie in einer Firma oder auf einem Segelschiff, damit die ganze Sache gut laufen kann.

Damit hat die Frau Freiraum für andere Dinge, wie das Bringen von Erkenntnis (vgl. Schöpfungsgeschichte), das Einfühlen in und Behüten der Kinder und vor allem die zwischenmenschlichen Beziehungen in der Familie. – Somit hat sie „den Kopf" und „die Hände" frei für die Arbeit an inneren Themen.

1. Kor. 11, 7-12

7 Ἀνὴρ μὲν γὰρ οὐκ ὀφείλει κατακαλύπτεσθαι τὴν κεφαλὴν εἰκὼν καὶ δόξα θεοῦ ὑπάρχων· ἡ γυνὴ δὲ δόξα ἀνδρός ἐστιν. 8 οὐ γάρ ἐστιν ἀνὴρ ἐκ γυναικὸς ἀλλὰ γυνὴ ἐξ ἀνδρός· 9 καὶ γὰρ οὐκ ἐκτίσθη ἀνὴρ διὰ τὴν γυναῖκα ἀλλὰ γυνὴ διὰ τὸν ἄνδρα. 10 διὰ τοῦτο ὀφείλει ἡ γυνὴ ἐξουσίαν ἔχειν ἐπὶ τῆς κεφαλῆς διὰ τοὺς ἀγγέλους. 11 πλὴν οὔτε γυνὴ χωρὶς ἀνδρὸς οὔτε ἀνὴρ χωρὶς γυναικὸς ἐν κυρίῳ· 12 ὥσπερ γὰρ ἡ γυνὴ ἐκ τοῦ ἀνδρός, οὕτως καὶ ὁ ἀνὴρ διὰ τῆς γυναικός· τὰ δὲ πάντα ἐκ τοῦ θεοῦ. *Nestle, Eberhard; Nestle, Erwin; Aland, Kurt; Aland, Barbara; Universität Münster. Institut für Neutestamentliche Textforschung: Novum Testamentum Graece. 27. Aufl., rev. Stuttgart: Deutsche Bibelstiftung, 1993, c1979, S. 458.*

7 Denn der Mann freilich soll sich das Haupt nicht verhüllen, da er Gottes Bild und Abglanz ist; die Frau aber ist des Mannes Abglanz. 8 Denn der Mann ist nicht von der Frau, sondern die Frau vom Mann; 9 denn der Mann wurde auch nicht um der Frau willen geschaffen, sondern die Frau um des Mannes willen. 10 Darum soll die Frau eine Macht auf dem Haupt haben um der Engel willen. 11 Dennoch ist im Herrn weder die Frau ohne den Mann, noch der Mann ohne die Frau. 12 Denn wie die Frau vom Mann ist, so ist auch der Mann durch die Frau; alles aber von Gott.
Die Bibel. Elberfelder Übersetzung, Revidierte Fassung. R. Brockhaus Verlag, 1985, S. 1Kor 11,7-12.

Wörterbuch-Auszug:
δόξα, ἡ (δοκέω), Meinung, Ansicht, Vorstellung, Erwartung; Geltung, Ruf, Ruhm *[Pape: Griechisch-Deutsch, S. 22831 (vgl. Pape-GDHW Bd. 1, S. 657)]*

δόξα, ἡ Herrlichkeit, Ruhm; Glanz, Ehre, Ansehen; pl. Überirdische Mächte (2

Petr 2,10)
Kassühlke, Rudof: Kleines Wörterbuch Zum Neuen Testament: GriechischDeutsch. Deutsche Bibelgesellschaft, 1997, S. 50.

ἐκ (vor Vokalen ἐξ) mit Genitiv = kausal: auf Grund von, durch.

διὰ mit Akkusativ = kausal: wegen, auf Grund von. (Ursache/Schuld/Verdienst)
διὰ mit Genitiv = instrumental: (vermittelt) durch (Mittel, Vermittlung)

Übersetzung:
7 Denn der Mann freilich soll sich das Haupt nicht verhüllen, da er Gottes Abbild (Ausdruck der Gleichheit und Ähnlichkeit) *und Erwartung/ Meinung/ Ansicht/ Vorstellung/Ruhm ist – die Frau ist die Erwartung/ Meinung/ Ansicht/ Vorstellung/Ruhm des Mannes. 8 Denn der Mann ist nicht aus/auf/in Folge von der Frau, sondern die Frau ist aus/auf/in Folge von dem Mann. 9 denn der Mann wurde auch nicht um der Frau willen* (διὰ τὴν γυναῖκα;) *geschaffen, sondern die Frau um des Mannes willen* (διὰ τὸν ἄνδρα).
10 Darum soll die Frau eine Macht auf ihrem Haupt haben um der Engel willen
11 Indes/jedoch ist weder die Frau ohne den Mann, noch der Mann ohne die Frau beim Herrn.
12 Denn wie die Frau aus/von-her/auf/von dem Mann ist, so ist auch der Mann durch/um willen die Frau; und das Ganze aus Gott.

Interpretation:
Aufgrund der völlig unterschiedlichen Übersetzung des Wortes δόξα der sonstigen Übersetzungen Altgriechisch-Deutsch (z.B. Wörterbuch von Pape) und den theologischen Wörterbüchern zum Neuen Testament (z.B. Kassühlke,), erlaube ich mir, dieses Wort

einmal „klassisch" zu übersetzen und erhalte eine völlig andere Interpretationsmöglichkeit:
Der Mann ist also Abbild Gottes – und Gott erwartet etwas von ihm. Die Frau hingegen ist kein Abbild Gottes – und der Mann erwartet etwas von ihr.
Er will etwas von ihr, so wie Gott etwas vom Manne will.

Oder nehmen wir die Übersetzung „Ruhm" oder „Herrlichkeit", wie sie in dem theologischen Wörterbuch von Kassühlke angeboten wird:
Dann ist der Mann der Ruhm, die Herrlichkeit von Gott und die Frau der Ruhm/die Herrlichkeit des Mannes.

Nach meinem Sprachgefühl würde ich interpretieren: Gott braucht den Mann, um etwas auf der Erde zu bewirken (z.B. Werke, Heldentaten) und der Mann braucht die Frau, um etwas auf der Erde zu bewirken (z.B. Fortpflanzung). Deshalb ist der Mann für Gott dessen Ruhm und die Frau für den Mann dessen Ruhm.

Von Ähnlichkeit der Frau zum Mann wird auf jeden Fall nichts gesagt.
Soll hier tatsächlich ausgedrückt werden, dass sich Gott und der Mann ähnlich sind, die Frau aber nicht, sie hätte dann an Gott und dessen Herrlichkeit nur über ihren Mann Anteil?

Auf jeden Fall ist keiner von beiden, weder Mann noch Frau, ohne den anderen „beim Herrn" (Vers 11) – also alleine kommen weder Mann noch Frau zu Gott.

Und was bedeutet dieses Wortspiel mit διά und ἐκ/ ἐξ, das wird hier doch nicht ohne Grund so ausdifferenziert?
Ich versuche, es in der wörtlichen Übersetzung zusammenzufassen:

Alleine sind weder Mann noch Frau bei Gott (Vers 11), denn die Frau ist ἐκ τοῦ ἀνδρός *(kausal)* (Vers 12)/ ἐξ ἀνδρός *(kausal)* (Vers 8), *(διὰ τὸν ἄνδρα kausal)* (Vers 9), d.h. von dem Mann weg, aus ihm heraus, infolge des Mannes.

Und der Mann ist διὰ τῆς γυναικός – *(διὰ mit Genitiv* **instrumental)**: *vermittelt durch die Frau, um der Frau willen (Vers 12)* aber **nicht** διὰ τὴν γυναῖκα; *mit Akkusativ:* **kausal:** *um – willen, durch)*, (Vers 9) also um der Frau willen oder vermittelt durch die Frau geschaffen.

In dieser Feinheit dürfte der Unterschied liegen: Der Mann wird **instrumental (vermittelt)** durch die Frau erst zum Mann, aber nicht wegen der Frau. Durch das Frausein der Frau wird der Mann zum Mann.

Die Frau aber wird **kausal (Ursache)** durch den Mann zur Frau, aber nicht instrumental.

Was kann dieser Unterschied bedeuten? Tasten wir uns am Konkreten des Sexualaktes entlang:

Der Mann braucht die Frau **als Vermittler**, um aus seinen Samen Nachkommen wachsen zu lassen und er braucht sie, um zu einem tieferen Orgasmus zu kommen. Geht er sexuell – wie im Leben – nur egoistisch seinen Weg, so bleibt sein Orgasmus oberflächliche Triebabfuhr, die mit dem Alter zu Desinteresse an der Sexualität und Verhärtung führt – wie ich das als Sexualtherapeutin bei vielen Klienten beobachten kann. Die Frau scheint dem Manne etwas zu vermitteln, was er braucht, um auf dieser Erde Erfüllung zu finden und gesund zu bleiben – wie auch die psychologische Forschung belegt: Männer mit Frauen leben länger als Männer ohne Frauen.

Die Frau hingegen braucht den Mann **als Ursache** einer Schwangerschaft, aber auch als Ursache des Loslassens, da sie

sonst den männlichen Part im Leben mit übernehmen muss und sich nicht in Weite und Weichheit dem Universum öffnen kann.
Dies versucht man in der heutigen Zeit wegzuleugnen. Die moderne, unabhängige Frau braucht keinen Mann mehr.
Nachkommen kann sie auch mit künstlicher Befruchtung haben oder sich durch einen One-Night-Stand befruchten lassen. Kinder aufziehen kann sie in unserem Sozialstaat auch ohne männliche Hilfe. Hier ist der Mann zum störenden Anhängsel geworden, der viele Aspekte nicht richtig „checkt", wie uns auch die Fernsehwerbung täglich zeigt (z.B. die Sparkassenwerbung, in welcher die Frau die Finanzsituation mit dem Sparkassenberater erörtert, während der Mann etwas dämlich daneben sitzt und das Kind eine neue Welt erkundet.)

So belegt es auch die psychologische Forschung: Frauen ohne Männer leben kürzer als Frauen mit Männern.
Hier ist das, was die Männer an heilendem Wert in einer Beziehung zu geben haben, in Vergessenheit geraten. Es taucht erst wieder auf mit dem Hype um sado-masochistischen Sex, wie z.B. die „Shades of Grey"-Bücher. Hier wird der Mann wieder als „Dom", als Führender mit seiner Aggression gewollt, obwohl wir Frauen über Jahrzehnte hinweg den Männern beigebracht hatten, zu zahmen, redefreudigen Frauenverstehern zu werden. Nur sexuell interessant waren sie dann nicht mehr ...

8. Und was steht nicht in der Bibel?

Ich halte es auch für wichtig zu betrachten, was in der Bibel für das eine Geschlecht betont wird und für das andere nicht gesagt wird, denn hierin zeigt sich eine besondere Logik:

(1) Der Mann soll die Frau lieben – und die Frau soll sich dem Manne unterordnen

Immer wieder taucht auf, der Mann solle die Frau lieben - es wird aber nicht in gleicher Weise betont, die Frau solle den Mann lieben.
Warum??? Vielleicht, weil Frauen sich mit dem Lieben leichter tun?
Ich sehe das als Sexualtherapeutin ganz pragmatisch: Wenn eine Frau mit einem Mann schläft, gerät sie häufig schneller und tiefer in eine Bindung hinein als der Mann. Deshalb gibt es die Dramen bei Affären meistens von Seiten der Frau her.
Warum wohl? Ich vermute aufgrund der Körpertherapie: Bei der Frau ist das Herz viel näher am Punkt der geschlechtlichen Vereinigung, während es beim Mann – je nach Penislänge – 8 bis über 20 cm weiter davon entfernt ist.
Für den Mann wird es deshalb zu einem Weg, so betont die Bibel, die eigene Frau zu lieben, weil dies seine Lernaufgabe ist und ein wesentlicher Anteil des Sich-Einlassens des Mannes.
Und: „Wer seine Frau liebt, liebt sich selbst" (Eph5.28):

28 οὕτως ὀφείλουσιν [καὶ] οἱ ἄνδρες ἀγαπᾶν τὰς ἑαυτῶν γυναῖκας ὡς τὰ ἑαυτῶν σώματα. ὁ ἀγαπῶν τὴν ἑαυτοῦ γυναῖκα ἑαυτὸν ἀγαπᾷ.

Nestle, Eberhard; Nestle, Erwin; Aland, Kurt; Aland, Barbara; Universität Münster. Institut für Neutestamentliche Textforschung:

Novum Testamentum Graece. 27. Aufl., rev. Stuttgart: Deutsche Bibelstiftung, 1993, c1979, S. 512).

Diese Liebe ist für den Mann ein großer Selbstwert-Zuwachs. Dadurch findet er zu sich als Mann und zur tiefen Erfüllung. Dies kann man bei den heute mehr weiblicheren Männern auf den ersten Blick nicht wahrnehmen. Sie drücken ihre Gefühle aus, sind liebevoll ... Einer Frau wird es erst später klar, dass dies oft nicht ganz der inneren Wahrheit des Mannes entspricht.

Viel leichter ist diese Schwierigkeit zu lieben bei Männern wahrnehmbar, die ihre Männlichkeit nicht verbergen. Ganz offen lassen sie sich zumeist lange nicht mit ihrem Herzen ein. An uns Frauen ist es, dass wir dies nicht persönlich nehmen, sondern lernen, die Männer zu erkennen, wie sie sind und damit entsprechend umzugehen. Das heißt zum einen, sich entsprechend zu schützen, zum anderen aber auch darauf zu achten, wie frau einen Mann an sich binden kann, wenn sie ihn will. Und hier gibt das alte Wissen der Völker wie auch die Körpertherapie wertvolle Hinweise.

So wird für die Frau in der Bibel immer wieder betont, sie solle sich dem Manne unterordnen, ihm folgen und Ehrfurcht vor ihm haben als dem **„Retter des Leibes"** (Eph 5,33). Nur einmal taucht auf, **„Ordnet euch einander unter"** in Eph 5,21, aber sofort im Nachsatz in der Betonung, die Frauen sollen sich den eigenen Männern unterordnen. Dies mutet uns moderne, emanzipierte Frau seltsam an. Warum denn? Wir können doch selbst entscheiden?

Wozu sollen wir uns denn den Männern unterordnen?
Einfach, weil es die Teamarbeit zwischen Frau und Mann optimiert und das aus mehreren Gründen:

1. Es hilft, dass die Frau nicht einfach psychisch und im Alltagspraktischen im Alleingang den Mann überholt, wodurch er sich zurückzieht, geschwächt und passiv wird und dadurch sexuell weniger anziehend ist.
2. Es bindet den Mann an die Frau und ist für ihn einer der wenigen Wege, seine männliche Kraft, die nach Unabhängigkeit und neuen Eroberungen streben würde, in eine Bindung zu lenken.
3. Und es ist für ihn einer der wenigen lebenspraktischen, spirituellen Wege, nämlich als körperlicher Mann seine männliche Kraft für ein höheres Ziel einzusetzen, um, bildlich gesprochen, als Held die Frau zu schützen und für sie voranzugehen durch die Unbilden des Lebens. Es tut ihm wohl, lässt ihn wachsen, wenn sie sich ihm anvertraut und seine Fehlentscheidungen mitträgt, statt selbst zu entscheiden und ihren ganz eigenen Weg zu gehen.
4. Das lässt den Mann voller Liebe und Achtung seiner Frau gegenüber werden, da er spürt, dass sie ihm viel seiner Schwächen und seines Nichtverstehens im psychischen Bereich verzeiht und ihn achtet in seinem Bemühen um die Beziehung.

Hier scheint eine wesentliche, nicht einfache Lernaufgabe der Frau zu liegen: Ihrem Mann wirklich zu folgen - nicht etwa, weil er der Klügere sei und alles richtigmache, sondern weil das System Paar/Familie einen Kapitän braucht wie ein Schiff. Ähnlich wie das Standard- und Latein-Tanzen nicht funktioniert, wenn die Frau führt – selbst, wenn sie es besser weiß -, so ist es wohl auch in der Paarbeziehung. Der Mann ist für dieses Führen in der Regel besser geeignet, da er zum einen von seiner Körperstruktur her „härter im Nehmen" ist und sich Streitereien im Außen weniger zu Herzen nimmt, aber vor allem auch, weil diese Rollenverteilung das Paar intensiver verbindet. Dies zeigen übrigens auch moderne

Forschungen zu Langzeitehen: Die alte Rollenverteilung korreliert am höchsten mit glücklichen und langen Ehen.

Aber worin soll der Mann führen, worin soll die Frau sich unterordnen? Es kann ja nicht gemeint sein, in allem. Dann würde ja die weibliche Weisheit völlig „unter den Tisch fallen".

Vermutlich in den Paar- und Familiendingen in der Außenwelt, da er dort **„als der Retter des Leibes"** (Eph 5,33) die Frau als die körperlich Schwächere verteidigt und die Familie schützt, während sie im Inneren mit ihren weiblichen Sozialkräften die Beziehungen heilt.

(vgl. Spr 31,27 „Sie überwacht die Vorgänge in ihrem Haus..." und 1 Tim3,4-5 „Der dem eigenen Haus gut vorsteht und die Kinder mit aller Ehrbarkeit in Unterordnung hält ...")

Konkret bedeutet dies – wie im Islam üblich – der Mann geht vorne weg und die Frau hinterdrein. Haben Sie das schon mal ausprobiert? Noch vor wenigen Jahren hätte ich gesagt, das ist unter meiner Würde. Aber inzwischen bin ich 50 und es ist wirklich entspannend. Ich fühle mich beschützt und habe gleichzeitig den vollen Überblick. Er geht wie ein Stoßtrupp vorne weg und ich dahinter. Oder noch schöner als Familie: Er vorne weg, dann kommen die Kinder und am Ende ich als Frau – und habe den Überblick, bin gelöst und in Frieden.

Oder: Der Mann bestimmt, wo die Familie lebt – aus seiner Fürsorge heraus – wie Christus für die Gemeinde. Aber was ist, wenn er sich täuscht?? Das kann passieren - ähnlich wie bei einem Kapitän, der für sein Schiff die falsche Entscheidung treffen kann, wodurch das Schiff mit Mann und Maus untergeht.

Aber was ist, wenn die Mannschaft sich nicht unterordnet? Der Schiffsbetrieb funktioniert gar nicht!

Oft treffen Männer falsche Entscheidungen, vor allem wenn sie sich ihre „Testosteron-Hörner" noch nicht abgestoßen haben.

Wenn aber wir Frauen nicht mitgehen und das, was sie „ausfressen" mit ihnen teilen, lernen sie nicht lieben und unsere Weisheit anerkennen. Es ist gut, unsere Männer weise zu beraten, aber es ist auch gut, ihnen zu folgen, das ist meine Erfahrung als Paartherapeutin und als Frau.
Und – es fördert die sexuelle Anziehung.
Und – es macht das Leben verdammt spannend, oftmals spannender als einem lieb ist.

Also, die zentrale Lernaufgabe der Frau ist das Sich-Unterordnen in der Paarbeziehung. Das fällt ihr sehr schwer, und gerade das ist ein wesentlicher Anteil des Sich-Einlassens der Frau.
Ähnlich ist es mit dem Wort „Ehrfurcht". Die Hingabe einer Frau und ihr sexuelles Begehren wird enorm angeregt, wenn die Frau den Mann als ihren Helden empfindet, der Kraft ausstrahlt und Dinge kann, die sie nicht kann, aber dringend benötigt im Leben Dann wird er zu ihrem Retter. Dies zeigt sich in vielen Spielfilmen und ebenso in den Phantasien der Frauen.

Was mich als Sexualtherapeutin beschäftigt: Die Spielfilme verändern sich inzwischen in Richtung Frauen als
Kampfheldinnen (Lara Croft etc.), und trotzdem bleiben die sexuellen Phantasien der Frauen in der Mehrzahl klar in Richtung auf Unterordnung und Abhängigkeit. Je emanzipierter und maskuliner die Frau, desto deutlicher wird dieses Thema. So als möchte die unabhängige Frau, die sich nie unterordnet, gebändigt werden, um sich wirklich hingeben und weichwerden zu können. Wäre logisch.

Aber was ist mit den eher weiblichen Frauen? In ihren Phantasien haben sie dieselben Vergewaltigungsthemen von starken Männern, die wissen, was sie wollen. Selbst als Domina aufzutreten tritt eher dann in den Vordergrund, wenn der eigene Mann sich hängen lässt, die Frau als Mama benutzt, sie arbeiten lässt und selbst bequem wird und seine Dinge nicht auf die Reihe kriegt. Dann malt sich die Frau aus, ihn zu schlagen, und empfindet dabei Lust.

(2) Die Frau sei aus dem Mann gemacht und sie sei ihm zur Hilfe gemacht – aber dasselbe wird nicht vom Manne der Frau gegenüber gesagt.

Immer wieder taucht auf, die Frau sei vom Manne, aus ihm gemacht, aber niemals, dass der Mann aus der Frau gemacht ist. Beide seien ein Fleisch, als Ganzheit gottgleich, aber sie sei von ihm, nicht er von ihr. (1 Kor 11,8-9)
Was steckt dahinter?

Was könnte das heißen? Ist die Frau ein Mensch zweiter Klasse? Meine Ansicht: Dies ist nur ein Weg, ein Werkzeug, um den Männern verständlich zu machen, wie Lieben geht. Es geht hier, wie öfter in der Bibel, nicht um konkrete und objektive Wahrheit, sondern es wird versucht, in einem Bild etwas zu verdeutlichen (wie z.B. das Bild „Sohn Gottes" für Jesus als Ausdruck der engen Verbindung von Jesus zu Gott). Der Mann braucht eine Frau für seinen spirituellen Weg – anscheinend mehr als die Frau den Mann braucht, denn dies wird nicht erwähnt.

Dies scheint auch mit den Formulierungen in Spr 18,22
„Wer eine Frau gefunden hat, hat Gutes gefunden und hat Wohlgefallen erlang von dem HERRN."
und ganz konkret in 1 Mo 2,18 „Und Gott, der HERR, sprach: Es ist nicht gut, dass der Mensch allein sei; ich will ihm eine Hilfe machen, die ihm entspricht." gemeint zu sein.

Der Mann braucht anscheinend diese Anstöße, um zu begreifen, dass er nur zur Ganzheit zurückfindet, als Mann und Frau geschaffen wurden, indem er sich eine Frau nimmt:
„...dass der, welcher sie schuf, sie von Anfang an (als) Mann und Frau schuf..." (Mt.19,4).

Interessant auch in 1 Petr 3,1-6: Die Frauen sollen sich deshalb den eigenen Männern unterordnen, „damit sie, wenn auch einige dem Wort nicht gehorchen, ohne Wort durch den Wandel der Frauen gewonnen werden, indem sie euren in Furcht reinen Wandel angeschaut haben!" Also in diesem Sich-Unterordnen der Frau liegt für den Mann ein wesentliches spirituelles Lernen – vermutlich, weil er so am ehesten spürt, dass auch er sich in Gott unterzuordnen hat, so wie die Frau sich im unterordnet, anstatt einfach „sein Ego-Ding durchzuziehen" ohne Rücksicht auf Verluste in der Natur wie am Menschen, wozu das Testosteron gerne verführt.
Vergleiche 1 Kor 11,3: „Ich will, dass ihr wisst, dass der Christus das Haupt eines jeden Mannes ist, das Haupt der Frau aber der Mann, des Christus Haupt aber Gott.".

(3) Der Mann soll die Frau erkennen – und die Frau soll den Mann verehren

Im Alten Testament wird für Sexualität die Wendung: „Der Mann erkennt seine Frau" verwendet, wobei nur einmal in Bezug auf Geschlechtsverkehr in einer Partnerschaft gesagt wird, die Frau erkennt ihren Mann. (Diese Redewendung wird nur mehrmals verwendet für Frauen, die noch keinen Geschlechtsverkehr gehabt haben, also „noch keinen Mann erkannt haben.) Warum?
Auch dahinter scheint sich ein Lernthema zu verstecken: Das Testosteron treibt den Mann ja dazu, zügig zum Samenerguss zu

kommen, um seinen Samen an die Frau zu bringen. Aber dadurch hat die Frau zu wenig davon. Wenn er die Frau „erkennen" soll in der Sexualität, dann muss er ihre Erregung studieren, lernen, was ihren Atem schneller werden lässt und wie die Erregungskurve sich aufbaut, kurz vor dem Orgasmus verhält und wie er diesen auslösen kann. Dadurch lernt er sich selbst zurückzunehmen und beide können gemeinsam in größere Dimensionen der Ekstase vordringen.

Auch im Neuen Testament wird Ähnliches angesprochen, nämlich in 1.Petr3,7
„Ihr Männer ebenso, wohnt bei (ihnen) mit Einsicht als bei einem schwächeren Gefäß, dem weiblichen und gebt (ihnen) Ehre als (solchen), die auch Miterben der Gnade des Lebens sind, damit eure Gebete nicht verhindert werden!"
Also der Mann soll Einsicht haben in das „Gefäß" der Frau, in das er seinen Samen spritzt, er soll sie ehren – und das ist von großer spiritueller Bedeutung für seine Gebete!
Die Frau erlebt – wenn sie nicht in Minderwertigkeitsgefühlen gefangen ist – recht bald ihre Überlegenheit im Psychischen. Wenn sie hierbei bleibt, wird sie den Mann belächeln und sein Führen nicht mehr annehmen: Sie weiß es ja besser.
Dies hat gravierende negative Auswirkungen auf das Miteinander. Es kastriert sozusagen den Mann, er verliert seine Stärke. Deshalb scheint die Lernaufgabe der Frau im Achten des Mannes zu liegen.

Hier werden natürlich viele einwerfen: Die Männer müssen doch auch lernen, die Frauen zu achten!! Wenn ich genau hinschaue, dann sehe ich die Abwertung der Frau durch den Mann nur in zwei Situationen:

Zum einen, wenn der Mann noch nicht gelernt hat, die Frau mit ihren Fähigkeiten wahrzunehmen und ganz in seiner Egozentrik verhaftet ist.
Zum anderen dort, wo der Mann sich nicht in seiner Art wertgeschätzt fühlt von der Frau, wo sie zu bedrohlich ist und er keinen Weg mehr sieht, seine Fähigkeiten in die Partnerschaft einzubringen.
In beiden Bereichen reagieren Männer mit Abwertung der Frau. Hier ist für uns moderne, emanzipierte Frauen der Bereich der Frauenabwertung wesentlich geringer geworden. Im Gegenteil: Die modernen Männer sind zum Teil selbstkritischer geworden – vor allem in ihrem rollenstereotyp-ähnlichem Verhalten -, dass ich eher von einer Selbstabwertung des modernen, emanzipierten Mannes sprechen würde.

4) Der Mann soll führen und sich dabei „in die Frau einfügen", und die Frau soll ihm durch ihren auf die Verehrung Gottes ausgerichteten Lebenswandel den Weg zu Gott zeigen. Im Neuen Testament wird das oben beschriebene Erkennen nochmals anders ausgeführt, aber mit ähnlicher Konsequenz, nämlich durch das „kollätäsetai", das zumeist - wie oben erwähnt – als „**der Mann hänge der Frau an**" (d.h. binde sich an sie) übersetzt wird. Dasselbe griechische Wort wird im Neuen Testament auch im Zusammenhang mit „sich in ein größeres Ganzes/Familie einfügen" verwendet. Weiter ausgeführt wird dies durch den vorausgehenden Satz „**ein Mann wird Vater und Mutter verlassen und seiner Frau anhängen/sich ihr einfügen**". Der Mann verlässt also das Nest/den Kosmos von Vater und Mutter, dem er sich zuvor als Sohn eingefügt hatte und bindet sich an die Frau und fügt sich in den Kosmos/das Nest der Frau ein.
Was ist nun mit diesem „auf die Verehrung Gottes ausgerichteten Lebenswandel" der modernen, emanzipierten Frau? Bitte, verzeihen Sie mir, meine Geschlechtsgenossinnen, aber ich kann

diesen bei der Mehrzahl der Frauen nicht sehen. Ich sehe die ganze Bandbreite zwischen Karriere-über-allem und dem intensiven Verfolgen esoterischer Lehren und Gurus, zumeist gepaart mit einer großen Portion Egoismus und Rücksichtslosigkeit gegenüber den Bedürfnissen des Lebenspartners. Es werden irgendwelche psychologischen Konzepte vertreten – aber ob das wirklich die Partnerschaft und das Familienleben glücklicher macht, entgeht den meisten Frauen. Nur: Forderungen stellen an die Männer und diesen sagen, was sie falsch machen – das konnten wir Frauen schon immer gut.

Mein Eindruck als Paartherapeutin: Jetzt ist die Zeit reif für unsere Selbstkritik und ein wirkliches Sich-Unterordnen in der Partnerschaft, statt sich esoterischen Gurus oder Sado-Maso-Partnern unterzuordnen!

Das größte Abenteuer steht uns befreiten Frauen noch bevor: Das Miteinander, das wirkliche „Wir" in einer Partnerschaft, die das Wesen von Frau und Mann achtet und ihm zur Entfaltung verhilft.

FRAU	gemeinsame Aufgaben	MANN
Die Frau ist „aus/in Folge" und um des Mannes willen geschaffen (1 Kor 11,8-9)	von Anfang an als Mann und Frau geschaffen, **werden** *(ein Weg, der dauert!)* **beide ein Fleisch sein** (Mt 19,4-5, Eph 5,31). In der Vereinigung von Mann und Frau als Bild Gottes (1.Mo 1,27)	eine Frau finden heißt Gutes finden und Wohlgefallen erlangen vor dem HERRN (Spr 18,22)
Sich dem eigenen Manne unterordnen wie dem Herrn (Kol 3,18, Eph 5,22, 1 Petr 3,1 - formuliert im *Futur oder Partizip*) **Das Haupt der Frau ist der Mann (und das Haupt jeden Mannes ist Christus)** (1Kor 11,3)	einander aufrichten und einander beieinanderliegend wärmen (Pred 4,9-11)	**Lieben** (wie den eigenen Leib, **wie Christus die Gemeinde und sich für sie selbst hingegeben hat** (Eph 5, 25, 28, 33,)
Ehrfurcht/Verehren (vor) ihrem/s Manne(s) (als dem Retter des Leibes) (Eph 5,33)	einander die eheliche Pflicht leisten und sich einander nicht entziehen, außer zum Gebet in gegenseitiger Übereinkunft (1.Kor 7,3-5)	**Führen** (wie Christus die Gemeinde) (1 Kor 11,3,) **Der Frau Beiwohnen als dem schwächeren Gefäß** (1.Petr 3,7)

FRAU	gemeinsame Aufgaben	MANN
in Ehrfurcht/Verehrung (vor) Christus reiner Lebenswandel/Umkehr (1 Petr 3,1-6)	keiner verfügt über den eigenen Leib, sondern jeweils der andere (1 Kor 7,4)	*Erkennen/Beiwohnen mit Einsicht (in der Sexualität)* (1.Petr 3,7)
Tüchtigkeit, nicht Faulheit (Spr 12,4, Spr 31,10-12) **Dem Mann Gutes und nichts Böses erweisen alle Tage ihres Lebens** (Spr 31,11 – 12)	einander ertragen und einander vergeben (Kol 3,13)	Anhängen/Sich-Einfügen (wie bei Vater und Mutter) (Mt 19,5 formuliert im *Futur*!)
Weisheit und freundliche Weisung (Spr 31,26) statt zänkisch (Spr 21,19 und 27,15)		**seine Frau rühmen** (Spr 31,28) und **nicht bitter gegen sie sein** (Kol 3,19)

Copyright Dr. Ute Mahr Mai 2012

Funktioniert so eine gelingende Paarbeziehung?
Als Paar- und Sexualtherapeutin klingt mir die Rolle der Frau sehr abgehoben: Da müsste Frau schon eine Heilige sein, um das zu leben.
Wo bleibt die elementare weibliche Urkraft, die dem männlichen Testosteron etwas entgegensetzt, was dieses elementar aufrüttelt??
Glauben die Propheten im Ernst, dass durch den Lebenswandel der Frau, durch ihre Tüchtigkeit und ihre „freundliche Weisung" aus einem achtlosen Testo-Teddy oder einem verspielten Softie ein aufrichtiger Mann im Saft seiner Kraft wird, der Manns' genug ist, einer Frau Paroli zu bieten, den Kindern mit seiner Klarheit eine Richtschnur bietet und die weibliche Weisheit ehrt?

Ich habe noch kein Paar gesehen, bei dem die Entwicklung auf diese Weise von statten ging.
Was mir fehlt sind deutlichere Hinweise auf den Selbstausdruck der Frau – genau auf das, worin die meisten Frauen heute Schwierigkeiten haben. Es wird zwar angesprochen in „die Frau gibt sich dem Manne zu erkennen." (Ruth 3,3) und darin, dass sie in „Weisheit und freundlicher Weisung" (Spr 31,26; 21,19; 27,15) mit ihm sprechen soll, aber viel mehr wird nicht gesagt. Viele moderne Frauen ringen hier mit Wut und Verbitterung. Was sollen sie tun? Vielleicht stellte sich dieses Problem damals gar nicht so?

Seit Jahrhunderten versuchen die europäischen Frauen zu funktionieren, ihre Meinung adäquat zu äußern oder es dem Mann recht zu machen, oder sie fordern und schießen über das Ziel hinaus.

Ich glaube inzwischen, der Grund liegt in diesen alten Moralvorstellungen. Man versucht als Frau „heilig" zu sein, aber die weibliche, elementare Urkraft, mit der wir Kinder zur Welt bringen, uns auch gegen Angreifer wehren können und unseren Männern und Kindern Achtung beibringen können, die ist irgendwo verloren gegangen auf diesem Weg der Zivilisation in der europäischen Kultur.
Jahrhundertelang wurde vieles davon abgewertet: Wir Frauen können eskalieren, schreien, in einer Tiefe loslassen, wie es Männer nicht können und wie es nötig ist, um ein Kind auf natürlichem Wege zu gebären.
Was sollen wir bei dem ganzen Weichspülgang denn mit unserer Kraft als Frau tun?
Die fehlende weibliche Urkraft stellt meines Erachtens das fehlende Glied in der heilenden Paarphilosophie der Bibel dar. An diesem Punkt konnte ich eher von der modernen Psychotherapie und vom Schamanismus lernen, Wege für die Integration der

weiblichen Energie in ein Konzept von gelingender Paartherapie zu finden.

9. ZUSAMMENFASSUNG
der biblischen Bindungsprinzipien:

FRAU	Bindung	MANN
Ehrfurcht dem Mann gegenüber wie Gott	→→ ←←	Lieben, wie den eigenen Körper
Sich zu erkennen Geben	→→ ←←	Erkennen
Sich Unterordnen (dem eigenen Mann – nicht etwa allen!)	→→ ←←	Führen
Tüchtigkeit, nicht Faulheit	→→ ←←	Der Frau mit Einsicht Beiwohnen wie einem schwächeren Gefäß
Dem Mann Gutes Tun	→→ ←←	Sich-Binden/Sich-Einfügen in den Kosmos der Frau (wie in seine Familie)

Zusammenfassung und Resümee

DU und ICH sind WIR.

WIR bedeutet Beziehung.

Beziehung bedeutet Leben.

Lebendiges verändert sich, weil es nicht statisch ist. Wäre es statisch, wäre es tot.

Weil Beziehung veränderlich ist und unzählige Facetten der Veränderung hat, sind in diesem Buch alle Beziehungsstränge aufgezeigt: Die Beziehung zu einem Partner, die Beziehung zu mir selbst und auch in mir selbst, die Beziehung zum Leben an sich und wie in Bezug dazu die Ängste und Seelenalter stehen, und was meine Beziehung in mir, zu mir und zu anderen Menschen unterschiedlich prägt. All diese Kenntnisse tragen dazu bei, eine Beziehung nicht nur besser, sondern in der Tiefe zu verstehen, Zusammenhänge zu erkennen, den eigenen Anteil zu sehen, Verständnis für mich und den anderen aufzubringen und Akzeptanz dem Gesamtgeschehen gegenüber zu pflegen – und zu verändern, wo Änderung notwendig ist.

In der Paarbeziehung lässt sich Menschsein am Intensivsten leben und erleben. Da ist es natürlich, dass es zu Verformungen, Staus und Verirrungen kommt.

Um zum lebendigen Fließen in der Partnerschaft beizutragen, möge dieses Buch helfen.
Sie finden in ihm die tragenden Säulen, auf denen Partnerschaft steht. Und sollten Sie in keiner Paarbeziehung leben, so können Sie

alle Beziehungsstränge auf Ihr Leben anwenden, denn jeder Mensch steht in irgendeiner Form auch in Beziehung zu anderen.

Nicht zuletzt finden Sie für sich selbst und Ihr „geheimes" Innenleben ausreichend „Futter", um sich selbst besser zu verstehen, zu akzeptieren und weiter zu entwickeln. Das wiederum hat Wirkung auf ihre Umgebung – alle haben Gewinn davon.

Den Abschluß dieses Buches bildet die Auseinandersetzung mit dem biblischen Bild von Mann und Frau als Wurzeln unserer europäischen Kultur.
Auch dort zeigen sich ebenso die in diesem Buch beschriebenen Säulen des WIR – die Säulen, auf denen DU und ICH als WIR stehen können in tiefer Verbundenheit, angebunden an eine „höheren Ordnung", die wohltut für einen tragbaren Boden des Menschseins.

Schlusswort

Lieber Leser!

Nun haben Sie es geschafft. Viel Neues haben Sie erfahren. Manchmal wird es Ihnen zu viel geworden sein, manchmal dachten Sie vielleicht, das überfordert mich oder das alles ist mir zu mühevoll. Manchmal hat Sie auch vielleicht die Lust überkommen, an Ihrem Partnerschaftsthema zu arbeiten – und vielleicht hat es Ihnen Freude gemacht zu entdecken, wie reich wir Menschen in uns selbst sind, und wie reich eine gute Partnerschaft sein kann. Wie viel Potential uns Menschen mitgegeben ist, und wie spannend das Leben zu zweit sein kann – und dass unser gemeinsames Leben gestaltbar ist. Es ruft geradezu auf: Mach etwas mit mir! Und es ist lohnend, den eigenen Lebensfaden in die Hand zu nehmen, mal hier oder da eine Korrektur vorzunehmen, das Gespräch zu suchen und Lösungen zu wollen, ein bisschen Neues zu wagen … alles ist möglich. Und vor allem zu verstehen, dass eine Partnerschaft aus <u>zwei</u> verschieden gearteten Menschen besteht, deren jeweilige Eigenart ihre Berechtigung und ihren Sinn hat. Nur zusammen ergibt sich das gute Ganze, und das will geachtet sein.
Probieren Sie aus. Freuen Sie sich, dass Ihnen eine breite Palette an Handlungen zur Verfügung steht, und dass es nie für etwas zu spät ist.
Viel Freude, Spaß und Erfolg!

Ihre Ute Mahr

LITERATURVERZEICHNIS

Mann-Frau-Dynamik

Deida, David. 1997. *Der Weg des Mannes*. München: Droemersche Verlagsanstalt.

Eichmüller, Hugo-Bert. (01.01.2007: Vorträge auf DVD)
- *Spiritualität, Sexualität und Partnerschaft*
- *Die Göttin und der Krieger*

Gray, John. 1998 (Deutsche Erstausgabe 1992). *Männer sind anders, Frauen auch*. München: Wilhelm Goldmann Verlag.

Hellinger, Bert. 1995 2. Auflage (1. Auflage 1994). *Ordnungen der Liebe*. Heidelberg: Carl-Auer-Systeme.

Lebert, Andreas und Lebert, Stephan. 2008. *Anleitung zum Männlichsein*. Frankfurt am Main: Fischer Taschenbuch Verlag.

Silverstein, Shel. 1995. *Missing Peace trifft Big O*. Paderborn: Junfermann.

Paartherapie

Cöllen, Michael.1997. *Paartherapie und Paarsynthese – Lernmodell Liebe*. Wien, New York: Springer.

ders. 1984. *Laßt uns für die Liebe kämpfen*. München: Kösel Verlag.

English, Fanita. 1988, 4. Auflage (Erstauflage 1982*). Es ging doch gut, was ging denn schief?* München: Chr. Kaiser Verlag.

Lenz, Gerhard, Osterhold, Gisela und Ellebracht, Heiner. 2000. 2. Auflage (Erstauflage 1995). *Erstarrte Beziehungen – Heilendes Chaos, Einführung in die systemische Paartherapie und -beratung*. Freiburg im Breisgau: Verlag Herder.

Moeller, Michael Lukas. 1994, 2. Auflage (Erstauflage 1988). *Die Wahrheit beginnt zu zweit*. Reinbek bei Hamburg: Rowohlt Taschenbuch Verlag.

Peichl, Jochen. 2008. *Destruktive Paarbeziehungen – Das Trauma intimer Gewalt*. Stuttgart: Klett-Cotta.

Selby, John, 1986. *Einander Finden*. Hamburg: Rowohlt Taschenbuch Verlag.

Spezzano, Chuck. 2005. *Wenn es verletzt, ist es keine Liebe*. Petersberg: Verlag Via Nova.

ders. 2008. (Engl. Originalausgabe 2008). *Wie Sie herausfinden können, wann Ihre Beziehung wirklich zu Ende ist und was Sie tun können, um sie zu retten*. Petersberg: Verlag Via Nova.

ders. 2008, 2. Auflage (Engl. Originalausgabe 2003). *Es muss einen besseren Weg geben*. Petersberg, Verlag Via Nova.

Willi, Jürg.1989 (Erstauflage 1985). *Koevolution*. Reinbek bei Hamburg, Rowohlt Verlag GmbH.

Hirnforschung

Brizendine, Louann. 2007. *Das männliche Gehirn*. München: Wilhelm Goldmann Verlag.

dies. 2007. *Das weibliche Gehirn*. Hamburg: Hoffman und Campe Verlag.

Focus Nr. 31 28. Juli 2008, S. 48–59. *Die Testosteron-Story*.

Hüther, Gerald. 2009. *Männer, das schwache Geschlecht und sein Gehirn*. Göttingen: Vandenhoeck & Ruprecht.

Pease, Allan und Pease, Barbara. 2010 (Englische Erstausgabe 2001). *Warum Männer nicht zuhören und Frauen schlecht einparken*. München: Ullstein Heine List GmbH.

Spektrum.de, 01.08.13, Martin Busch, *Was Primaten treu macht*.

Sexualtherapie

Gromus, Beatrix. 2002. *Sexualstörungen der Frau*. Göttingen, Bern, Toronto, Seattle: Hogrefe-Verlag.

Kockott, Götz und Fahrner, Eva Maria. 2000. Sexualstörungen des Mannes. Göttingen, Bern, Toronto, Seattle: Hogrefe-Verlag.

Masters, W. H. und Johnson, V. E. 1973. *Impotenz und Anorgasmie.* Frankfurt a.M.: Goverts Krüger Stahlberg Verlag.

Rosenberg, Jack Lee. 1979. *Orgasmus.* Berlin: Herzschlag Verlag.

Spezzano, Chuck. 2008. *Was Männer von Frauen über Sexualität lernen können.* Petersberg: Verlag Via Nova.

Schnarch, David. 2012, 13. Auflage (1. Deutsche Auflage 2006). *Die Psychologie sexueller Leidenschaft.* München: Piper-Verlag.

Zilbergeld, Bernie. 1999, 33. Auflage (deutsche Erstauflage 1983). *Die Sexualität der Männer.* Tübingen: Deutsche Gesellschaft für Verhaltenstherapie.
  ders. 2000, 4. Auflage. *Die neue Sexualität der Männer: Was Sie schon immer über Männer, Sex und Lust wissen wollten.* Tübingen: Deutsche Gesellschaft für Verhaltenstherapie.

Tantra

Naslednikov, Margot Anand. 1990, Erstauflage 1989. *Tantra – oder die Kunst der sexuellen Ekstase.* München: Wilhelm Goldmann Verlag.
  dies. 1985 (Franz. Erstausgabe 1981). Tantra – Weg der Ekstase. Berlin: Herzschlag Verlag.

Thirleby, Ashley. 1986 (1978 engl. Erstausgabe). *Das Tantra der Liebe.* Frankfurt a.M, Berlin: Ullstein-Verlag.

Trungpa, Chögyam.1989 (Englische Erstausgabe 1981). *Feuer trinken, Erde Atmen – Die Magie des Tantra.* Reinbek bei Hamburg: Rowohlt Taschenbuch Verlag.

Sadomasochismus

Deforges, Régine. 1954. *Geschichte der O.* Paris.

Deforges, Régine; Réage, Pauline. *Die O. hat mir erzählt.* 1991, 2. Auflage (Franz. Erstauflage 1975). Frankfurt/M., Berlin: Ullstein.

Graham Scott, Gini. 1994. *Dominanz und Demut.* München: Droemersche Verlagsanstalt.

Morgan, Sophie. 2012. *Das geheime Verlangen der Sophie M.* München: Goldmann Verlag.

Shainess, Natalie. 1987. *Keine Lust zu leiden.* Zürich: Schweizer Verlagshaus.

Entbindung und Kindererziehung

Balaskas, Janet. 1994 (Engl. Originalausgabe 1984). *Väter begleiten die aktive Geburt.* München: Kösel Verlag.

Dalton, Mary. 2000. *Mutter sein dagegen sehr.* Freiburg im Breisgau: Herder Verlag.

Dreikurs, Rudolf und Soltz, Vicki. 1996 (Englische Erstauflage 1964). *Kinder fordern uns heraus.* Stuttgart: Klett-Cotta.

Druckerman, Pamela. 2012. *Warum französische Kinder keine Nervensägen sind.* München: Mosaik.

Linder, Rupert, Klarck, Sabine u.a. (Hrsg.). 1996. *Hausgeburten – Dokumentation der 2. Deutschen Arbeitstagung Haus- und Praxisgeburten.* Frankfurt a. M.: Mabuse Verlag.

Solter, Aletha. *Warum Babys weinen.* 1996. 7. Auflage. Engl. Originalausgabe 1984. München: Kösel Verlag.

Stadelmann, Ingeborg. 1996, 5. Auflage. *Die Hebammen-Sprechstunde.* Ermengerst: Eigenverlag.

Psychotherapie und Körper-Psychotherapie

Buber, Martin. 1984, 5. Auflage. *Das dialogische Prinzip.* Heidelberg: Verlag Lambert Schneider.

Chopich, Erika J. & Paul, Margaret. 1999, 9. Auflage (1994 Erstauflage). *Das Arbeitsbuch zur Aussöhnung mit dem inneren Kind.* Freiburg im Breisgau: Verlag Hermann Bauer.

Dreitzel, Hans-Peter. 1992. *Reflexive Sinnlichkeit.* Köln: Edition Humanistische Psychologie.

Dychtwald, Ken. 1981. *Körperbewusstsein.* Essen: Synthesis Verlag.

Graf Dürkheim, Karlfried. 1985, 11. Auflage. *Hara – Die Erdmitte des Menschen.* Bern, München, Wien: Scherz-Verlag.

Hellinger, Bert und ten Hövel, Gabriele. 2003. *Anerkennen, was ist.* München: Kösel Verlag.

Lowen, Alexander. 1984, 2. Auflage (Englische Erstauflage 1970). *Lust.* München: Goldmann Verlag.
  ders. 1984 (Englische Erstauflage 1975). *Bioenergetik.* Reinbek bei Hamburg: Rowohlt Taschenbuch Verlag.
  ders. 1985, 3. Auflage (Englische Erstausgabe 1965). *Liebe und Orgasmus.* München: Goldmann Verlag.

Olbrich, Erhard und Otterstedt, Carola. 2003. *Menschen brauchen Tiere.* Stuttgart: Frankh-Kosmos-Verlag.

Pearson, Leonard und Pearson, Lillian. 1992. *Psycho-Diät.* Reinbek bei Hamburg: Rowohlt Taschenbuch Verlag.

Reich, Wilhelm. 1973, 3. Auflage (Erstauflage 1936 in anderer Form unter dem Titel „Die Sexualität im Kulturkampf). *Die sexuelle Revolution.* Frankfurt a. M.: Fischer Taschenbuch Verlag.

Siems, Martin. 1986. *Dein Körper weiß die Antwort – Focusing als Methode der Selbsterfahrung.* Reinbek bei Hamburg: Rowohlt Taschenbuch Verlag.

Staemmler, F.-M. & Bock, W. 1991. *Ganzheitliche Veränderungen in der Gestalttherapie.* München: Pfeiffer.

Stevens, John O. 1986, 9. Auflage (1971 Engl. Originalausgabe). *Die Kunst der Wahrnehmung.* München: Chr. Kaiser Verlag.

Stevenson, Ian. ^{8}2003. *Reinkarnation.* Bielefeld: Kamphausen Verlag.

ten Dam, Hans. *Exploring Reincarnation.* 2003 [¹1987]. London, Sydney, Auckland, Johannesburg: Rider.

Trüb, Hans. 1971, 3. Auflage (Erstauflage 1951). *Heilung aus der Begegnung.* Stuttgart: Ernst Klett Verlag.

Watzlawick, Paul. 2009, 15. Auflage (Erstauflage 1983). *Anleitung zum Unglücklichsein.* München: Piper Verlag.

Wild-Missong, Agnes. 1983. *Neuer Weg zum Unbewussten – Focusing als Methode klientenzentrierter Psychoanalyse.* Salzburg: Otto Müller Verlag.

Spiritualität

Suzuki, Shunryu. 1975. *Zen-Geist – Anfänger-Geist.* Zürich, München, Berlin: Theseus-Verlag.

Foundation for Inner Peace (Hrsg.). 1999, 4. Auflage (1975 englische Erstausgabe). *Ein Kurs in Wundern.* Gutach i.Br.: Greuthof Verlag.

Fox, Matthew. 2011. *Die verborgene Spiritualität des Mannes.* Uhlstädt-Kirchhasel: Aurun-Verlag.

Jampolsky, Gerald. 1981 (Englische Erstauflage 1979) *Lieben heißt die Angst verlieren.* Felix Hübner Verlag.

Meyerhöfer, Herbert. 1976. *Das Erwachen des kritischen Bewusstseins bei den Griechen.* Donauwörth: Ludwig Auer Verlag.

Rinpoche, Sogyal. ⁴2006. [¹2004]. *Das Tibetische Buch vom Leben und vom Sterben.* Frankfurt a. M.: Fischer Taschenbuch Verlag.
  ders. 2002. *The Tibetan Book of Living and Dying.* San Francisco, California, U.S.A.: HarperCollins Publisher, Inc.

Watts, Alan W. *Weisheit des ungesicherten Lebens.* 1985, 5. Auflage. Engl. Original 1975. Bern und München: Otto Wilhelm Barth Verlag.

Wessbecher, Harald. 2001. *Das dritte Auge öffnen.* München: Integral Verlag.

Wilber, Ken. 1987, 3. Auflage. Deutsche Erstauflage 1984. *Wege zum Selbst*. München, Kösel-Verlag. Original: 1979. *No boundary*.

Archetypen:

Hasselmann, Dr. Varda; Frank Schmolke. 1999. *Archetypen der Seele*. München: Goldmann Verlag.

dies. 2001. *Die Seelenfamilie*. München: Goldmann Verlag – Arkana.

dies. 2002. *Wege der Seele*. München: Goldmann Verlag – Arkana.

Jacobi, Jolande. 1978. *Die Psychologie von C.G. Jung*. Frankfurt a. Main: Fischer Taschenbuch Verlag GmbH.

Jung, Carl Gustav. [11]2004. *Archetypen*. München: dtv-Verlag.

ders. 1990. *Die Beziehungen zwischen dem Ich und dem Unbewussten*. München: Walter-Verlag.

ders. 2003. *Der Mensch und seine Symbole*. Düsseldorf, Zürich: Walter-Verlag.

ders. [2]2002 [[1]1995]. *Die Archetypen und das kollektive Unbewusste*. Gesammelte Werke: 9.1. Düsseldorf: Walter Verlag.

Mahr, Ute. 2011. *Handbuch Archetypen-Therapie – Der Blick in die Struktur der Seele*. Nürnberg: Preussler Verlag. Dissertation an der Universität Erlangen-Nürnberg 2010.

Stevens, Jose; Warwick-Smith, Simon. 1990. *The Michael Handbook*. Sonoma: Warwick Press.

Yarbro, Chelsea Quinn. 1988. *Michael's People*. New York: Berkley edition.

dies. 1998. *Michael*. Bd. 1. *Mensch sein*. Ort u.a.: Edition Borg.

dies. [2]2005. [[1]1979]. *Messages from Michael*. Akron, Ohio: Caelum Press.

Bibelforschung

Deutsche Bibelgesellschaft. 2009. SESB: *Stuttgarter Elektronische Studienbibel*, Version 3.0. Stuttgart.

Ergänzungs-CD-ROM: Deutsche Textausgaben.

Lüddemann, Gerd. 2006. *Das Judas-Evangelium und das Evangelium nach Maria.* Stuttgart: Radius-Verlag.

Drei weitere, interessante Publikationen der Verfasserin:

Dr. Ute Mahr

HANDBUCH ARCHETYPEN-THERAPIE
Der Blick in die Struktur der Seele

**Die Impulse der Seele sind es,
die uns im Leben unseren individuellen Weg
zu Erfüllung und Glück zeigen.**

Doch die Impulse der Seele sind es auch, welche oft schwer im Alltagsleben umsetzbar sind oder zu Auseinandersetzungen, Schwierigkeiten und Erkrankungen führen, wenn uns die Bewältigungsfähigkeiten zur Umsetzung dieser Seelenimpulse fehlen. Hier bietet die Autorin als erfahrene, psychotherapeutische Fachfrau, kreative Forschende und spirituelle Wegbegleiterin konkrete Hilfestellungen an.

Ihre Beschreibungen der seelischen Archetypen entstammen der über 10-jährigen therapeutischen Arbeit mit Menschen, deren seelische Archetypen von Hasselmann und Schmolke (Archetypen der Seele, München 1999) ermittelt worden waren. Sie zeigt sowohl das Potenzial wie auch die schwierigen Aspekte der einzelnen Archetypen auf und gibt hilfreiche Bewältigungsstrategien hierfür an die Hand, die den Alltag zum Seelenabenteuer machen.

Dieses Buch schlägt eine Brücke

- zwischen innovativ-kreativer, psychotherapeutischer Praxis
- zwischen universitärer Psychotherapieforschung
- und zwischen transzendenten Informationszugängen

Und es kommt zu einer faszinierenden Schlussfolgerung, die neue Wege
mehrdimensionaler Psychotherapie aufzeigt ...

2. überarbeitete Auflage 2017 (Preußler Druck, Nürnberg)
Nur online bestellbar über www.im-koerper.de/onlineshop
und www.mein-lebenspartner.de/onlineshop.

Dr. Ute Mahr

Das kleine Buch von der großen Kraft:
PAAREVOLUTION
Frischer Wind für die LIEBE

Hier geht es um die KRAFT, die ein Paar auf Dauer in LIEBE und LUST vereint ...

„Dieses Buch zeigt Ihnen, wie Ihre Paarbeziehung lebendig, stabil und lustvoll wird."
Dr. Ute Mahr

- Wollen auch Sie eine Partnerschaft, die körperlich, geistig und emotional erfüllend ist?
- Soll Ihr Beziehungsalltag sexuell anziehend werden und es auch bleiben?
- Haben Sie den Traum vom gemeinsamen Glück noch nicht aufgegeben?
- Sind Sie bereit für eines der wirklich großen Abenteuer unserer Zeit?

Dann halten Sie jetzt das richtige Buch in der Hand!

Mit ihrer Erfahrung aus über 25 Jahren Forschungsarbeit als Paar- und Sexualtherapeutin, Frau, Mutter und Liebende richtet Frau Dr. Mahr in diesem Buch den Fokus auf hinauszuwachsen und die sexuelle Anziehung dauerhaft fördert. Jene Kraft im Menschen, die ein Paar zusammenzieht, ihm hilft, über die Unterschiedlichkeiten hinauszuwachsen und die sexuelle Anziehung dauerhaft fördert.

Lassen Sie sich von ihr begleiten,
um diese Kraft wieder nutzen zu können!

2. überarbeitete Auflage 2017 (Preußler Druck, Nürnberg)
Nur online bestellbar über www.im-koerper.de/onlineshop und
www.mein-lebenspartner.de/onlineshop.

„Dieses Buch zeigt in einer WIRKlichen und tabulosen Ganzheitlichkeit neue Perspektiven auf, indem es die Beziehungsliebe auf den Boden der natürlichen Geschlechterkräfte stellt. Frau Dr. Ute Mahr erarbeitet hier einen Lösungsweg für Paare, die sich ganz nehmen und ganz geben wollen: körperlich, seelisch und geistig."

Hugo-Bert Eichmüller
Gestalttherapeut, Leiter Elementarkreise

Wie es mir mit dem Buch ging ...

„Dieses Buch der PAAREVOLUTION hat es für mich in sich: Es ist wirklich „das kleine Buch von der großen Kraft, wie der Titel lautet. Ich „fraß" es, war fasziniert, erkannte markante Fehler in meiner Beziehung und warum manches schief gelaufen war und wollte am liebsten zu einem Rundumschlag ansetzen. Dann merkte ich, wie ich verzagt wurde. Wie konnte ich all die guten und tief in mir als stimmig erkannten Inhalte in mir verankern? Woher sollte ich die Kraft, den Überblick, das Durchhaltevermögen hernehmen, um es umzusetzen? Ich wollte aufgeben...die Arbeit erschien mir zu groß, die Wirklichkeit als zu verkorkst...
Und dann begann ich das Buch nach etlicher Zeit etwas unwillig wieder zu überfliegen – quasi meine Lieblingsstellen aufsuchend - und stieß auf eine sehr, sehr wichtige Erkenntnis: Ich muss ja nicht gleich meine ganze Welt umkrempeln! Es bringt schon viel, wenn ich nur an einem einzigen Punkt etwas verändere und das wirken lasse! Und vielleicht irgendwann wieder einen kleinen Punkt verändere, der mir Lust macht... oder auch nicht...

Das war die Erkenntnis! So funktioniert es – schrittchenweise.

Waltraud Conrad
Tutorin bei MEIN-LEBENSPARTNER.de

**Die Indianer sagen:
„Die Ruhe liegt im Herzen des Hurricane"**

In diesem Sinne führt Sie dieses Buch mitten hinein in das Herz des Hurricanes LIEBE und zeigt Ihnen, wie auch Sie diese unbändige Kraft der sexuellen Paarbeziehung verbinden mit Herzensliebe und erfolgreicher Teamarbeit im Alltag.

Dr. Ute Mahr

Lebenshilfe vom Sirius

**Ein hilfreicher Leitfaden für alle,
die sich auf der Erde irgendwie nicht so recht zuhause fühlen
und an ihrem Hiersein leiden…**

Eine Klientin gerät während einer hypnotherapeutischen Sitzung unvermittelt in eine Tieftrance und erzählt Ihrer Psychotherapeutin Dr. Ute Mahr, was auf dem Sirius gelehrt wird, um sich bei einer Reise zur Erde auf der Erde zurecht zu finden:

„Um sich als Mensch in das Leben auf dieser Erde zu integrieren, werden alle Seelen normalerweise vorbereitet. Je nachdem, von welchem Stern sie kommen, fallen diese Lektionen unterschiedlich aus. Bei uns auf dem Sirius sind es 16 Lektionen, die die Seelen vermittelt bekommen, um sich auf der Erde zu inkarnieren. Immer wieder jedoch passiert es, dass Wesen, Seelen, sich - ohne diese Vorbereitung zu durchlaufen - auf der Erde inkarnieren. Und sie haben dann in ihren Erdenleben übliche Schwierigkeiten…"

Neuerscheinung 2018 (Preußler Druck, Nürnberg)
Nur online bestellbar über www.im-koerper.de/onlineshop und
www.mein-lebenspartner.de/onlineshop.